POETIQUE
FRANÇOISE.
TOME SECOND,

POETIQUE
FRANÇOISE,

Par M. MARMONTEL.

TOME SECOND.

Aſtupet ipſa ſibi. *Ovid. Met. III.*

C.N. Cochin filius del. 1763.   B.L. Prevost Sculp.

A PARIS.
Chez LESCLAPART, Libraire, quai de Gêvres.

M. DCC. LXIII.
Avec Approbation & Privilége du Roi.

POËTIQUE
FRANÇOISE.

CHAPITRE XI.
Des diverses formes du Discours poëtique.

NON-SEULEMENT la Poësie s'attache à peindre ce qu'elle exprime, mais elle imite encore le langage de celui qu'elle fait parler. Que ce soit le Poëte ou l'un de ses personnages, cela est égal: dès qu'il a un caractère distinct, une situation décidée, il doit avoir une façon de penser, de sentir & de s'exprimer convenable au rôle qu'il joue lui-même ou qu'il fait jouer ; & c'est-là sur-tout ce qui distingue les divers

Tome II. A

genres que je vais parcourir. Mais ce n'est qu'à propos de chacun d'eux en particulier que je puis tirer de cette imitation personnelle les règles de convenance que le Poëte doit obferver.

Je commence donc par les formes primitives que peut prendre le langage poëtique en général.

On peut réduire le difcours au monologue & a la fcène : monologue, toutes les fois que celui qui parle n'eft cenfé avoir ni interlocuteurs, ni témoins : fcène, toutes les fois qu'il eft entendu ou qu'il eft fuppofé l'être, foit qu'on l'écoute en filence, ou qu'on s'entretienne avec lui.

La parole eft un acte fi familier à l'homme, fi fort lié par l'habitude avec la penfée & le fentiment, elle donne tant de facilité, tant de netteté à la conception, par les fignes qu'elle attache aux idées, que dans une méditation profonde, dans une vive émotion, il eft tout naturel de fe parler à foi-même. Je ne dirai pas, pour établir la vraifemblance du monologue, qu'en nous souvent l'homme tranquille & sage réprimande & modère l'homme passionné; cela nous mèneroit trop loin : je m'en tiens à un fait plus simple. Il n'est personne qui quelquefois ne se soit surpris se parlant à lui-même de ce qui l'affectoit ou l'occupoit sérieusement. Il est donc très-vraisemblable que l'avare, à qui l'on vient d'enlever sa cassette, fasse entendre ses cris & ses plaintes; que Caton, avant de se donner la mort, délibère à haute voix sur l'avenir qui l'attend; qu'Auguste, qui vient de voir le moment où il étoit assassiné, se parle & se reproche tout le sang qu'il a répandu; qu'Orosmane, croyant Zaïre infidèle, & l'attendant pour se venger, dans l'égarement de la fureur, parle seul & parle tout haut.

Il est un peu plus rare qu'un homme plongé dans des réflexions douces & tranquilles, les énonce à haute voix. Cela même a pourtant sa cause dans la nature : car nos idées ainsi produites au dehors, nous reviennent par l'organe de l'oreille, plus vives, plus nettes, plus diſtinctes qu'auparavant. Mais cet entretien ſolitaire ne fût-il pas auſſi bien fondé en raiſon, il ſuffiroit qu'il le fût en exemple : le fréquent uſage qu'on en fait en Poëſie, n'eſt tout-au-plus qu'une extenſion qu'on a donnée à la vérité, & la vraiſemblance d'opinion s'y trouve. Il ſuffit pour cela que le Monologue porte le caractère de la rêverie, que la marche en ſoit vagabonde comme celle de l'imagination, & qu'il parcoure légèrement la chaîne des idées qui ſe préſentent à l'eſprit, ou des ſentimens qui s'élèvent dans l'ame.

Ainſi tous les genres de Poëſie où eſt imitée la paſſion ou la réflexion ſolitaire, comme le Poëme dramatique, le paſtoral, le lyrique, l'élégiaque, ſont ſuſceptibles du Monologue. Il n'y a que le Poëme méthodique & raiſonné, où l'ame eſt toute à elle-même, comme l'Épître ſérieuſe, le Poëme didactique, l'épique ſimple & ſans mélange, qui ne doivent jamais l'employer.

Les qualités eſſentielles du Monologue

font le mouvement & la variété. Les idées y doivent être liées, mais par un fil imperceptible. Plus les sentimens qu'il exprime naissent en foule & en desordre, plus il imite le trouble, les combats, le flux & reflux des passions; plus il est dans la vraisemblance : jamais il n'est si naturel que lorsqu'il est au plus haut point de véhémence & de chaleur. C'est-là sur-tout que sont placés ces mouvemens que j'ai peints sous l'image d'un tourbillon de feu, ces mouvemens d'une ame qui se roule sur elle-même, comme les vagues de la mer, lorsque des vents opposés les soulèvent du fond de l'abîme. On sent bien que rien n'est plus contraire à l'expression de ces mouvemens orageux, qu'une symmétrie affectée; aussi ne peut-on excuser le Rondeau dans le Monologue du Cid, que par le mauvais goût qui règnoit alors. Il ne faut pas croire cependant que la marche du Monologue pathétique soit arbitraire : la passion même a son ordre prescrit; mais l'ame doit le suivre sans s'en appercevoir.

Je m'en expliquerai en parlant de l'Ode.

Dans le Monologue ce n'eſt pas toûjours à ſoi-même qu'on adreſſe la parole : c'eſt quelquefois à un être inſenſible, ou à quelque abſent, dont on oublie que l'on ne peut être entendu.

Ibi hæc incondita ſolus

Virg. *Montibus & ſilvis ſtudio jactabat inani.*

Ce délire ſuppoſe l'égarement de la paſſion, ou une rêverie qui approche du ſonge ; & tout ce que j'ai dit de la Proſopopée trouve ici ſon application.

Mais je n'appelle point Monologue ce que le Poëte écrit dans l'intention d'être lû, ſoit qu'il s'adreſſe à un abſent, comme dans l'Épître, ou qu'il parle aux hommes en général, comme dans le Poëme épique ou didactique : alors il ſe fait un auditoire en idée, & cet auditoire eſt cenſé préſent. Ce n'eſt donc plus un Monologue, mais une ſcène non dialoguée.

L'homme eſt enclin à communiquer à ſes ſemblables ce qu'il a vû, ce qu'il a oui dire d'intéreſſant & de merveilleux ;

de-là le récit de l'Épopée : ce qu'il a observé, découvert, soit dans les Arts, soit dans la Nature ; de-là les préceptes du Poëme didactique : ce qui l'affecte, l'émeut, le touche personnellement ; de-là ces effusions de cœur, si familières dans la Poësie pathétique. Rien de tout cela n'a besoin d'être amené par le dialogue, l'ame s'y engage d'elle-même, & le plaisir de se reproduire en se communiquant lui suffit.

Docet omnis oratio vel res, vel animum Scalig. *loquentis* : ces deux mots renferment tout.

Le discours qui fait connoître une chose en elle-même, par sa nature & ses propriétés, s'appelle definition. Le discours qui présente une chose telle qu'elle tombe sous les sens, s'appelle image ; & si elle est détaillée, on la nomme description : *Perspi-* Idem. *cua rei expositio*. L'une & l'autre conviennent à tous les genres de Poësie, mais spécialement au Poëme didactique, lequel n'imite que pour instruire avec plus d'agrément & d'attrait.

La narration est l'exposé des faits,

comme la description est l'exposé des choses; & celle-ci est comprise dans celle-là, toutes les fois que la description des choses contribue à rendre les faits plus vraisemblables, plus intéressans, plus sensibles.

Il n'est point de genre de Poësie où la narration ne puisse avoir lieu; mais dans le dramatique elle est accidentelle & passagère, au-lieu que dans l'épique elle domine & remplit le fond.

Toutes les règles de la narration sont relatives aux convenances, & à l'intention du Poëte.

Quel que soit le sujet, le devoir de celui qui raconte, pour remplir l'attente de celui qui l'écoute, est d'instruire & de persuader: ainsi les premières règles de la narration, sont la clarté & la vraisemblance.

La clarté consiste à exposer les faits d'un style qui ne laisse aucun nuage dans les idées, aucun embarras dans les esprits. Il y a dans les faits des circonstances qui se supposent & qu'il seroit superflu d'expliquer. Il peut arriver auſſi que celui qui raconte ne ſoit pas inſtruit de tout, ou qu'il ne veuille pas tout dire ; mais ce qu'il ignore, ou veut diſſimuler, ne le diſpenſe pas d'être clair dans ce qu'il expoſe. L'obſcurité même qu'il laiſſe, ne doit être que pour les perſonnages qui ſont en ſcène. Les circonſtances des faits, leurs cauſes, leurs moyens, le ſpectateur veut tout ſavoir ; & ſi l'Acteur eſt diſpenſé de tout éclaircir, le Poëte ne l'eſt pas. Il eſt vrai qu'il a droit de jetter un voile ſur l'avenir ; mais s'il eſt habile, il prend ſoin que ce voile ſoit tranſparent, & qu'il laiſſe entrevoir ce qui doit arriver, dans un lointain confus & vague, comme on découvre les objets éloignés, à la foible lumière des étoiles :

Subluſtrique aliquid dant cernere noctis in umbrâ. Vida.

c'eſt un nouvel attrait pour le lecteur, un nouveau charme qui ſe mêle à l'intérêt qui l'attache & l'attire.

Haud aliter, longinqua petit qui forte viator   Idem.
Mœnia, ſi poſitas altis in collibus arces,

*Nunc etiam dubias occulis videt ; incipit ultrò
Latior ire viam, placidumque urgere laborem.*

A l'égard du présent & du passé tout doit être aux yeux du lecteur, sans nuage & sans équivoque.

Les éclaircissemens sont faciles dans l'Épopée, où le Poëte cède & reprend la parole quand bon lui semble. Dans le dramatique il faut un peu plus d'art pour mettre l'auditeur dans la confidence; mais ce qu'un Acteur ne sait pas, ou ne doit pas dire, quelque autre peut le savoir & le révéler; ce qu'ils n'osent confier à personne, ils se le disent à eux-mêmes; & comme dans les momens passionnés il est permis de penser tout haut, le spectateur entend la pensée. C'est donc une négligence inexcusable que de laisser dans l'exposition des faits, une obscurité qui nous inquiette & qui nuit à l'illusion.

Si les faits sont trop compliqués, la méthode la plus sage, en travaillant, c'est de les réduire d'abord à leur plus grande simplicité; & à mesure qu'on apperçoit dans leur exposé quelque embarras à prévenir, quelque nuage à dissiper, on y répand des traits de lumière. Le comble de l'Art est de faire ensorte que ce qui éclaircit la narration soit aussi ce qui la décore : c'étoit le talent de Racine.

Le Poëte est en droit de suspendre la curiosité ; mais il faut qu'il la satisfasse : cette suspension n'est même permise qu'autant qu'elle est motivée ; & il n'y a qu'un Poëme folâtre, comme celui de l'Arioste, où l'on soit reçu à se jouer de l'impatience de ses lecteurs.

L'art de ménager l'attention sans l'épuiser, est d'avouer avec candeur que l'on n'est pas instruit soi-même de ce qu'on laisse ignorer, ou de faire au-moins entrevoir les raisons qu'on a de le taire. On employe quelquefois un incident nouveau pour suspendre & différer l'éclaircissement ; mais qu'on prenne garde à ne pas laisser voir qu'il est amené tout exprès, & sur-tout à ne pas employer plus d'une fois le même artifice. Le spectateur veut bien qu'on le trompe, mais il ne veut pas s'en appercevoir. La ruse est permise en Poësie comme le larcin à Lacédémone; mais on punit les mal-adroits.

Il n'y a que les faits surnaturels dont le Poëte soit dispensé de rendre raison en les racontant. Œdipe est destiné dès sa naissance à tuer son pere & à épouser sa mere; Calcas demande qu'on immole Iphigénie sur l'autel de Diane: qu'a fait Œdipe, qu'a fait Iphigénie pour mériter un pareil sort? Telle est la loi de la destinée, telle est la volonté du Ciel: le Poëte n'a pas autre chose à répondre. Il faut avouer que ces traditions populaires, si choquantes pour la raison, étoient commodes pour la Poësie.

Les Poëtes anciens n'ont pas toûjours dédaigné de motiver la volonté des dieux; & le merveilleux est bien plus satisfaisant lorsqu'il est fondé, comme dans l'Ænéide le ressentiment de Junon contre les Troyens, & la colère d'Apollon contre les Grecs dans l'Iliade. Mais pour motiver la conduite

duite des dieux, il faut une raison plausible : il vaut mieux n'en donner aucune que d'en alléguer de mauvaises. Dans l'Ænéide, par exemple, les vaisseaux d'Ænée, au moment qu'on va les brûler, sont changés en nymphes : pourquoi ? Parce qu'ils sont faits des bois du mont Ida consacré à Cibelle ; mais, comme un critique l'observe, plusieurs de ces vaisseaux n'en ont pas moins péri sur les mers, & ce qui ne les a pas garantis des eaux, ne devoit pas les garantir des flammes.

Ce que je viens de dire de la clarté contribue aussi à la vraisemblance. Un fait n'est incroyable que parce qu'on y voit de l'incompatibilité dans les circonstances, ou de l'impossibilité dans l'exécution ; or en l'expliquant tout se concilie, tout s'arrange, tout se rapproche de la vérité. *Etiam in-* Pindare. *credibile solertia efficit sæpe credibile esse.* Mais « la crédulité est une mere que sa propre Bayle. » fécondité étouffe tôt ou tard «. D'un tissu de faits possibles le récit peut être incroyable, si chacun d'eux est si rare, si singulier, qu'il n'y ait pas d'exemple dans la Nature d'un tel concours d'évènemens. Il peut arriver une fois que la ſtatue d'un homme tombe ſur ſon meurtrier & l'écraſe, comme fit celle de Mytis (*a*). Il peut arriver qu'un anneau jetté dans la mer, ſe retrouve dans le ventre d'un poiſſon, comme l'anneau de Policrate; mais un pareil accident doit être entouré de faits ſimples & familiers qui lui communiquent l'air de vérité. C'eſt une idée lumineuſe d'Ariſtote, que la croyance qu'on donne à un fait ſe réfléchit ſur l'autre, quand ils ſont liés avec art. « Par une eſpèce de paralo-» giſme qui nous eſt naturel, nous concluons (dit-il) de ce qu'une choſe eſt » véritable, que celle qui la ſuit doit l'être ». Cette remarque importante prouve combien, dans le récit du merveilleux, il eſt eſſentiel d'entremêler des circonſtances communes.

―――――――――

(*a*) Par une rencontre aſſez ſingulière, & qui mérite d'être connuë, la ſépulture de Boileau, à la Sainte-Chapelle baſſe, ſe trouve préciſément ſous le Lutrin qu'il a chanté.

Ceux qui demanderoient qu'un Poëme fût une suite d'évènemens inouis, n'ont pas les premières notions de l'Art. Ce qu'ils desirent dans un Poëme est le vice des anciens romans. Pour me persuader que les héros qu'on me présente, ont fait réellement des prodiges dont je n'ai jamais vû d'exemples, il faut qu'ils fassent des choses qui tous les jours se passent sous mes yeux. Il est vrai que parmi les détails de la vie commune, l'on doit choisir avec goût ceux qui ont le plus de noblesse dans leur naïveté, ceux dont la peinture a le plus de charmes; & en cela les mœurs anciennes étoient plus favorables à la Poësie que les nôtres. Les devoirs de l'hospitalité, les cérémonies religieuses donnoient un air vénérable à des usages domestiques qui n'ont plus rien de touchant parmi nous. Que les Grecs mangent avant le combat, leurs sacrifices, leurs libations, leurs vœux, l'usage de chanter à table les louanges des dieux ou des héros, rendent ce repas auguste. Qu'Henri IV. ait pris &

fait prendre à fes foldats quelque nourriture avant la bataille d'Ivry, c'eſt un tableau peu favorable à peindre. Il y a donc de l'avantage à prendre fes fujets dans les tems éloignés, ou ce qui revient au même, dans les pays lointains ; mais dans nos mœurs on peut trouver encore des chofes naïves & familières, qui ne laiſſent pas d'avoir de la nobleſſe & de la beauté. Et pourquoi ne peindroit-on pas aujourd'hui les adieux d'un guerrier qui fe fépare de fa femme & de fon fils, avec cette ingénuité naturelle qui rend fi touchans les adieux d'Hector ? Homère trouveroit parmi nous la nature encore bien féconde, & fauroit bien nous y ramener. Le Poëte eſt fi fort à fon aife lorſqu'il fait des hommes de fes héros ! Pourquoi donc ne pas s'attacher à cette nature fimple & charmante lorſqu'une fois on l'a faifie ? Pourquoi du-moins ne pas fe relâcher plus fouvent de cette dignité factice, où l'on tient fes perfonnages en attitude & comme à la gêne ? Le dirai-je ? le défaut dominant de notre Poësie héroïque, c'est la roideur. Je la voudrois souple comme la taille des Graces. Je ne demande pas que le plaisant s'y mêle au sublime ; mais je suis bien persuadé qu'on ne sauroit trop y mêler le familier noble, & que c'est sur-tout de ces relâches que dépend l'air de vérité.

Je viens de voir une scène, qui dans le style de l'Épopée n'auroit pas déparé la Henriade : c'est un souper d'Henri IV. chez un paysan, qui l'a trouvé la nuit égaré dans les bois, & qui, sans le connoître, lui donne asile. Le villageois & sa famille parlent du Roi devant le Roi lui-même, du soin qu'il prend de rendre heureux ses peuples, & de l'amour qu'on a pour lui. On chante ses exploits, ses vertus, ses plaisirs ; on boit à la santé de ce bon maître ; on le presse lui-même d'y boire ; on lui reproche de ne pas se livrer aux sentimens qu'il voit éclater. Vous n'aimez pas notre Roi comme nous l'aimons, lui dit son hôte : vous êtes un mauvais François. A cette scène attendrissante, chacun sent que les larmes

B iij

d'Henri doivent couler, & l'on ne peut retenir les siennes.

Je m'apperçois qu'à propos de la narration, je touche aux mœurs du Poëme héroïque ; mais dans mon sujet tout se tient, & à-moins de mutiler mes idées, je suis obligé d'anticiper souvent sur ce qui doit y avoir rapport.

La troisième qualité de la narration c'est l'à-propos. Toutes les fois que des personnages qui sont en scène, l'un raconte & les autres écoutent ; ceux-ci doivent être disposés à l'attention & au silence, & celui-là doit avoir eu quelque raison de prendre, pour le récit dans lequel il s'engage, ce lieu, ce moment, ces personnes mêmes. S'il étoit vrai que Cinna rendît compte à Émilie, dans l'appartement d'Auguste, de ce qui vient de se passer dans l'assemblée des conjurés, la personne & le tems seroient convenables, mais le lieu ne le seroit pas. Théramène raconte à Thésée tout le détail de la mort d'Hypolite ; la personne & le lieu sont bien choisis, mais ce n'est point dans le premier accès de sa douleur, qu'un pere qui se reproche la mort de son fils, peut entendre la description du prodige qui l'a causée. Les récits dans lesquels s'engagent les héros d'Homère sur le champ de bataille, sont déplacés à tous égards.

Une règle sûre pour éprouver si le récit vient à propos, c'est de se consulter soi-même, de se demander, Si j'étois à la place de celui qui l'écoute, l'écouterois-je ? le ferois-je, à la place de celui qui le fait ? est-ce là même & dans ce même instant, que ma situation, mon caractère, mes sentimens ou mes desseins me détermineroient à le faire ? Cela tient à une qualité de la narration plus essentielle que l'à-propos : c'est de l'intérêt que je parle.

La narration purement épique, c'est-à-dire du Poëte à nous, n'a besoin d'être intéressante que pour nous-mêmes. Qu'elle réunisse à notre égard l'agrément & l'utilité ; l'objet du Poëte est rempli : elle peut même se passer d'instruire, pourvû qu'elle attache. *Egli è defiderato per fe fteffo* (dit le Taffe en parlant du plaifir), *e l'altre cofe per lui fono defiderate.* Or le plaifir qu'elle peut caufer eft celui de l'efprit, de l'imagination ou du fentiment.

Plaifir de l'efprit, lorfqu'elle eft une fource de réflexions ou de lumières : c'eft l'intérêt que nous éprouvons à la lecture de Tacite. Il fuffit à l'Hiftoire, il ne fuffit pas à la Poëfie ; mais il en fait le plus folide prix, & c'eft par-là qu'elle plaît aux fages.

Plaifir de l'imagination, lorfqu'on préfente aux yeux de l'ame le tableau de la Nature : c'eft-la ce qui diftingue la narration du Poëte de celle de l'Hiftorien. Le foin de la varier & de l'enrichir, fait qu'on y mêle fouvent des defcriptions épifodiques ; mais l'art de les enlacer dans le tiffu de la narration, de les placer dans les repos, de leur donner une jufte étendue, de les faire defirer, ou comme délaffemens, ou comme détails curieux, cet art, dis-je, n'eft pas facile.

Omnia sponte suâ veniant, lateatque vagandi Vida.
Dulcis amor.

Cet attrait même de la nouveauté, ce plaisir de l'imagination, s'il étoit seul, seroit foible & bien-tôt insipide : l'ame ne sauroit s'attacher à ce qui ne l'éclaire ni ne l'émeut ; & du-moins si on la laisse froide, ne faut-il pas la laisser vuide.

Plaisir du sentiment, lorsqu'une peinture fidèle & touchante exerce en nous cette faculté de l'ame par les vives impressions de la douleur ou de la joie ; qu'elle nous émeut, nous attendrit, nous inquiette & nous étonne, nous épouvente, nous afflige & nous console tour-à-tour ; enfin qu'elle nous fait goûter la satisfaction de nous trouver sensibles, le plus délicat de tous les plaisirs.

De ces trois intérêts, le plus vif est évidemment celui-ci. Le sentiment supplée à tout, & rien ne supplée au sentiment : seul, il se suffit à lui-même, & aucune autre beauté ne se soutient s'il ne l'anime. Voyez ces récits qui se perpétuent d'âge en âge, ces traits dont on est si avide dès l'enfance, & qu'on aime à se rappeller encore dans l'âge le plus avancé : ils sont tous pris dans le sentiment. Mais c'est du concours de ces trois moyens de captiver les esprits, que résulte l'attrait invincible de la narration & la plénitude de l'intérêt. C'est donc sous ces trois points de vûe que le Poëte, avant de s'engager dans ce travail, doit en considérer la matière pour en mieux pressentir l'effet. Il jugera, par la nature du fond, de sa stérilité ou de son abondance ; & glissant sur les endroits qui ne peuvent rien produire, il reservera les forces du génie pour semer en un

Scal. champ fécond. *Hæc tu tum narrabis parce, tum dispones aptè.*

Je n'ai considéré jusques-ici l'intérêt, que du Poëte au lecteur, & tel qu'il est même dans l'Épopée ; mais dans le Poëme dramatique il est relatif encore aux personnages qui sont en scène ; & c'est par eux qu'il doit commencer. Qu'importe, direz-vous, qu'un autre que moi s'intéresse au récit que j'entends? Il importe beaucoup, & on va le voir. Je conviens que si le spectateur est intéressé, l'objet du Poëte est rempli; mais l'intérêt dépend de l'illusion, & celle-ci de la vraisemblance : or il n'est pas vraisemblable que sur la scène deux Acteurs s'occupent, l'un à dire, l'autre à écouter ce qui n'intéresse ni l'un ni l'autre. De plus, l'intérêt du spectateur n'est que celui des personnages, & selon que ce qu'il entend les affecte plus ou moins, l'impression réfléchie qu'il en reçoit est plus profonde ou plus légère.

Les faits contenus dans l'exposition de Rodogune ne manquent ni d'importance, ni de pathétique; mais des deux personnages qui sont en scène, l'un raconte froidement, l'autre écoute plus froidement encore, & le spectateur s'en ressent.

L'intérêt personnel de celui qui raconte est un besoin de conseil, de secours, de consolation, de soulagement. L'intérêt qui lui vient du dehors est un mouvement d'affection ou de haine pour celui dont la fortune ou la vie eſt en péril ou comme en ſuſpens. L'intérêt perſonnel de celui qui écoute eſt tranquille ou paſſionné, de curioſité ou d'inquiétude, & l'une & l'autre eſt d'autant plus vive que l'évènement le touche de plus près. L'intérêt, s'il lui eſt étranger, vient d'un ſentiment de bienveillance ou d'inimitié, de compaſſion ou d'humanité ſimple.

Plus la narration eſt intéreſſante pour les Acteurs, moins elle a beſoin de l'être directement pour les ſpectateurs : je m'explique. Un fait ſimple, familier, connu, qui vient de ſe paſſer ſous nos yeux, n'eſt rien moins qu'intéreſſant pour nous à entendre raconter; mais ſi ce récit va porter la joie dans l'ame d'un malheureux qui nous a fait verſer des larmes; s'il le tire du bord de l'abîme où nous avons frémi de le voir tomber; s'il jette la déſolation, le deſeſpoir dans l'ame d'une mere, d'un ami, d'un amant; ſi par une révolution ſubite il change la face des choſes, & fait paſſer le perſonnage que nous aimons d'une extrémité de fortune à l'autre; il devient très-intéressant, quoiqu'il n'ait rien de merveilleux, rien de curieux en lui-même. Si au contraire la narration n'a pas cette influence rapide & puissante sur le sort des personnages; si elle ne doit exciter aucune de ces secousses, dont l'ébranlement se communique à l'ame des spectateurs; au défaut de cette réaction, elle doit avoir une action directe, & relative de l'objet à nous-mêmes. C'est-là qu'il faut nous rendre les objets présens par la vivacité des peintures. Ænée & Didon, Henri IV. & Élisabeth ne sont pas assez émus pour nous émouvoir & nous attendrir; mais le tableau de l'incendie de Troye, & celui du massacre de la S. Barthelemy nous frappent, nous ébranlent directement & sans contre-coups : c'est ainsi qu'agit l'Épopée lorsqu'elle n'est pas dramatique; & alors pour suppléer à l'action, elle exige les couleurs les plus vives & les plus vraies, les couleurs même de la Nature, & sans aucun vernis de l'Art.

Plus l'expofé d'un évènement tragique eſt nud, fimple & naïf, mieux il fait l'impreſſion de la chofe : toute circonſtance qui n'ajoûte pas à l'intérêt l'affoiblit: *obſtat* Cicer. *quidquid non adjuvat* : je vais bien-tôt en donner des exemples. Au-lieu que dans les récits tranquilles & qui n'intéreſſent que l'imagination, le fond n'eſt rien, la forme eſt tout : le travail fait le prix de la matière. Alors la Poëſie fe répand en defcriptions, en comparaifons, reſſources qu'elle dédaigne lorfqu'elle eſt vraiment pathétique : car ces vains ornemens bleſſeroient la décence, autre règle que le Poëte doit s'impofer en racontant.

Quid deceat, quid non, eſt un point de vûe fur lequel il doit avoir fans ceſſe les yeux attachés. Ce n'eſt point là ce qu'on vous demande, dit Horace à l'Artiſte qui prodigue des ornemens étrangers ou fuperflus. Je lui dis plus encore : Ce n'eſt point là ce que vous vous demandez à vous-même. Que faites-vous ? C'eſt le cœur & non pas les fens que vous devez frapper.

Vous voulez nous peindre là Nature dans sa touchante simplicité, & vous la chargez d'un voile dont la richesse fait l'épaisseur. Est-ce avec des vers pompeux & de brillantes images que vous prétendez m'arracher des larmes? est-ce avec cet éclat de paroles qu'une amante sur le tombeau de son amant, une mere sur le corps froid & livide d'un fils unique & bien aimé, vous pénètre & vous déchire l'ame? Consultez vous, écoutez la Nature, & jettez au feu ces descriptions fleuries qui la glacent au fond de nos cœurs.

Les décences de la narration, du Poëte à nous, se bornent à n'y rien mêler d'obscène, de bas, de choquant. Contre cette règle péche dans l'Ænéide la fiction puérile & dégoûtante des harpies; & dans le Paradis perdu, l'allégorie du péché & de la mort. Le nuage qui dans l'Iliade couvre Jupiter & Junon sur le mont Ida, est pour les Poëtes une leçon & un modèle de bienséance.

Les décences d'un Acteur à l'autre sont

dans le rapport de leur rang, de leur situation respective. Un malheureux, qui pour émouvoir la pitié fait le récit de ses aventures, est reservé, timide & modeste, ménager du tems qu'on lui donne, & attentif à n'en pas abuser. Mérope demande à Égiste quel est l'état, le rang, la fortune de ses parens; vous savez quelle est sa réponse.

Si la vertu suffit pour faire la noblesse,
Ceux dont je tiens le jour, Policlete, Sirris,
Ne sont pas des mortels dignes de vos mépris.
Le sort les avilit, mais leur sage constance
Fait respecter en eux l'honorable indigence.
Sous ses rustiques toîts, mon pere vertueux,
Fait le bien, suit les loix, & ne craint que les dieux.

Ainsi le style, le ton, le caractère de la narration, & tout ce qu'on appelle convenance, est dans le rapport de celui qui raconte avec celui qui l'écoute. Si Virgile a une tempête à décrire, il est naturel qu'il employe toutes les couleurs de la Poësie à la rendre présente à l'esprit du lecteur.

Incubuere

Incubuere mari, totumque à sedibus imis
Una Eurusque notusque ruunt, creberque procellis
Affricus; & vastos volvunt ad littora fluctus.
Insequitur clamorque virum stridorque rudentum:
Eripiunt subito nubes cœlumque diemque
Teucrorum ex occulis. Ponto nox incubat atra.
Intonuere poli & crebris micat ignibus æther.

Mais qu'Idoménée, dans la plus cruelle situation où puisse être réduit un pere, fasse à l'un de ses sujets la confidence de son malheur; il ne s'amusera point à décrire la tempête qu'il a essuiée : son objet n'est pas d'effrayer celui qui l'entend, mais de lui confier sa peine. « Nous allions périr, lui » dira-t-il ; j'invoquai les dieux, & pour les » appaiser, je jurai d'immoler, en arrivant » dans mes états, le premier homme qui » s'offriroit à moi. Piété cruelle & funeste! » J'arrive, & le premier objet qui se pré- » sente à moi, c'est mon fils ». Voilà le langage de la douleur.

Il en est d'un personnage tranquille à peu près comme du Poëte : le sujet de la narration ne doit pas l'affecter assez pour

Tome II. C

lui faire négliger les détails : par exemple, il est naturel qu'Ænée racontant à Didon la mort de Laocoon & de ses enfans, décrive la figure des serpens, qui fendant la mer, vinrent les étouffer :

Pectora quorum inter fluctus arrecta, jubæque Sanguineæ exuperant undas. Pars cætera Pontum Pone legit, sinuatque immensa volumine terga.

Didon est disposée à l'entendre ; au-lieu que dans le récit de la mort d'Hypolite, ni la situation de Théramène, ni celle de Thésée ne comporte ces riches détails :

Cependant sur le dos de la plaine liquide
S'élève à gros bouillons une montagne humide:
L'onde approche, se brise, & vomit à nos yeux
Parmi des flots d'écume un monstre furieux.
Son front large est armé de cornes menaçantes ;
Tout son corps est couvert d'écailles jaunissantes;
Indomptable taureau, dragon impétueux,
Sa croupe se recourbe en replis tortueux.

Ces vers sont très-beaux, mais ils sont déplacés. Si le sentiment dont Théramène est saisi étoit la frayeur, il seroit naturel qu'il en eût l'objet présent, & qu'il le décrivît comme il l'auroit vû ; mais peu importe à sa douleur & à celle de Thésée que le front du dragon fût armé de cornes, & que son corps fût couvert d'écailles. Si Racine eût dans ce moment interrogé la Nature, lui qui la connoissoit si bien, j'ose croire qu'après ces deux vers,

L'onde approche, se brise, & vomit à nos yeux
Parmi des flots d'écume un monstre furieux,

il eût passé rapidement à ceux-ci,
Tout fuit, & sans s'armer d'un courage inutile,
Dans le temple voisin chacun cherche un asyle.
Hypolite, lui seul, &c.

Il est dans la nature, que la même chose racontée par différens personnages, se présente sous des traits différens: soit qu'ils ne l'ayent pas vûe de même; soit qu'ils ne se rappellent de ce qu'ils ont vû que ce qui les a vivement frappés; soit que le sentiment qui les domine, ou le dessein qui les occupe, leur fasse négliger & passer sous silence tout ce qui ne l'intéresse pas. Pour savoir quels sont les détails sur lesquels il faut se reposer, ou bien glisser légèrement, il n'y a donc qu'à examiner la situation, ou l'intention de celui qui raconte : sa situation, lorsqu'il se livre aux mouvemens de son ame, & qu'il ne raconte que pour se soulager; son intention, lorsqu'il se propose d'émouvoir l'ame de celui qui l'écoute, & d'en disposer à son gré. Là, tout ce qui l'affecte lui-même; ici, tout ce qui peut exciter dans l'autre les sentimens qu'il veut lui inspirer, sera placé dans sa narration : tout le reste y sera superflu. La règle est simple, elle est infaillible.

Que l'intention de celui qui raconte soit d'instruire, ou seulement d'émouvoir; qu'il révèle des choses cachées, ou qu'il rappelle des choses connues ; les détails ne sont pas les mêmes. Le complot d'Égiste & de Clitemnestre, l'arrivée d'Agamemnon, les embuches qu'on lui dresse, comment il est surpris & assassiné dans son palais, Oreste a dû voir tout cela dans le récit que lui a fait Palamède, quand il a voulu l'en instruire. Mais s'il ne s'agit plus que de lui rappeller ce crime connu, pour l'exciter à la vengeance, c'est à grands traits qu'il le lui peindra.

Oreste, c'est ici que le barbare Egiste,
Ce monstre détesté, souillé de tant d'horreurs,
Immola votre pere à ses noires fureurs.
Là, plus cruelle encor, pleine des Euménides,
Son épouse sur lui porta ses mains perfides.
C'est ici que sans force & baigné dans son sang
Il fut long-tems traîné le couteau dans le flanc.

Il en est de même d'un personnage, qui plein de l'objet qui l'intéresse directement, se le rappelle, ou le rappelle à d'autres : il l'effleure & n'en prend que les traits relatifs à sa situation. Ainsi, dans l'apothéose de Vespàsien, Bérénice n'a vû, ne fait voir à Phénice que le triomphe de Titus.

De cette nuit Phénice, as-tu vû la splendeur ?
Tes yeux ne sont-ils pas tous pleins de sa
    grandeur ?
Ces flambeaux, ce bucher, cette nuit enflam-
    mée,
Ces aigles, ces faisceaux, ce peuple, cette
    armée,
Cette foule de Rois, ces Consuls, ce Sénat,
Qui tous de mon amant empruntoient leur éclat,

Cette pourpre, cet or qui réhaussoient sa gloire,
Et ces lauriers, encor témoins de sa victoire,
Tous ces yeux qu'on voyoit venir de toutes parts,
Confondre sur lui seul leurs avides regards,
Ce port majestueux, cette douce présence, &c.

Tel est aussi, dans Andromaque, le souvenir de la prise de Troie.

Songe, songe, Céphise, à cette nuit cruelle,
Qui fut pour tout un peuple une nuit éternelle.
Figure toi Pyrrhus, les yeux étincellans,
Entrant à la lueur de nos palais brûlans,
Sur tous mes freres morts se faisant un passage,
Et de sang tout couvert échauffant le carnage.
Songe aux cris des vainqueurs, songe aux cris des mourans,
Dans la flamme étouffés, sous le fer expirans;
Peins-toi dans ces horreurs Andromaque éperdue.

Dans ce tableau les yeux d'Andromaque ne se détachent point de Pyrrhus: elle ne distingue que lui: tout le reste est confus & vague. C'est ainsi que tout doit être relatif & subordonné à l'intérêt qui domine dans le moment de la narration.

Comme elle n'eſt jamais plus tranquille, plus déſintéreſſée que dans la bouche du Poëte, elle n'eſt jamais plus libre de ſe parer des fleurs de la Poëſie : auſſi dans ce calme des eſprits a-t-elle beſoin de plus d'ornemens que lorſqu'elle eſt paſſionnée. Or ſes ornemens les plus familiers ſont les deſcriptions & les comparaiſons.

La deſcription n'eſt quelquefois que la définition paſſagère d'un objet qui tombe ſous les ſens : c'eſt ce qu'on appelle circonlocution.

Ce monſtre à voix humaine, aigle, femme & lion. *Voſt.*

. . . . Le peuple vautour, Lafontain
Au bec retors, à la tranchante ſerre.

. . . . Cet Art ingénieux, Brebeuf.
De peindre la parole & de parler aux yeux.

. . . . *Rudis indigeſtaque moles,* Ovide.
Et male junctarum diſcordia ſemina rerum.

La circonlocution fait la richeſſe du ſtyle, par les idées qu'elle raſſemble ou qu'elle réveille en paſſant. Elle contribue auſſi quelquefois à l'élégance & à la nobleſſe, en évitant le voiſinage des idées baſſes ou rebutantes que le terme propre rappelleroit. Voyez dans Sémiramis comme l'idée des médicamens est ennoblie.

Ces végétaux puissans qu'en Perse on voit éclore,
Bienfaits nés dans son sein de l'astre qu'elle adore.

On employe souvent la circonlocution à la place des termes que l'habitude & le préjugé ont avilis : c'est le besoin qui l'a inventée.

Vida. *Indictisque in rebus egestas.*

Et il en est des ornemens du style comme de ceux de l'Architecture.

Idem. *Quodque olim usus inops reperit, nunc ipsa voluptas Postulat.*

Mais la description ne se borne pas à caractériser son objet ; elle en présente souvent le tableau dans ses détails les plus intéressans & dans toute son étendue. Ici le goût consiste à bien choisir, 1°. l'objet que l'on veut peindre ; 2°. le point de vûe le plus favorable à l'effet que l'on se propose ; 3°. le moment le plus avantageux, si l'objet est changeant ou mobile ; 4°. les traits qui l'expriment le plus vivement tel qu'on a dessein de le faire voir; 5°. les oppositions qui peuvent le rendre plus saillant & plus sensible encore.

Le choix de l'objet, comme je l'ai fait voir, doit se regler sur l'intention du Poëte. Le tableau doit-il être gracieux ou sombre, pathétique ou riant? cela dépend de la place qu'il lui destine & de l'effet qu'il en attend. *Elega* (dit le Tasse en parlant du Poëme héroïque) *fra le cose belle, le bellissime; fra le grande, le grandissime*, &c. La règle est la même pour tous les genres. Dans le gracieux, choisissez ce que la Nature a de plus riant; dans le naïf, ce qu'elle a de plus simple; dans le pathétique, ce qu'elle a de plus touchant, *&c.*

Omnia consiliis prævisa animoque volenti. Vida.

Le point de vûe est relatif de l'objet au spectateur : l'aspect de l'un, la situation de l'autre, concourent à rendre la description plus ou moins intéressante ; mais (ce qu'il est important de remarquer) toutes les fois qu'elle a des auditeurs en scène, le lecteur se met à leur place, & c'est delà qu'il voit le tableau. Lorsque Cinna répete à Émilie ce qu'il a dit aux conjurés pour les animer à la perte d'Auguste, nous nous mettons, pour l'écouter, à la place d'Émilie ; & sitôt qu'il vient a décrire les horreurs des proscriptions,

Je les peins dans le meurtre à l'envi triomphans ;
Rome entière noyée au sang de ses enfans ;
Les uns assassinés dans les places publiques ;
Les autres dans le sein de leurs dieux domestiques ;
Le méchant par le prix au crime encouragé ;
Le mari par sa femme en son lit égorgé ;
Le fils tout dégouttant du meurtre de son pere,
Et sa tête à la main demandant son salaire.

Ce n'est plus à la place d'Émilie que nous sommes, c'est à la place des conjurés.

Tous les grands Poëtes ont senti l'avantage de donner à leurs descriptions des témoins qu'elles intéressent, bien sûrs que l'émotion qui règne sur la scène se répand dans l'amphitéâtre, & que mille ames n'en font qu'une quand l'intérêt les réunit.

Mais abstraction faite de cette émotion

réfléchie, le point de vûe direct de l'objet à nous, est plus ou moins favorable à la Poësie comme à la Peinture, selon qu'il répond plus ou moins à l'effet qu'elle veut produire. Un Poëte fait-il l'éloge d'un guerrier, il le voit comme Hermione voit Pyrrhus,

> Intrépide, & par-tout suivi de la Victoire.

Il oublie que son héros est un homme, & que ce sont des hommes qu'il fait égorger. Sa valeur, son activité, son audace, le don de prévoir, de disposer, de maîtriser les évènemens, l'influence d'une grande ame sur des milliers d'ames vulgaires qu'elle remplit de son ardeur : voilà ce qui le frappe. Mais veut-il lui reprocher ses triomphes ; tout change de face, & l'on voit,

> Des murs que la flamme ravage ; *Rousseau.*
> Des vainqueurs fumant de carnage ;
> Un peuple au fer abandonné ;
> Des meres pâles & sanglantes,
> Arrachant leurs filles tremblantes
> Des bras d'un soldat effrèné.

Ainsi, cette Hermione qui dans Pyrrhus admiroit un héros intrépide, un vainqueur plein de gloire & de charmes, n'y voit bien-tôt plus qu'un meurtrier impitoyable & même lâche dans sa fureur.

Du vieux pere d'Hector la valeur abattue
Aux pieds de sa famille expirante à sa vûe,
Tandis que dans son sein votre bras enfoncé,
Cherche un reste de sang que l'âge avoit glacé;
Dans des ruisseaux de sang Troïe ardente
      plongée;
De votre propre main Polixène égorgée,
Aux yeux de tous les Grecs indignés contre
      vous:
Que peut-on refuser à ces généreux coups?

Ce changement de face dans l'objet que l'on peint, dépend sur-tout du moment que l'on choisit & des détails que l'on employe. Comme presque toute la Nature est mobile & que tout y est composé, l'imitation peut varier à l'infini dans les détails; & c'est une étude assez curieuse que celle des tableaux divers qu'un même sujet a produits, imités par des mains savantés. Que l'on compare les assauts, les batailles, les combats singuliers décrits par les plus grands Poëtes anciens & modernes : avec combien d'intelligence & de génie chacun d'eux a varié ce fond commun, par des circonstances tirées des lieux, des tems & des personnes ! Combien, par la seule nouveauté des armes l'assaut des fauxbourgs de Paris diffère de l'attaque des murs de Jérusalem & de celle du camp des Grecs !

On entendoit gronder ces bombes effroyables,
Des troubles de la Flandre enfans abominables.
Le salpètre enfoncé dans ces globes d'airain,
Part, s'échauffe, s'embrase, & s'écarte soudain :
La mort en mille éclats en sort avec furie.
Avec plus d'art encore & plus de barbarie,
Dans les antres profonds on a su renfermer
Des foudres souterrains, tous prêts à s'allumer.
Sous un chemin trompeur où volant au carnage,
Le soldat valeureux se fie à son courage,
On voit en un instant des abîmes ouverts,
De noirs torrens de soufre épandus dans les airs,
Des bataillons entiers, par ce nouveau tonnerre
Dans les airs emportés, engloutis sous la terre.

Ce font là les dangers où Bourbon va s'offrir ;
C'eft par-là qu'à fon trône il brûle de courir.
Ses guerriers avec lui dédaignent ces tempêtes :
L'enfer eft fous leurs pas, la foudre eft fur leurs têtes ;
Mais la gloire à leurs yeux vole à côté du Roi :
Ils ne regardent qu'elle, & marchent fans effroi.

Indépendamment de ces variations que les Arts & les mœurs ont produites, les afpects de la Nature, fes phénomènes, fes accidens different d'eux-mêmes par des circonftances qui fe combinent à l'infini. Dans les horreurs de la famine que tant de Poëtes avoient décrites, l'Homère François eft affez heureux pour avoir à peindre, d'après l'Hiftoire, l'effrayant tableau d'une mere qui égorge fon fils pour affouvir fa faim.

Furieufe, elle approche avec un coutelas,
De ce fils innocent qui lui tendoit les bras :
Son enfance, fa voix, fa mifère, fes charmes,
A fa mere en fureur arrachent mille larmes ;
Elle tourne fur lui fon vifage effrayé,
Plein d'amour, de regret, de rage & de pitié ;
Trois fois le fer échappe à fa main défaillante.

FRANÇOISE.

La rage enfin l'emporte; & d'une voix trem-
	blante,
Déteſtant ſon hymen & ſa fécondité,
Cher & malheureux fils que mes flancs ont porté,
Dit-elle, c'eſt en vain que tu reçus la vie;
Les tyrans ou la faim l'auroient bientôt ravie.
Et pourquoi vivrois-tu? pour aller dans Paris,
Errant & malheureux, pleurer ſur ſes débris!
Meurs avant de ſentir mes maux & ta miſère:
Rends moi le jour, le ſang que t'a donné ta mere;
Que mon ſein malheureux te ſerve de tombeau;
Et que Paris du-moins voye un crime nouveau.
En achevant ces mots, furieuſe, égarée,
Dans les flancs de ſon fils ſa main deſeſpérée,
Enfonce en frémiſſant le parricide acier,
Porte le corps ſanglant auprès de ſon foyer,
Et d'un bras que pouſſoit ſa faim impitoyable,
Prépare avidement ce repas effroyable.
Attirés par la faim, les farouches ſoldats,
Dans ces coupables lieux reviennent ſur leurs pas.
Leur tranſport eſt ſemblable à la cruelle joie
Des ours & des lions qui fondent ſur leur proie.
A l'envi l'un de l'autre ils courent en fureur:
Ils enfoncent la porte. O ſurpriſe! ô terreur!
Près d'un corps tout ſanglant à leurs yeux ſe
	préſente
Une femme égarée & de ſang dégouttante.

Oui, c'est mon propre fils ; oui, monstres inhu-
mains,
C'est vous qui dans son sang avez trempé mes
mains.
Que la mere & le fils vous servent de pâture.
Craignez-vous plus que moi d'outrager la nature?
Quelle horreur à mes yeux semble vous glacer
tous ?
Tigres, de tels festins sont préparés pour vous.

Le Dante a dans son Enfer un tâbleau du même genre. Le Poëte, comme on sait, parcourt les régions infernales. Il voit d'un côté des abîmes de feu, & de l'autre un étang glacé : sur cet étang il distingue, dans une foule de malheureux, un homme acharné sur un autre, & qui lui ronge la tête. Il demande à ce furieux ce que lui a fait celui qu'il dévore.

M. Wa-telet. Voici ce morceau fidèlement traduit par un homme de lettres, versé dans l'étude des Poëtes Italiens, qui en sent les beautés, & qui sait les rendre.

« Ugolin soulève sa tête, & se détache
» de son horrible proie. Il essuye ses lèvres
» ensanglantées avec les cheveux de ce
» crâne

» crâne qu'il avoit à demi rongé, puis il
» me parle en ces mots.

» Veux-tu donc que je renouvelle ma
» douleur & mon defefpoir ? Je les fens
» renaître à la feule penfée du récit que tu
» me demandes. N'importe, je confens à
» gémir de nouveau, pourvû que mes pa-
» roles deviennent des femences d'horreur,
» & qu'elles couvrent d'oprobre à jamais
» le perfide que je dévore.

» Je ne fais qui tu es, ni par quelle voie
» tu as pû pénétrer ici bas ; mais à ton lan-
» gage je te crois Florentin. Le nom du
» Comte Ugolin ne t'eft pas inconnu. Je
» fuis ce malheureux, & voilà l'Archevê-
» que Roger.

» Il me refte à t'apprendre pourquoi je
» le tourmente ainfi. Je lui donnai ma
» confiance, & victime de fa méchanceté,
» j'en fus trahi. je mourus : tu le fais fans
» doute ; mais ce que tu ne fais pas, c'eft
» combien ma mort fut cruelle. Tu l'ap-
» prendras, & tu frémiras de fon crime.

« Une étroite ouverture éclairoit le ca-

» chot, qui a retenu depuis ma mort le
» nom de *Cachot de la faim*, & dans lequel
» on aura fans doute fait périr d'autres
» infortunés.

» Plufieurs lunes m'avoienr éclairé déjà,
» lorfque je fis un fonge affreux, qui fem-
» bla déchirer à mes yeux le voile de l'ave-
» nir... Je m'éveillai; le jour ne paroiffoit
» point encore; j'entendis autour de moi
» mes enfans qui pleuroient en dormant,
» & qui demandoient du pain.

» Ah que tu es cruel fi tu ne frémis pas
» du preffentiment dont je fus frappé! qui
» pourra jamais t'attendrir, fi tu m'entends
» fans verfer des larmes! Nous nous étions
» tous éveillés; l'heure où l'on devoit nous
» donner à manger s'approchoit.

» Les fonges qui m'avoient agité me
» glaçoient de crainte.... Dieu! j'entendis
» murer la porte du cachot. Je fixai tout-à-
» coup mes regards fur le vifage de mes
» enfans. Immobile & muet, je ne verfois
» pas une larme : j'étois pétrifié.

» Pour mes fils, ils pleuroient, & mon

» petit Anselme me dit: Comme vous nous
» regardez, mon pere! ah qu'avez-vous?
» Je ne pleurai point encore, je passai le
» jour entier, je passai la nuit sans prendre
» de repos. A peine les premiers rayons
» du jour suivant pénétroient dans mon ca-
» chot, que je vis tout-à-la-fois sur le vi-
» sage de mes quatre enfans, l'image de
» la mort qui me menaçoit.

» Je cède à la douleur, je me mords les
» deux mains; & dans l'instant même mes
» enfans, qui prirent ma rage pour l'effet
» d'une faim pressante, se levèrent & me
» dirent: Mon pere, que ne nous manges-
» tu plûtôt? c'est toi qui nous as donné
« cette misérable chair; reprens la.

» Je me fis violence alors pour ne pas
» augmenter leurs peines. Ce jour & le
» suivant nous restâmes dans un affreux
» silence. Ah terre impitoyable, que ne
» t'ouvrois-tu sous nos pas !

» Le quatrième jour arrive enfin. Gaddi
» se jette étendu à mes pieds & me dit:
» Mon pere, tu ne peux donc pas me se-

D ij

» courir ? Il meurt ; & du cinquième au » sixième jour mes trois autres enfans périrent l'un après l'autre sous mes yeux.

» J'avois moi-même déjà presque perdu » le sentiment & la lumière : je me roulois » sur leurs corps que j'embrassois, & trois » jours après leur mort je les appellois encore. La faim eut plus de puissance que » la douleur : j'expirai.

» En disant ces mots, les yeux enflammés de fureur, il se rejette sur le crâne » sanglant, & il le ronge de nouveau, semblable à un chien affamé qui dévore les » os d'un cadavre ».

La même situation se présente encore sous un nouvel aspect, dans les circonstances épouvantables de l'embrasement du vaisseau *le Prince*. On y voit quelques malheureux échappés aux flammes, sur une barque à la merci des flots, partageant avec une équité religieuse le peu d'alimens qu'ils ont pû sauver ; mais bien-tôt pâles, exténués, défaillans, consumés par la faim, s'observer l'un l'autre d'un œil défiant & avide, impatiens de dévorer le premier qui succombera. Ainsi le physique & le moral combinés produisent des variétés sans nombre ; & la Nature, dans le gracieux, n'est pas moins féconde que dans le pathétique.

Les contrastes ont le double avantage de varier & d'animer la description. Non-seulement deux tableaux opposés de ton & de couleur se font valoir l'un l'autre; mais dans le même tableau, ce mélange d'ombre & de lumière détache les objets & les relève avec plus d'éclat.

Dans la peinture que je viens de rappeller, de la famine horrible où Paris assiégé fut réduit; voyez lorsqu'Henri veut sauver son peuple & qu'il lui fait donner du pain, voyez, dis-je, l'effet des contrastes réunis dans un même tableau :

Ils voyoient devant eux ces piques formidables,
Ces traits, ces instrumens des cruautés du sort,
Ces lances qui toûjours avoient porté la mort,
Secondant de Henri la généreuse envie,
Au bout d'un fer sanglant leur apporter la vie.

Observez dans la même description l'effet des tableaux opposés.

Ce n'étoient plus ces jeux, ces festins & ces fêtes,
Où de myrthe & de rose ils couronnoient leurs têtes,
Où parmi cent plaisirs, toûjours trop peu goûtés,
Les vins les plus parfaits, les mets les plus vantés,
Sous des lambris dorés, qu'habite la mollesse,
De leur goût dédaigneux irritoient la paresse.
On vit avec effroi tous ces voluptueux,
Pâles, défigurés & la mort dans les yeux,
Périssant de misère au sein de l'opulence,
Détester de leurs biens l'inutile abondance.

Combien, dans la peinture qu'a fait le Tasse de la sécheresse brûlante qui consume le camp de Godefroi, le tourment de la soif, & la pitié qu'il inspire, s'accroissent par le souvenir des ruisseaux, des claires fontaines dont on a quitté les bords délicieux!

S'alcun giamai tra frondeggianti rive,
Puro vide stagnar liquido argento;
O giù precipitose ir'acque vive,
Per Alpe, o'n piaggia erbosa à passo lento;
Quelle al vago desio forma, e descrive,

E miniſtra materia al ſuo tormento;
Che l'imagine lor gelida e molle,
L'aſciuga, e ſcalda, e nel penſier ribolle.

Un exemple de l'effet des contraſtes, après lequel il ne faut rien citer, eſt celui des enfans de Médée careſſant leur mere qui va les égorger, & ſouriant au poignard levé ſur leur ſein : c'eſt le ſublime dans le terrible.

Mais il faut obſerver dans les contraſtes des images, que le mélange en ſoit harmonieux. Il en eſt de ces gradations comme de celles du ſon, de la lumière & des couleurs; rien n'eſt terminé, tout ſe communique, tout participe de ce qui l'approche. Un accord n'eſt ſi doux à l'oreille, l'arc-en-ciel n'eſt ſi doux à la vûe, que parce que les ſons & les couleurs s'allient par un doux mélange.

La Poëſie a donc ſes accords ainſi que la Muſique, & ſes reflets ainſi que la Peinture. Tout ce qui tranche eſt dur & ſec. Mais juſqu'à quel point les objets oppoſés doivent-ils ſe reſſentir l'un de l'au-

tre ? L'influence est-elle réciproque, &
dans quelle proportion ? Voilà ce qu'il
n'est pas facile de déterminer ; cependant
la Nature l'indique. Il y a, dans tous les
tableaux que la Poësie nous présente,
l'objet dominant auquel tout est soumis.
C'est lui dont l'influence doit être la plus
sensible ; comme dans un tableau l'objet le
plus coloré, le plus brillant, est celui qui
communique le plus de sa couleur à ce qui
l'environne. Ainsi lorsque le gracieux ou
l'enjoué contraste avec le grave ou le pathétique, le gracieux ne doit pas être aussi
fleuri, ni l'enjoué aussi plaisant que s'il étoit
seul & comme en liberté. La douleur permet tout-au-plus de sourire. Que Virgile
compare un jeune guerrier expirant à une
fleur qui vient de tomber sous le tranchant
de la charrue ; il ne dit de la fleur que ce
qui est analogue à la pitié que le jeune
homme inspire : *languescit moriens.* Dans
les descriptions que j'ai citées du Tasse &
de M. de Voltaire, on a pû voir qu'en
opposant des images riantes à des tableaux

douloureux, ils n'ont pris des uns que les traits qui s'accordoient avec les autres, c'eſt-à-dire, ce qui s'en retrace naturellement à l'eſprit d'un homme qui ſouffre les maux oppoſés à ces biens. Ni l'un ni l'autre Poëte ne s'eſt livré à ſon imagination, comme auroit fait Ovide ou Pétrarque; mais tous les deux ont obéi aux mouvemens de la ſimple Nature.

De même, dans un tableau où domine la joie, les choſes les plus triſtes en doivent prendre une teinte légère. C'eſt ainſi que les Poëtes lyriques dans leurs chanſons voluptueuſes, parlent gaiement des peines de l'amour, des revers de la fortune, des approches de la mort. Mais où le contraſte eſt le plus difficile à concilier avec l'harmonie, c'eſt du pathétique au plaiſant. Dans l'Enfant-prodigue, la gaieté de Jaſmin a cette teinte que je deſire: elle eſt d'accord avec la triſteſſe noble du jeune Euphémon, & avec le ton général de cette pièce ſi touchante.

Dans le contraſte, l'objet dominant eſt

soumis lui-même aux loix de l'harmonie. Ceci n'est pas facile à entendre; mais les exemples vont l'éclaircir. Pour soutenir le contraste d'une gaieté douce & riante, le pathétique doit être modéré. Hector sourit en voyant Astianax effrayé de son casque; mais Andromaque ne sourit point : c'est que l'attendrissement d'Hector est compatible avec le sentiment qui le fait sourire; au-lieu que le cœur d'Andromaque est trop ému pour se faire un plaisir de la frayeur de son enfant. Ce badinage même, tout noble qu'il est, ne seroit plus décent, si la douleur d'Andromaque étoit plus vive; si, par exemple, elle avoit pour cause un oracle, au-lieu d'un simple pressentiment. Homère a pris les nuances qui se touchent du gracieux au pathétique; & c'est dans cette justesse de perception; dans cette délicatesse de sentiment que consiste le goût du vrai, le talent de saisir la Nature. Les amours peuvent se jouer avec la massue d'Hercule, tandis que ce héros soupire aux pieds d'Omphale; mais ni fa mort, ni fon apothéofe ne comportent rien de pareil. Ainfi le fujet principal doit lui-même fe concilier avec les contraftes qu'on lui oppofe, ou plûtôt, on ne doit lui oppofer que les contraftes qu'il peut fouffrir.

Rien de plus rare & de plus précieux que cet accord de tons & de couleurs ; & ce qui fouvent fait qu'on le manque, c'eft qu'on n'eft pas dans l'illufion. Mais quelle eft donc, me direz-vous, l'illufion du Poëte dans l'Épopée ? Celle d'un témoin tranquille dans les chofes tranquilles, mais ému, affecté plus ou moins dans le pathétique, felon que le tableau qu'il a devant les yeux eft plus ou moins terrible ou touchant. Ainfi le Poëte eft lui-même foumis aux décences ; & quoique fimple narrateur, il ne doit pas raconter des défaftres d'un ton léger & d'un ftyle badin. Mais pour déterminer les décences, pour décider, par exemple, jufqu'à quel point le comique peut être noble & l'héroïque peut être enjoué, il faudroit pouvoir fixer dans les esprits des idées qui changent sans cesse au gré de l'usage & de l'opinion. C'est au goût du Poëte à préfentir l'effet de ses peintures, & je crois avoir fait entendre comment le goût peut se former.

Tout ce que j'ai dit de la juftesse & de la clarté des images, peut s'appliquer aux comparaifons. Cependant la comparaifon n'eft pas toûjours, comme l'image, le voile tranfparent de l'idée : elle en eft souvent le miroir. Je m'explique : tantôt l'on ne voit l'objet qu'à-travers l'image qui l'enveloppe; tantôt l'objet fenfible par lui-même fe répete dans la comparaifon, comme dans une glace qui l'embellit en le réfléchiffant. Or, par *embellir*, on fait que j'entends rendre un objet plus capable des effets qu'on veut qu'il opère : ainfi l'intention du Poëte décide encore du choix de fes comparaifons.

L'intention la plus commune dans l'emploi des comparaifons, eft de rendre l'objet plus fenfible.

Lucain veut exprimer le refpect qu'avoit Rome pour la vieilleffe de Pompée; il le

compare à un vieux chêne chargé d'offrandes & de trophées. «Il ne tient plus à la
» terre que par de foibles racines, son
» poids feul l'y attache encore; c'eſt de
» ſon bois, non de ſon feuillage, qu'il cou-
» vre les lieux d'alentour; & quoiqu'il ſoit
» prêt à tomber ſous le premier effort des
» vents, quoiqu'il s'élève autour de lui des
» forêts d'arbres vigoureux & robuſtes,
» c'eſt encore lui ſeul qu'on révère».

Le Taſſe avoit à peindre l'effet des charmes d'Armide, quoiqu'à demi voilés, ſur l'ame des guerriers qui la virent paroître dans le camp de Godefroi.

Come per aqua o per criſtallo intero
Trapaſſa il raggio, e non divide, o parte;
Per dentro il chiaro manto oſa il penſiero
Si penetrar, nella vietata parte.
Ivi ſi ſpatia, ivi contempla il vero.

Si la comparaiſon peint vivement ſon objet, c'eſt aſſez : il n'eſt pas beſoin qu'elle le relève. Ainſi cette comparaiſon de Moiſe eſt ſublime, quoiqu'audeſſous de ſon objet : *Sicut aquila provocans ad volandum pullos suos & super eos volitans, expandit alas suas* (Deus), *& assumpsit eum* (Jacob) *atque portavit in humeris suis.* Ainsi, pourvû que les fourmis & les abeilles nous donnent une juste idée de la diligence des Troïens & de l'industrie des Tyriens; on n'a plus rien à demander à Virgile. Tout ce qu'on peut exiger, c'est que les images soient nobles, c'est-à-dire, que l'opinion commune n'y ait point attaché l'idée factice de bassesse. Mais l'opinion change d'un siècle à l'autre; & à cet égard le siècle présent n'a pas droit de juger les siècles passés. Si l'on a raison de reprocher à Homère & à Virgile d'avoir comparé Ajax & Turnus à un âne, ce n'est donc pas à cause de la bassesse de ces images: car cès Poëtes savoient mieux que nous si elles étoient viles aux yeux des Grecs & des Romains, & leur choix fait du-moins présumer qu'elles ne l'étoient pas. Mais ce qu'on ne peut desavouer, c'est que l'obstination de l'âne ne peint qu'à demi l'acharnement d'Ajax. Ce que l'ardeur d'un guerrier a de fier, d'impétueux, de terrible, n'y est point exprimé : voilà par où la comparaison est défectueuse. L'intention du Poëte en employant une image, n'est remplie que lorsque tout son objet s'y fait voir, au-moins dans ce qu'il a de relatif aux sentimens qu'il veut exciter : or les sentimens qui naissent de la peinture des combats sont l'étonnement, la pitié, la crainte.

Il est donc décidé, par la Nature même & indépendamment de l'opinion, que les images du lion (*a*), du tigre, de l'aigle ou du vautour, rendent mieux l'action d'un guerrier au milieu du carnage, que celle de l'âne, qui ne peint qu'une patiente stupidité. Je dis la même chose de la comparaison d'Amate avec un sabot que fouette un

───────────────

(*a*) Comme des bergers assemblés, quelques efforts qu'ils tentent, ne sauroient forcer un lion, pressé de la faim, d'abandonner sa proie; de même les deux Ajax ne peuvent obliger Hector à s'éloigner du corps de Patrocle. (*Iliade L. 18.*)

enfant : j'y vois la rapidité du mouvement, mais ce n'est point assez ; & l'égarement de Didon est bien mieux rendu par l'image de la biche que le chasseur a blessée, & qui courant dans les forêts, emporte le trait mortel avec elle. C'est la plénitude de l'idée qui fait la beauté de la comparaison ; & en supposant même que le Poëte ne voulût que rendre son objet plus sensible, la comparaison qui l'embrasse le mieux est celle qu'il devroit préférer. Je sais qu'il n'est pas besoin que l'image présente toutes les faces de l'objet ; mais la face qu'elle présente doit se peindre vivement à l'esprit; & c'est l'affoiblir que d'en retrancher ce qui en fait la force ou la grace.

Une épreuve sûre de la bonté ou du vice des comparaisons, c'est de cacher le premier terme, & de demander à ses juges à quoi ressemble le second. Si le rapport est juste & sensible, il se présentera naturellement. Qu'on donne à lire à un homme intelligent ces beaux vers de l'Énéide :

Qualis,

Qualis, ubi abruptis fugit præsepia vinclis,
Tandem liber equus, campoque potitus aperto;
Aut ille in pastus, armentaque tendit equarum;
Aut assuetus aquæ, perfundi flumine noto
Emicat, arrectisque fremit cervicibus alte
Luxurians, luduntque jubæ per colla per armos.

ou ces beaux vers de la Henriade :

Tel qu'échappé du sein d'un riant pâturage,
Au bruit de la trompette animant son courage,
Dans les champs de la Thrace, un courfier orgueilleux,
Indocile, inquiet, plein d'un feu belliqueux,
Levant les crins mouvans de sa tête superbe,
Impatient du frein, vole & bondit sur l'herbe.

ou ceux du même Poëme :

Tels au fond des forêts précipitant leurs pas,
Ces animaux hardis, nourris pour les combats,
Fiers esclaves de l'homme, & nés pour le carnage,
Pressent un sanglier, en raniment la rage;
Ignorans le danger, aveugles, furieux,
Le cor excite au loin leur instinct belliqueux :

on n'aura pas besoin de lui dire que ce courfier est un jeune héros, & que ces chiens sont des combattans réunis contre un ennemi terrible. Il eſt difficile qu'un objet vil & bas ait une parfaite reſſemblance avec un objet important & noble, & l'analogie de l'un à l'autre eſt une preuve que ſi l'image a été avilie par le caprice de l'opinion, c'eſt une tache paſſagère que le bon ſens effacera. Par exemple, le chien n'eſt pas chez nous un animal aſſez noble pour l'Épopée : M. de Voltaire, en ne le nommant pas, a ménagé notre délicateſſe ; mais il l'a peint avec des traits qui le vengent de ce mépris, & qui l'ennobliſſent à nos yeux mêmes. C'eſt ainſi qu'on doit en uſer toutes les fois que l'aviliſſement eſt injuſte ; car alors le préjugé s'attache aux mots, & on l'élude en les évitant.

Nous n'avons encore vû dans la comparaiſon qu'un miroir ſimple & fidèle ; mais ſouvent elle embellit, relève, aggrandit ſon objet. Telle eſt dans une Ode d'Horace la comparaiſon de Druſus avec l'oiſeau qui porte la foudre. Telle eſt dans la Pharſale la comparaiſon de l'ame de Céſar avec la foudre elle-même.

Magnamque cadens, magnamque revertens,
Dat stragem latè, sparsosque recolligit ignes.

Quelquefois aussi l'intention du Poëte est de ravaler ce qu'il peint, comme dans cette comparaison si nouvelle & si juste, des Seize avec le limon qui s'élève du fond des eaux.

Ainsi, lorsque les vents, fougueux tyrans des eaux,
De la Seine ou du Rône ont soulevé les flots,
Le limon croupissant dans leurs grottes profondes,
S'élève en bouillonnant sur la face des ondes.

Mais alors, & cet exemple en est la preuve, l'objet est vil & l'image est noble : cela dépend du choix des mots ; car la noblesse des termes est indépendante de l'idée : c'est l'usage qui la donne ou qui la refuse à son gré : témoins la boue & le limon, qu'il a reçus dans le style héroïque. En cela l'usage n'a d'autre règle que son caprice, & c'est lui qu'il faut consulter.

Enfin, la comparaison s'employe quelquefois à rassembler en un tableau circonécrit & frappant, une collection d'idées abstraites, que l'esprit, sans cet artifice, auroit de la peine à saisir. Ainsi, Bayle compare le peuple aux flots de la mer, & les passions des grands aux vents qui les soulèvent. Ainsi Fléchier, dans l'Éloge de Turenne, dit en s'adressant à Dieu: « Comme » il s'élève du fond des vallées des vapeurs » grossières, dont se forme la foudre qui » tombe sur les montagnes; il sort du cœur » des peuples des iniquités, dont vous déchargez le châtiment sur la tête de ceux » qui les gouvernent ou qui les défendent ».

De même, Lucain pour exprimer l'inclination des peuples à suivre Pompée, quoiqu'épouventés des progrès de César, se sert de l'image des flots qui obéissent encore au premier vent qui les a poussés, quoiqu'un vent opposé se lève, & règne déja dans les airs.

Ut cum mare possidet auster
Flatibus horrisonis, hunc æquora tota sequuntur.
Si rursus tellus pulsu laxata tridentis
Æolii, tumidis immittat fluctibus Eurum;

*Quamvis icta novo, ventum tenuere priorem
Æquora; nubiferoque polus cum cesserit austro,
Vindicat unda notum.*

Que ceux qui refusent à Lucain le nom de Poëte, nous disent si cette façon d'exprimer une réflexion politique, est d'un simple Historien.

Il est de l'essence de la comparaison de circonscrire son objet : tout ce qui en excède l'image est superflu, & par conséquent nuisible au dessein du Poëte. La comparaison finit où finissent les rapports. Homère emporté par le talent & le plaisir d'imiter la Nature, oublioit souvent que le tableau qu'il peignoit avec feu, n'étoit placé qu'autant qu'il étoit relatif; & dans la chaleur de la composition il l'achevoit comme absolu & intéressant par lui-même. C'est un beau défaut, si l'on veut, mais c'en est un grand que d'introduire dans un récit des circonstances & des détails qui n'ont aucun trait à la chose. Le bon sens est la première qualité du génie, & l'à-propos la première loi du bon sens : aussi quoi-

E iij

qu'on ait excufé la furabondance des comparaifons d'Homère, aucun des Poëtes célèbres ne l'a imitée, non pas même dans l'Ode, qui de fa nature eft plus vagabonde que le Poëme épique.

Au refte, la comparaifon eft elle-même une excurfion du génie du Poëte, & cette excurfion n'eft pas également naturelle dans tous les genres. Plus l'ame eft occupée de fon objet direct, moins elle regarde autour d'elle; plus le mouvement qui l'emporte eft rapide, plus il eft impatient des obftacles & des détours; enfin plus le fentiment a de chaleur & de force, plus il maîtrife l'imagination & l'empêche de s'égarer. Il s'enfuit que la narration tranquille admet des comparaifons fréquentes, développées, étendues & prifes de loin; qu'à mefure qu'elle s'anime elle en veut moins, les veut plus concifes, & apperçues de plus près; que dans le pathétique, elles ne doivent être qu'indiquées par un trait rapide; & que, s'il s'en préfente quelques-unes dans la véhémence de la paffion, un feul mot les doit exprimer.

Quant aux sources de la comparaison, elle est prise communément dans la réalité des choses, mais quelquefois aussi dans l'opinion & dans l'hypothèse du merveilleux. Ainsi M. de Voltaire compare les Ligueurs aux géans : ainsi, après avoir dit du vertueux Mornai,

Jamais l'air de la cour, & son souffle infecté,
N'altéra de son cœur l'auftère pureté.
il ajoûte :
Belle Aréthuse, ainsi ton onde fortunée
Roule au sein furieux d'Amphitrite étonnée
Un cryftal toûjours pur & des flots toûjours
   clairs,
Que jamais ne corrompt l'amertume des mers.

La narration, comme on vient de le voir, est l'exposé de ce qu'on a vû ou entendu dire de curieux ou d'intéressant. Mais une communication plus intime, est celle qui expose au-dehors ce qui se passe au-dedans de nous-mêmes. Qui ne connoît pas le plaisir que nous avons à inspirer nos sentimens, à persuader nos opinions, à répandre nos lumières, à multiplier ainsi notre ame ? c'est un attrait qui dans le moral, peut se comparer à celui de la reproduction physique, & peut-être l'un des premiers besoins de l'homme en société. La Poësie, dont c'est là l'objet, a donc sa source dans la Nature.

Quant aux moyens d'instruire & de persuader, ils sont les mêmes en Philosophie, en Éloquence, en Poësie. Le soin qu'on prend d'embellir plus ou moins la vérité, ne change rien à la méthode de l'exposer ou de la déduire. Je le ferai voir en parlant des genres de Poësie où doit dominer la raison.

Il y a cependant un procédé que la Philosophie ne connoît pas, & dans lequel la Poësie excelle : c'est de frapper l'ame du côté sensible, de l'émouvoir, de l'attirer hors de l'équilibre du doute, de l'intéresser à croire ce qu'on veut lui persuader, & de lui inspirer pour le sentiment ou l'opinion qu'on lui propose, un penchant qui donne à la vraisemblance tout le poids de la vérité. On sent combien cette éloquence infinuante ou paffionnée eft effentielle à la Poëfie qui n'eft que preftige & féduction. Elle y eft répandue comme un feu élémentaire, foit dans le langage du Poëte, foit dans celui de fes Acteurs : tantôt fenfible & touchante, comme dans le Télémaque & dans la Henriade; tantôt naïve & fimple, comme dans les Fables de Lafontaine; tantôt impérieufe & dominante, comme dans Corneille & Lucain. (a) C'eft peu de fe répandre dans le ftyle poëtique, elle s'y raffemble quelquefois en un foyer lumineux & brûlant, dont elle écarte, comme autant de nuages, les ornemens qui l'obfcurciroient, puiffante de fa chaleur & brillante de fa lumière. Alors la Poëfie n'eft que l'éloquence même dans tout fon éclat. Voyez dans l'Iliade la harangue de Priam aux pieds d'Achille;

(a) *Lucani oratio fuperba & minax, auditorem invitum, atque alibi animo hærentem, ubi vult tener: aut trahere, abigit : tyranno haud abfimilis qui mavult metui quam amari.* (Scal.)

dans Ovide, celles d'Ajax & d'Ulysse; celles des démons dans les Poëmes du Tasse & de Milton son imitateur; dans Corneille, les Plaidoyers de Cinna & de Maxime sur l'abdication d'Auguste; dans Racine, les Discours de Burrhus & de Narcisse au jeune Néron; dans la Henriade, la Harangue de Potier aux États; celle de Brutus au Sénat dans la Tragédie de ce nom; dans la mort de César, celle d'Antoine au peuple, &c. C'est tour-à-tour le langage de Démosthène, de Cicéron, de Massillon, de Bossuet, à quelques hardiesses près que la Poësie autorise, & que l'Éloquence elle-même se permet aussi quelquefois.

Si l'on m'accuse ici de confondre les genres, que l'on me dise en quoi diffèrent l'éloquence de Burrhus parlant à Néron, dans la Tragédie de Racine, & celle de Cicéron parlant à César dans la Peroraison pour Ligarius? Toute la différence que je vois entre l'éloquence poëtique & l'éloquence oratoire, c'est que l'une doit être l'élixir de l'autre. L'importance de la vérité rend l'auditeur patient; au-lieu que la fiction n'attache qu'autant qu'elle intéresse. L'éloquence du Poëte doit donc être plus vive, plus animée, plus rapide, plus soutenue que celle de l'Orateur. L'un est libre dans le choix, dans la forme de ses sujets: il les soumet à son génie; l'autre est commandé par ses sujets mêmes, & son génie en est dépendant. Ainsi les détails épineux & languissans qu'on pardonne à l'Orateur, seroient justement reprochés au Poëte. L'éloquence du Poëte n'est donc que l'éloquence exquise de l'Orateur, appliquée à des sujets intéressans, féconds & dociles; & les divers genres d'éloquence que les Rétheurs ont distingués, le délibératif, le démonstratif, le judiciaire, ont lieu dans la Poësie héroïque; mais les Poëtes ont soin de choisir de grandes causes à discuter, de grands intérêts à débattre. Auguste doit-il abdiquer ou garder l'Empire du monde ? Ptolomée doit-il accorder ou refuser un asyle à Pompée; & s'il le reçoit, doit-il le défendre, doit-il le livrer à César vif ou mort? Atilla doit-il s'allier au Roi des François ou à l'Empereur des Romains? soutenir Rome chancellante sur le penchant de sa ruine, ou hâter les grands destins de l'Empire François encore au berceau? écouter la gloire ou l'ambition? Voilà de quoi il s'agit dans les délibérations de Corneille : si la scène d'Atilla est foiblement traitée, au-moins est-elle grandement conçue, & l'idée seule en auroit dû imprimer le respect à Boileau. La scène délibérative qui mérite le mieux d'être placée à côté de celles que je viens de citer, est l'exposition de Brutus. Le Sénat doit-il recevoir, écouter l'Ambassadeur de Porsenna? & en l'écoutant, doit-il traiter avec l'Envoyé du Protecteur des Tarquins? Il n'est point de spectateur dont l'ame ne reste comme suspendue, tandis que de tels intérêts sont balancés, & discutés avec chaleur. Ce qui rend encore plus théâtrales ces sortes de délibérations, c'est lorsqu'à la cause publique se joint l'intérêt capital d'un perfonnage intéreffant dont le fort dépend de ce qu'on va réfoudre; car il faut bien fe fouvenir que l'intérêt individuel d'homme à homme eft le feul qui nous touche vivement. Les termes collectifs de peuple, d'armée, de république, ne nous préfentent que des idées vagues. Rome, Carthage, la Grèce, la Phrigie, ne nous intéreffent que par l'entremife des perfonnages dont le deftin dépend du leur. C'étoit une belle chofe, dans Inès, que la fcène où l'on délibère fi Alphonfe doit punir ou pardonner la révolte de fon fils; mais il falloit à ce jugement terrible un appareil impofant, & fur-tout dans les opinions un caractère majeftueux & fombre, qui infpirât la crainte des loix & la pitié pour l'ame d'un pere. Cette fcène, j'ofe le dire, étoit au-deffus des forces de Lamotte. C'étoit à celui qui a peint l'ame d'Alvarez & l'ame de Brutus, de traiter cette fituation, qui faute d'éloquence & de dignité, n'eft ni touchante ni vraifemblable. Lorfqu'un pere met en délibération s'il doit fauver ou perdre fon fils, & qu'on veut le réfoudre à le perdre, il faut s'affurer, pour vaincre la nature, d'un fort & puiffant contre-poids.

J'ai indiqué, en parlant du ftyle, les mouvemens qui donnent la vie & l'ame à l'éloquence pathétique; & les moyens de les employer font plus effentiellement l'objet de l'art oratoire que de l'art poëtique. Je renvoye aux préceptes qu'en ont donnés le Rétheur & l'Orateur Latins, fur-tout aux exemples fans nombre que nous en ont laiffé les hommes éloquens dont j'ai recommandé l'étude; & je me borne ici à refuter l'opinion de ceux qui diftinguent en Poëfie le difcours prémédité d'avec celui qui n'eft pas cenfé l'être. Loin de rien admettre en Poëfie qui fente l'artifice & qui décèle le travail, je bannirois même de l'éloquence oratoire tout ce qui a l'air d'être préparé. Rien ne perfuade & ne touche que ce qui femble, fans aucun art, couler de fource & du fond de l'ame. Quel que foit celui qui parle de mémoire, s'il ne fait pas oublier que fon rôle eft appris, ce n'eft plus qu'un acteur qui joue: l'expreffion n'a fa vraifemblance que lorfqu'elle eft telle que la Natnre doit l'infpirer dans le moment. Toute la théorie de l'éloquence poëtique fe réduit donc à bien favoir quel eft celui qui parle, quels font ceux qui l'écoutent, ce qu'il veut que l'un perfuade aux autres, & de régler fur ces rapports le langage qu'il lui fait tenir. Rien n'eft moins facile, je l'avoue ; car il faut être en même tems à la place de l'acteur & de l'auditeur, ou fe revétir au-moins tour-à-tour du caractère de l'un & de l'autre : ce qui demande une imagination forte, une ame active & fouple à l'excès, & une profonde étude de l'homme : auffi n'y a-t-il rien de plus rare que des Poëtes éloquens.

Le difcours dont je viens de parler fuppofe l'intention de perfuader ou d'émouvoir : fon action fe dirige au-dehors : c'eft l'ame qui agit fur d'autres ames. Mais quelquefois auffi celui qui parle ne veut que répandre & foulager fon cœur. Par exemple,

lorsqu'Andromaque fait à Céphise le tableau du massacre de Troïe, ou qu'elle lui retrace les adieux d'Hector; son dessein n'est pas de l'instruire, de la persuader, de l'émouvoir. Elle n'attend, ne veut rien d'elle. C'est un cœur déchiré qui gémit, & qui trop plein de sa douleur, ne demande qu'à l'épancher. Rien de plus naturel, rien de plus favorable au développement des passions. Il est un degré où elles sont muettes; mais avant de parvenir à cet excès de sensibilité qui touche à l'insensibilité même, plus on est ému, moins on peut se suffire; & si l'on n'a-pas un ami fidèle & sensible à qui se livrer, on espère en trouver un jour parmi les hommes; on grave ses peines ou ses plaisirs sur les arbres, sur les rochers; on les confie dans ses écrits aux siècles qui sont à naître, & qui les liront quand on ne sera plus; ainsi par une illusion vaine, mais consolante, on se survit à soi-même, & l'on jouit en idée de l'intérêt qu'on inspirera. C'est-là ce qui fonde la vraisemblance de tous les genres
de

de Poësie où l'ame, par un mouvement spontané, dépose ses sentimens les plus cachés, ses affections les plus intimes. C'est-là sur-tout que les mœurs sont naïvement exprimées ; car dans toutes les autres scènes la Nature est gênée, & peut se déguiser.

Plus la passion tient de la foiblesse, plus elle est facile à se répandre au-dehors. L'amour a plus de confidens que la haine & que l'ambition : celles-ci supposent dans l'ame une force qui sert à les renfermer. Achille indigné contre Agamemnon, se retire seul sur le rivage de la mer, & se soulage en mêlant ses cris aux mugissemens des vagues : s'il avoit aimé Briséis, il auroit eu besoin de Patrocle. Aussi l'Élégie, qui n'est autre chose que le développement de l'ame, préfere-t-elle l'amour à des sentimens plus sérieux & plus profonds : aussi nos Poëtes qui ont mis au théâtre cette passion, que les Grecs dédaignoient de peindre, ont-ils trouvé dans le trouble, les combats, les mouvemens divers qu'elle

Tome II. F

excite, une source intarissable de la plus belle Poësie. Dans combien de sens opposés le seul Racine n'a-t-il pas vû les plis & les replis du cœur d'une amante! Avec combien de passions diverses il a mêlé celle de l'amour! C'est sur-tout dans ces confidences intimes, qu'il a eu l'art de ménager, c'est-là, dis-je, qu'il expose ou prépare l'effet touchant des situations, & qu'il établit sur les mœurs la vraisemblance de la Fable. Sans les trois scènes de Phèdre avec Œnone, ce rôle qui nous attendrit jusqu'aux larmes, eût été révoltant pour nous. Qu'on se rappelle seulement ces vers:

Je me connois, je sais toutes mes perfidies,
Œnone, & ne suis point de ces femmes hardies,
Qui goûtant dans le crime une tranquille paix,
Ont su se faire un front qui ne rougit jamais.
Je connois mes fureurs, je les rappelle toutes.
Il me semble déjà que ces murs, que ces voûtes
Vont prendre la parole, & prêts à m'accuser,
Attendent mon époux pour le desabuser.

C'est-là ce qui gagne les esprits en faveur du coupable odieux à lui-même, & tourmenté par ses remords. La fureur jalouse de Phèdre, la comparaison qu'elle fait du bonheur d'Hypolite & de son amante avec les maux qu'elle-même a soufferts ;

Tous les jours se levoient clairs & sereins pour eux,
Et moi, triste rebut de la Nature entière,
Je me cachois au jour, je fuyois la lumière.

son égarement, son desespoir rendent naturel & supportable le silence qu'elle a gardé sur l'innocence d'Hypolite. Mais il n'en falloit pas moins, pour obtenir grace, & la fable d'Euripide, sans l'art de Racine, n'étoit pas digne du théâtre François. On a reproché à notre scène tragique d'avoir trop de discours & trop peu d'action : ce reproche bien entendu peut être juste. J'observerai cependant que les critiques ont souvent confondu l'action avec le mouvement, & nous allons bien-tôt voir qu'il est un genre de Fables qui ne peut se passer de ce développement des mœurs, si peu connu sur le théâtre d'Athènes. Il est vrai que nos Poëtes se sont engagés quelquefois dans des analyses de sentiment aussi froides que superflues; mais si le cœur ne s'épanche que parce qu'il est trop plein de sa passion, & lorsque la violence de ses mouvemens ne lui permet pas de les retenir, l'effusion n'en sera jamais ni froide ni languissante. La passion porte avec elle dans ses mouvemens tumultueux, de quoi varier ceux du style ; & si le Poëte est bien pénétré de ses situations, s'il se laisse guider par la Nature, au-lieu de vouloir la conduire à son gré; il placera ces mouvemens où la Nature les sollicite, & laissant couler le sentiment à pleine source, il en saura prévenir à propos l'épuisement & la langueur. Les réflexions, les affections de l'ame qui servent d'aliment à cette espèce de pathétique, sont innombrables : il est impossible de les prévoir. Cependant comme elles ont pour base une passion douloureuse, & souvent compliquée, le Poëte en méditant sur la situation qu'il veut développer, peut y observer quelque méthode, & dans les circonſtances les plus marquées, ſe donner quelques points d'appui. Je ſuppoſe, par exemple, Ariane exhalant ſa douleur ſur l'infidélité de Théſée. Quel eſt celui qu'elle aime, à quel excès elle l'a aimé, ce qu'elle a fait pour lui, le prix qu'elle en reçoit, quels ſermens il trahit, quelle amante il abandonne, en quels lieux, dans quel moment, en quel état il la laiſſe, quel étoit ſon bonheur ſans lui, dans quel malheur il l'a plongée, & de quel ſupplice il punit tant d'amour & tant de bienfaits : voilà ce qui ſe préſente au premier coup-d'œil. Que le Poëte ſe plonge dans l'illuſion ; à meſure que ſon ame s'échauffera, tous ces germes de ſentiment vont ſe développer d'eux-mêmes. Si la paſſion eſt compliquée, ſes mouvemens plus tumultueux, ſont plus difficiles à imiter; mais le caractère une fois bien ſaiſi, ſi le Poëte s'en pénètre, la Nature lui indiquera la prédominance alternative des ſentimens oppoſés, le fort & le foible de l'un & de l'autre. En cela le défaut des jeunes Poëtes eſt d'écrire avant que d'avoir réfléchi, & de croire pouvoir faire parler la Nature ou selon leur fantaisie, ou d'après un léger souvenir.

Mais ce n'est pas assez que de pareilles scènes, faites de génie & dans l'enthousiasme, soient amenées à propos. L'intrigue est une chaîne mobile, dont tous les chaînons doivent s'attirer : ce qu'une situation produit, en doit produire une nouvelle : une scène qui laisse l'action où elle l'a prise, fût-elle une beauté particulière, est un défaut dans le tout ensemble. *Voyez le chapitre* 8e. Comme c'est-là sur-tout que se manifestent les affections de l'ame, & que les traits les plus déliés, les nuances les plus délicates des caractères se font sentir; cette sorte de scène exige & suppose une profonde étude des mœurs. Les commençans ne demandent pas mieux que de s'épargner cette étude, & l'exemple du théâtre Anglois, encore barbare auprès du nôtre, leur fait donner tout aux mouvemens, aux tableaux, & aux situations, c'est-à-dire, au squelette de la Tragédie.

Ainsi, pour éviter la langueur & la mollesse qu'on nous reproche, on tombe dans un excès contraire, la sécheresse & la dureté. Il est plus facile de sentir que d'indiquer précisément quel est, entre ces deux excès, le milieu que l'on devroit prendre; mais on le trouvera sans peine, si renonçant à la folle vanité de briller par les détails, l'on se pénètre à fond du sentiment que l'on exprime, & si l'on s'abandonne à la Nature, qui n'en dit ni trop ni trop peu. Vous qui voulez vous instruire dans l'art des scènes pathétiques, étudiez le peuple dans ses mouvemens passionnés, & voyez si son éloquence s'amuse aux détails inutiles, si son dialogue traîne & languit.

Le Dialogue est de sa nature la forme de scène la plus animée & la plus favorable à l'action.

Quoique toute espèce de Dialogue soit une scène, il ne s'ensuit pas que tout Dialogue soit dramatique. Aristote a rangé dans la classe des Poësies épiques les Dialogues de Platon: sur quoi Dacier se fait

cette difficulté : « Ces Dialogues ne reſſem-
» blent-ils pas plûtôt au Poëme dramati-
» que qu'au Poëme épique ? Non ſans
» doute, répond Dacier lui-même ». Et
dans un autre endroit, oubliant ſa déciſion
& celle d'Ariſtote, il nous aſſure que les
Dialogues de Platon, ſont *des Dialogues
purement dramatiques.* Si l'on s'entendoit
bien ſoi-même, on ne ſe contrediroit pas.

Le Dialogue épique ou dramatique a
pour objet une action; le Dialogue philoſophique a pour objet une vérité. Ceux
des Dialogues de Platon qui ne font que
développer la doctrine de Socrate, ſont
des Dialogues philoſophiques; ceux qui
contiennent ſon hiſtoire depuis ſon apologie juſqu'à ſa mort, ſont mêlés d'épique &
de dramatique : l'équivoque eſt facile à
lever.

Il y a une ſorte de Dialogue dramatique
où l'on imite une ſituation plutôt qu'une
action de la vie. Il commence où l'on veut,
dure tant qu'on veut, finit quand on veut :
c'eſt du mouvement ſans progreſſion, &

par conséquent le plus mauvais de tous les Dialogues. Tels font les Églogues en général, & particulièrement celles de Virgile, admirables d'ailleurs par la naïveté du fentiment & le coloris des images.

Non-feulement le Dialogue en eft fans objet, mais il eft auffi quelquefois fans fuite. On peut dire en faveur de ces Paftorales, qu'un Dialogue fans fuite peint mieux un entretien de Bergers ; mais l'Art en imitant la Nature, a pour but d'occuper agréablement l'efprit en intéreffant l'ame: or ni l'ame, ni l'efprit ne peut s'accommoder de ces propos alternatifs, qui détachés l'un de l'autre, ne fe terminent à rien. Qu'on fe rappelle l'entretien de Mélibée avec Titire dans la première des Bucoliques de Virgile.

MÉL. *Titire, vous jouiffez d'un plein repos.*

TIT. *C'eft un dieu qui me l'a procuré.*

MÉL. *Quel eft ce dieu bienfaifant ?*

TIT. *Infenfé, je comparois Rome à notre petite ville.*

Mél. *Et quel motif si pressant vous a conduit à Rome?*

Tit. *Le desir de la liberté, &c.* On ne peut se dissimuler que Titire ne répond point à cette question de Mélibée, *Quel est ce dieu?* C'est-là qu'il devoit dire : « Je l'ai vû à Rome, ce jeune héros pour qui » nos autels fument douze fois l'an ».

Mél. *A Rome! & qui vous y a conduit?*

Tit. *Le desir de la liberté.*

L'on avouera que ce Dialogue seroit plus dans l'ordre de nos idées, & n'en seroit pas moins dans le naturel & la naïveté d'un Berger. Mais c'est sur-tout dans la Poësie dramatique que le Dialogue doit tendre à son but. Un personnage qui, dans une situation intéressante, s'arrête à dire de belles choses qui ne vont point au fait, ressemble à une mere, qui cherchant son fils dans les campagnes, s'amuseroit à cueillir des fleurs.

Cette règle, qui n'a point d'exception réelle, en a quelques-unes d'apparentes : il est des scènes où ce que dit l'un des personnages n'est pas ce qui occupe l'autre. Celui-ci plein de son objet, ou ne répond point ou ne répond qu'à son idée. On flatte Armide sur sa beauté, sur sa jeunesse, sur le pouvoir de ses enchantemens ; rien de tout cela ne dissipe la rêverie où elle est plongée. On lui parle de ses triomphes & des captifs qu'elle a faits ; ce mot seul touche à l'endroit sensible de son ame ; sa passion se réveille & rompt le silence.

Je ne triomphe pas du plus vaillant de tous, Renaud, &c.

Mérope entend sans l'écouter tout ce qu'on lui dit de ses prospérités & de sa gloire. Elle avoit un fils ; elle l'a perdu ; elle l'attend : ce sentiment seul l'intéresse.

Quoi, Narbas ne vient point ! Reverrai-je mon
    fils ?

Il est des situations où l'un des personnages détourne exprès le cours du Dialogue, soit crainte, ménagement ou dissimulation ; mais alors même le Dialogue tend à son but, quoiqu'il semble s'en écarter. Toutefois il ne prend ces détours que dans des situations modérées : quand la passion devient impétueuse & rapide, les replis du Dialogue ne sont plus dans la Nature. Un ruisseau serpente, un torrent se précipite. Aussi voit-on quelquefois la passion retenue, comme dans la déclaration de Phèdre, s'efforcer de prendre un détour, & tout-à-coup rompant sa digue, s'abandonner à son penchant.

Ah cruel ! tu m'as trop entendue ;
Je t'en ai dit assez pour te tirer d'erreur.
He bien, connois donc Phèdre & toute sa fureur.

Une des qualités essentielles du Dialogue, c'est d'être coupé à propos. Hors des situations dont je viens de parler, où le respect, la crainte, la pudeur retiennent la passion & lui imposent silence ; hors de-là, dis-je, le Dialogue est vicieux dès que la réplique se fait attendre : défaut que les plus grands maîtres n'ont pas toûjours évité. Corneille a donné en même tems l'exemple & la leçon de l'attention qu'on doit apporter à la vérité du Dialogue. Dans la scène d'Auguste avec Cinna, Auguste va convaincre de trahifon & d'ingratitude un jeune homme, fier & bouillant, que le feul refpect ne fauroit contraindre; il a donc fallu préparer le filence de Cinna par l'ordre le plus impofant : cependant, malgré la loi que lui fait Auguste de tenir *fa langue captive,* dès qu'il arrive à ce vers :

Cinna, tu t'en fouviens, & veux m'affaffiner.

Cinna s'emporte & va répondre : mouvement naturel & vrai, que le grand peintre des paffions n'a pas manqué de faifir. C'eft ainfi que la réplique doit partir fur le trait qui la follicite. Les récapitulations ne font placées que dans les délibérations & les conférences politiques, c'eft-à-dire, dans les momens où l'ame doit fe poffëder.

On peut diftinguer par rapport au Dialogue quatre formes de fcènes dans la Tragédie. Dans la première, les interlocuteurs s'abandonnent aux mouvemens de leur ame, fans autre motif que de l'épancher: elles ne conviennent, comme je l'ai dit, qu'à la violence de la paffion ; dans tout autre cas elles doivent être bannies du théâtre comme froides & superflues. Dans la seconde, les interlocuteurs ont un dessein commun qu'ils concertent ensemble, ou des secrets intéressans qu'ils se communiquent. Telle est la belle scène d'exposition entre Émilie & Cinna. Cette forme de Dialogue est froide & lente, à-moins qu'elle ne porte sur un intérêt très-pressant. La troisième, est celle où l'un des interlocuteurs a un projet ou des sentimens qu'il veut inspirer à l'autre : telle est la scène de Néreſtan avec Zaïre. Comme l'un des personnages n'y est point en action, le Dialogue ne sauroit être ni rapide ni varié ; & ces sortes de scènes ont besoin de beaucoup d'éloquence. Dans la quatrième, les interlocuteurs ont des vûes, des sentimens, ou des passions qui se combattent, & c'est la forme la plus favorable au théâtre. Mais il arrive souvent que tous les personnages ne se livrent pas, quoiqu'ils soient tous en action ; & alors la scène demande d'autant plus de force & de chaleur dans le style, qu'elle est moins animée par le dialogue. Telle est dans le sentiment, la scène de Burrhus avec Néron; dans la véhémence, celle de Palamède avec Oreste & Électre; dans la politique, celle de Cléopatre avec ses deux fils; dans la passion, celle de Phèdre avec Hypolite. Quelquefois aussi tous les interlocuteurs se livrent au mouvement de leur ame, & se combattent à découvert. Voilà, ce semble, la forme de scènes qui doit le plus échauffer l'imagination du Poëte, & produire le Dialogue le plus rapide & le plus animé. Cependant on en voit peu d'exemples, même dans nos meilleurs Tragiques, si l'on excepte Corneille, qui a poussé la vivacité, la force & la justesse du Dialogue au plus haut degré de perfection. L'extrême difficulté de ces belles scènes, vient de ce qu'elles supposent à-la-fois un sujet très-important, des caractères bien contrastés, des sentimens qui se combattent, des intérêts qui se balancent, & assez de ressources dans le Poëte pour que l'ame des spectateurs soit tour-à-tour entraînée vers l'un & l'autre parti par l'éloquence des répliques. On peut citer pour modèle en ce genre la délibération entre Augufte, Cinna & Maxime; la fcène entre Horace & Curiace; celle entre Félix & Pauline; la conférence de Pompée avec Sertorius; enfin plufieurs fcènes d'Héraclius & du Cid, & fur-tout celle entre Chimène & Rodrigue, où l'on a relevé, d'après le malheureux Scuderi, quelques jeux trop recherchés dans l'expreffion, fans dire un mot de la beauté du Dialogue, de la nobleffe & du naturel des fentimens, qui rendent cette fcène une des plus belles & des plus pathétiques du théâtre.

En général, le defir de briller a beaucoup nui au Dialogue de nos Tragédies : on ne peut fe réfoudre à faire interrompre un perfonnage à qui il refte encore de belles chofes à dire, & le goût eft la victime de l'efprit. Cette malheureufe abondance n'étoit pas connue de Sophocle & d'Euripide ; & fi les modernes ont quelque chofe à leur envier, c'eft l'aifance, la précifion

cifion & le naturel qui régnent dans leur Dialogue.

Dans le comique, Moliere eft encore un modèle plus accompli : il dialogue comme la Nature, & l'on ne voit pas dans toutes fes pièces un feul exemple d'une réplique hors de propos. Mais autant que ce maître des Comiques s'attachoit à la vérité, autant fes fucceffeurs s'en éloignent. La facilité du public à applaudir les tirades & les portraits, a fait de nos fcènes de Comédie des galeries en découpure. Un amant reproche à fa maîtreffe d'être coquette; elle répond par une définition de la coquetterie. C'eft fur le mot qu'on replique & non fur la chofe, moyen d'allonger tant qu'on veut une fcène oifive, où fouvent l'intrigue n'a pas fait un pas.

La répartie fur le mot eft quelquefois plaifante, mais ce n'eft qu'autant qu'elle va au fait. Qu'un valet, pour appaifer fon maître qui menace un homme de lui couper le nez, lui dife,

Que feriez-vous, Monsieur, du nez d'un Marguillier?

le mot est lui-même une raison. *La lune toute entière* de Jodelet est encore plus comique. C'est ainsi que M. de Marivaux, qu'on peut citer pour exemple d'un Dialogue vif & pressé, plein de finesse & de saillies, fait toûjours répondre à la chose, quand même il semble jouer sur le mot, & l'on sent bien que ce n'est pas de cette espèce de plaisanterie que je prétens qu'on doit s'abstenir.

Les écarts du Dialogue viennent communément de la stérilité du fond de la scène, & d'un vice de constitution dans le sujet. Si la disposition en étoit telle, qu'à chaque scène on partît d'un point pour arriver à un point déterminé, ensorte que, le Dialogue ne dût servir qu'aux progrès de l'action; chaque réplique seroit à la scène, ce que la scène est à l'acte, c'està-dire, un nouveau moyen de noüer ou de dénoüer. Mais dans la distribution primitive on laisse des intervalles vuides d'action; ce font ces vuides qu'on veut remplir; & de-là les excurfions & les lenteurs du Dialogue. On demande combien d'Acteurs on peut faire dialoguer enfemble. Horace dit *trois tout-au-plus*; mais rien n'empêche de paffer ce nombre, pourvû qu'il n'y ait dans la fcène ni confufion ni longueur.

CHAPITRE XII.

De la Tragédie.

L'HOMME eft né timide & compatiffant. Comme il fe voit dans fes femblables, il craint pour eux & pour luimême les périls dont ils font menacés, il s'attendrit fur leurs peines, il s'afflige de leurs malheurs, & moins ces malheurs font mérités, plus ils l'intéreffent; la crainte même & la pitié qu'il en reffent lui font cheres; car au plaifir phyfique d'être ému, au plaifir moral & tacitement réfléchi d'éprouver qu'il eft jufte, fenfible & bon, se joint celui de se comparer au malheureux dont le sort le touche.

Non quia vexari quemquam est jucunda voluptas ;
Sed quibus ipse malis careas quia cernere suave est.

Il est donc naturel que les Anciens ayent choisi la terreur & la pitié pour ressorts du pathétique : toute autre émotion est trop forte ou trop foible, ou n'est mêlée d'aucun plaisir. Celle de la haine est triste & pénible, celle de l'horreur est insoutenable pour nous. Le spectacle de l'échafaud est la Tragédie de la grossière populace. Le Cirque pouvoit amuser des peuples nourris au carnage : mais à Rome même, où l'on alloit voir des hommes déchirés par des bêtes féroces, on n'eût pas permis à Médée d'égorger ses enfans sur la scène, ni au cruel Atrée d'y préparer son abominable festin.

L'émotion de la joie est délicieuse; mais si elle dure, elle s'affoiblit. Ce sentiment est dans notre ame comme une plante étrangère qui sèche & périt de langueur, sans autre cause que l'aridité d'un fonds qui n'est pas fait pour elle.

L'admiration qu'excite en nous la vertu, la grandeur d'ame, & tout ce qui porte l'empreinte de l'héroïsme, sans même en excepter le crime, ajoûte à l'intérêt théâtral, mais n'y suffit pas. Les hommes compatissent avec plaisir, mais ils n'admirent qu'avec peine; ou si la beauté de ce qui les frappe les ravit, les enlève un moment, cet enthousiasme cesse bien-tôt avec la surprise qui l'a causé.

Il n'y a donc que la terreur & la pitié dont le pathétique soit vif & durable; il n'y a qu'elles qui nous causent de doux frémissemens, & qui nous fassent goûter sans relâche, au sein même de la douleur, un plaisir plus délicat & plus sensible que celui de la joie.

L'homme heureux est étranger à l'homme. La plus haute vertu, si elle n'est pas dans le péril ou dans le malheur, ne fait sur nous qu'une impression légère. Nous sentons notre ame s'avancer à l'appui de la foiblesse & de l'innocence que l'infortune accable ou poursuit, & se retirer dès

G iij

que le malheur cesse. Enfin la terreur & la pitié ont l'avantage de suivre le progrès des évènemens, de croître à mesure que le péril augmente, & de tenir l'ame suspendue, jusqu'au moment où tous les fils de l'intrigue sont dénoués ; au-lieu que l'admiration & la joie naissent dans toute leur force, & s'affoiblissent presqu'en naissant.

On croit suppléer à l'intérêt de la crainte par celui de la curiosité ; mais la curiosité n'est vive & passionnée, qu'autant que la crainte ou la pitié l'animent ; & si l'état actuel des choses n'est ni pénible ni douloureux, l'ame s'y repose sans impatience, froide & tranquile sur l'avenir.

Le double intérêt de la crainte & de la pitié doit donc être l'ame de la Tragédie. Mais si la première règle est d'émouvoir les spectateurs, la seconde est de ne les émouvoir qu'autant qu'ils veulent être émus. Or il est un point au-delà duquel le spectacle est trop douloureux. Tel est pour nous peut-être celui d'Atrée ; tel seroit celui d'Œdipe si on n'avoit pas adouci le cinquième acte de Sophocle. Cela dépend du naturel & des mœurs du peuple à qui l'on s'adresse ; & par le degré de sensibilité qu'il apporte à ses spectacles, on jugera du degré de force qu'on peut donner aux tableaux qu'on expose à ses yeux. Voilà donc un point sur lequel la Tragédie n'est point invariable.

Mais la fin poëtique, où le plaisir n'est pas le seul effet que la Tragédie se propose, & à mesure qu'elle donne plus ou moins à l'agrément ou à l'utilité, tel ou tel de ses moyens doit prévaloir sur tel ou tel autre. C'est pour n'avoir pas assez réfléchi sur les causes de ses variations, qu'on a si long-tems disputé sur ses règles. Pour répandre quelque lumière sur la théorie de ce bel Art, & terminer, s'il est possible, tous les débats qu'il a causés ; commençons par examiner quelle étoit la fin que la Tragédie se proposoit sur le théâtre d'Athènes, & quel est la fin qu'elle se propose sur le théâtre François.

La Tragédie peut avoir deux fins, l'une

prochaine, & l'autre éloignée. Lla première est de plaire en intéressant, & celle-là est indispensable : la seconde d'instruire & de corriger, & celle-ci, quoique moins essentielle au Poëme, en fait l'excellence & le prix. Il n'est pas même naturel à une ame élevée & sensible de borner son ambition à donner, dans un spectacle aussi majestueux, un amusement stérile & frivole. Cette vanité soutiendroit mal le courage & l'émulation du Poëte dans un travail aussi long, aussi pénible & aussi hardi. Le desir d'être utile au Monde, est seul digne de l'animer. La fin poëtique, ou l'agrément, suffit aux Poësies légères ; mais les Poëmes sérieux, comme la Tragédie & l'Épopée, se proposent naturellement, sans que l'Art en fasse une loi, l'utilité d'un grand exemple, dont le plaisir n'est que le moyen.

Cosi al'egro fanciul porgiamo asperso
Di suave licor gli orli del vaso :
Succhi amari ingannato in tanto ei beve,
E dal'inganno suo vita riceve.

Or tout ce qui influe sur les mœurs par

les préceptes, l'exemple ou l'habitude, intéresse l'ordre public, & dans ce sens étendu la fin morale est aussi politique. Mais la fin politique n'est pas toûjours morale. Dans la Grèce la Tragédie avoit deux objets; l'un relatif au culte, & l'autre au gouvernement. La crainte des dieux & la haine des Rois, sont les leçons qu'elle donnoit aux peuples. D'un côté les plus grands hommes des tems héroïques, foibles, imprudens, vicieux, capables de tous les excès, souillés des plus énormes crimes, faisoient voir aux peuples le danger de remettre leur sort dans les mains d'un seul, & flattoient l'esprit républicain en égalant tous les hommes sous l'empire inévitable & absolu de la destinée. Le siége de Thèbes, celui de Troïe, les Fables d'Hercule, de Minos (*a*), de Tantale, &c. étoient des sources fécondes

_____

(*a*) Les Athéniens détestoient la mémoire de Minos, à cause du tribut inhumain qu'il leur avoit imposé, & ce fut là, dit Platon, l'origine de ce Poëme, destiné à rendre les Rois odieux.

de crimes & de malheurs illustres ; & c'est-là qu'on puisoit les traits de ces satyres instituées en haine de la royauté. D'ailleurs ces mêmes héros, victimes aveugles des dieux & du sort, annonçoient aux hommes leur dépendance, & leur imprimoient une sainte terreur, ce qui donnoit au spectacle une majesté religieuse & sombre. C'est à quoi se termine l'action de presque toutes les Tragédies Grecques, & rien ne s'accorde mieux avec l'intérêt théâtral. Mais comme tout s'y conduit par la fatalité, ou par la volonté des dieux, souvent bisarre, injuste & cruelle, c'est communément l'innocence & la bonté qui succombent, & le crime qui sort triomphant : de-là vient que Socrate & Platon reprochoient à la Tragédie d'aller contre la loi, qui veut que les bons soient récompensés, & que les méchans soient punis.

Comment s'y est donc pris Aristote pour justifier ce genre de Fables & y trouver de l'utilité ? S'il eût reconnu dans un Poëme dont il faisoit l'apologie, l'objet politique dont je viens de parler, il n'eût pas fait sa cour à Alexandre son disciple. Il s'est donc rejetté sur la morale, en donnant pour objet à la Tragédie de nous guérir des passions mêmes qu'elle excite (*a*), & ces passions, dit-il, sont la terreur & la pitié. «La terreur nous vient de la possibilité » que nous voyons à ce qu'un malheur sem- » blable nous arrive, & la pitié nous vient » de l'*indignité* de ce malheur, qui nous » semble peu mérité».

Or, l'effet salutaire qu'il attribue à l'ha-

―――――

(*a*) Aristote, dans sa Poëtique, n'entend par les *passions*, que les impressions destructives ou douloureuses qui nous viennent du dehors, & que l'ame reçoit passivement, « comme les » morts, les tourmens, les blessures, & toutes » les choses semblables ». Dacier a donc abusé du terme en voulant qu'Aristote y comprît la colère, la vengeance, l'impiété, *&c.* Le Tasse a pris *la passion* dans le même sens qu'Aristote: *Perturbatione dolorosa, e piena d'affanni, come sono le morti, e le ferite, e i lamenti, e i ramarichi, che possono mover a pieta.*

bitude de ces deux passions, c'est de nous familiariser avec ce qui les cause. Castelvetro qui a saisi son idée, l'a rendue sensible par une image. Il compare le spectacle de la Tragédie à celui de la peste ou de la guerre. Au commencement, dit-il, on est timide & compatissant, mais peu-à-peu on s'accoûtume à la vûe des morts & des mourans, aux cris, aux plaintes, au bruit des armes. C'est ainsi que par l'habitude le théâtre nous rend moins sensibles aux évènemens qu'il nous peint.

Marc-Aurele l'entendoit de même. « Les Tragédies ont été (dit-il) inventées » pour faire souvenir les hommes des acci- » dens qui arrivent dans la vie, pour les » avertir qu'ils doivent *nécessairement* arri- » ver, & pour leur apprendre que les » mêmes choses qui les divertissent sur la » scène, ne doivent pas leur paroître in- » supportables sur le grand théâtre du » Monde ». Ce passage, dont s'autorise Dacier, prouve deux choses ; 1°. que la fatalité étoit le dogme de la Tragédie ancienne ; 2°. que son but moral, si elle en avoit un, étoit de rendre l'homme patient par habitude, & courageux par desespoir.

Platon lui attribuoit des effets opposés. « Vraiment (dit-il) la raison vous ensei-
» gnera, qu'au sein même de l'adversité
» vous devez conserver votre repos......
» parce que la douleur ne change pas le
» cours des évènemens, & parce qu'il n'est
» rien qui doive soumettre & dominer
» votre ame. Mais le Poëte tragique saura
» bien empêcher la raison de se faire enten-
» dre... A force d'agiter votre ame, il la ren-
» dra mobile, flottante, incapable d'avoir
» jamais des mœurs constantes & solides ».

Voilà donc l'effet du pathétique mis en problême chez les Anciens. Aristote veut que la Tragédie guérisse les passions en les excitant, & Platon soutient qu'elle les réveille & les nourrit au-lieu de les éteindre. Mais ils sont d'accord sur le principe : savoir, qu'il seroit bon de nous rendre insensibles à des évènemens, dont la douleur ne change pas le cours. Or c'est à quoi tendoit, selon l'idée d'Aristote, le spectacle de la Tragédie.

Son but n'étoit pas de modérer en nous les passions actives, mais d'habituer l'ame aux impressions de la terreur & de la pitié, de l'en charger comme d'un poids qui exerçât ses forces, & lui fît paroître plus léger le poids de ses propres malheurs. Pour cela ce n'étoit pas assez d'une affliction passagère, qui causée par les incidens de la fable, fût appaisée au dénouement. Si l'acteur intéressant finissoit par être heureux, si le spectateur se retiroit tranquille & consolé, ce n'étoit plus rien. Il falloit qu'il s'en allât frappé de ces idées. « L'homme est né pour souffrir : il doit s'y » attendre & s'y résoudre ». Sans donc s'occuper de l'émotion que nous cause le progrès des évènemens, Aristote s'attache à celle que le spectacle laisse dans nos ames. C'est par-là (dit-il) que la Tragédie purge la crainte, la pitié, & toutes les passions semblables, c'est-à-dire, toutes les impressions douloureuses qui nous viennent du

FRANÇOISE. 107

dehors. Voyons à-préfent fi fa doctrine & la pratique du théâtre ancien s'accorde avec l'utilité morale.

Il y a fans doute une crainte falutaire qu'il eft bon d'exciter en nous; mais eft-ce la crainte des évènemens qu'il n'eft pas en nous d'éviter ? La vûe habituelle d'un fpectacle où l'homme eft l'aveugle jouet de la deftinée, où le fentier de la vertu le conduit au crime, & celui de la prudence au malheur; où la vie humaine eft femée de piéges, d'écueils, d'abîmes inévitables; cette vûe doit produire deux effets oppofés, felon les caractères. Si elle agit fur des hommes foibles, & c'eft le plus grand nombre, elle les rendra inquiets, craintifs, pufillanimes: fi elle agit fur des hommes naturellement courageux, elle les rendra plus déterminés; mais dans l'un & l'autre cas, la perfuafion de la fatalité conduit à l'abandon de foi-même. Dès que tout eft néceffaire, la prudence eft inutile, le crime & la vertu fe confondent, il n'y a plus ni devoirs ni mœurs. Or on a vû que les Grecs faisoient de la fatalité la base de l'action théâtrale, & Dacier lui-même en convient. « Les Poëtes tragiques » (dit-il) ont suivi l'opinion des Stoïciens, » qui reconnoissoient la fatale nécessité.... » voyant bien que c'étoit le seul moyen » de conserver à leur théâtre ces surprises » merveilleuses qui naissent des accidens ». En effet, l'homme conduit au malheur par la fatalité, ressemble au taureau, qui du pâturage court à l'autel où le couteau l'attend : rien n'est plus digne de compassion (*a*) ; mais alors c'est contre les dieux qu'on s'intéresse à l'homme, & le plaisir d'être compatissant touche au danger de devenir impie. Ainsi la crainte qu'inspire la Tragédie ancienne n'est pas celle du

---

(*a*) Si les Furies poursuivoient Néron pour avoir fait périr sa mere, cela n'exciteroit ni pitié, ni crainte ; mais qu'elles poursuivent Oreste pour avoir obéi au dieu qui l'a forcé au crime, cela est terrible & digne de pitié. (*Castelvetro*).

crime,

crime, mais celle du malheur : ce n'eſt pas cette crainte ſalutaire de nous-mêmes qui nous modère & nous retient, mais une crainte injurieuſe pour les dieux, qui nous conſterne & nous décourage.

Ariſtote, pour éluder la difficulté, exige dans le perſonnage intéreſſant un certain mélange de vices & de vertus : il veut qu'il ſoit malheureux, mais par une de ces fautes où chacun de nous peut tomber ; & juſques-là rien de plus cenſé que ſa doctrine. Mais il a fallu l'accommoder à la pratique du théâtre ancien, & pouvoir l'appliquer aux exemples d'Œdipe, d'Oreſte, de Méléagre, &c. C'eſt ce qui lui a fait imaginer les fautes involontaires : ſolution qui n'en eſt pas une, mais qui donnoit un air d'équité aux decrets de la deſtinée, & qui adouciſſoit, du-moins en idée, la dureté d'un ſpectacle où l'on entendoit ſans ceſſe gémir les victimes de ces decrets. Ariſtote ſavoit bien qu'on n'eſt pas coupable ſans le vouloir. Pour lever l'équivoque dont on a ſi ſouvent abuſé en interprétant ſa doctrine, supposons au-lieu d'une faute involontaire un crime véritable mais éloigné, & dès long-tems puni par les remords, comme celui de Sémiramis; ou une foiblesse excusable parce qu'elle est naturelle, comme celle d'Hécube pour un fils qu'elle a trop aimé. Alors l'exemple du châtiment sera pathétique & moral. Mais il s'en faut bien que les sujets cités par Aristote ressemblent à ceux de Sémiramis & d'Hécube.

Quels sont les crimes d'Œdipe? De s'être battu en homme de courage. Il est trop curieux, dit-on, parce qu'il tâche de découvrir la source des maux qui désolent Thèbes. La digne cause pour se trouver incestueux & parricide! C'est une chose étrange que le soin qu'on a pris de chercher des vices à ce bon Roi. Mais quand on aura tout épuisé pour noircir Œdipe, je demanderai par quelle faute, volontaire ou non, Jocaste a mérité de se trouver la femme de son fils parricide, destinée qui fait frémir? Je demanderai par quelle faute Oreste a mérité d'être choisi par un dieu pour assassiner sa mere ? S'il falloit qu'il n'obéît pas, le sens moral de la fable est impie; & s'il falloit qu'il obéît, pourquoi chargé d'un crime inévitable traîne-t-il après lui les enfers ? C'est Électre qu'il falloit punir, elle qui crioit, *frappe, frappe.* Thieste s'est attiré son malheur, sans doute (*a*); mais si l'on voit d'un côté le crime de Thieste horriblement puni, & celui d'Atrée, bien plus exécrable, sans remords & sans châtiment; quel sera le fruit de l'exemple? Quel seroit le fruit de l'exemple de Sémiramis, si l'on voyoit Assur triomphant sur le trône de Ninus ? Il me paroît donc évident que du côté de la terreur, ce que les Anciens appelloient la Tragédie pathétique, n'étoit

---

(*a*) Thieste est si coupable aux yeux de Castelvetro, qu'Atrée ne pouvoit presque pas se dispenser de lui faire manger ses enfans: *Che gli, per vindicarsi, fu per poco constretto a dar egli figliuoli a mangiare.* On trouve de tout dans les livres.

rien moins que moral. On auroit beau vouloir y démêler des exemples utiles aux mœurs ; ce que Socrate, Platon, Aristote lui-même n'y trouvoient pas, il est inutile de l'y chercher.

A l'égard de la pitié, il est certain que moins le malheur est mérité, plus elle est naturelle & vive. Quand on voit Philoctete abandonné dans l'île de Lemnos, c'est sur-tout la comparaison de son malheur avec son innocence qui fait le pathétique de sa situation. Mais dans quel sens Aristote a-t-il entendu qu'un tel spectacle purge la pitié par elle-même ? y a-t-il en elle un excès vicieux & dont il soit à desirer que le théâtre nous corrige ? « En quelque état » qu'un homme puisse être (remarque » Dacier), quand il verra un Œdipe, un » Oreste, il ne pourra s'empêcher de trou- » ver ses maux légers auprès des leurs ». Je veux le croire ; & de-là je conclus que la Tragédie nous dispose à la patience, ou, si l'on veut, modère en nous une impatiente sensibilité pour les maux qui nous sont personnels. Mais s'il est bon d'adoucir le sentiment de nos malheurs, par la comparaison de notre état avec un état plus pénible; est-ce de même un bien de refroidir dans nos ames le sentiment des malheurs d'autrui ? Un peuple qui punissoit de mort un Aréopagite pour avoir tué un oiseau qui s'étoit réfugié dans sa maison, ce peuple auroit-il regardé un excès de compassion comme un vice ? auroit-il regardé comme un bien de devenir moins compatissant ? Quel étrange & cruel dessein que d'affoiblir en nous la pitié ! la pitié, le plus doux lien dont la nature ait uni les hommes ! comment donc Aristote a-t-il pu attribuer à la Tragédie une pareille moralité ? C'est que la constance, l'égalité d'ame étoit le plus grand des biens dans les principes de la Philosophie ancienne ; & l'on a vû que Platon, qui condamne la Tragédie, lui reproche comme un mal de nous émouvoir & de nous attendrir. Aristote & Platon étoient d'accord sur l'avantage de l'apathie. L'un accusoit le théâtre d'y nuire, l'autre vouloit qu'il y contribuât ; mais tous les deux partoient du même point.

La Philosophie & la Politique donnent dans deux excès opposés : l'une tend à détacher l'homme de tout ce qui n'est pas lui-même ; l'autre à le détacher de lui-même & de tout ce qui lui est propre. Celle-ci toute occupée de la chose publique, voudroit que chaque citoyen fût une machine obéissante, dont le bien public fût l'unique ressort ; celle-là, pour rendre l'homme indépendant & impassible, voudroit étouffer dans leur germe toutes les passions ennemies de son repos & de sa liberté. Or le germe des passions, c'est la sensibilité naturelle. Il est donc certain que l'avantage, réel ou non, de nous en guérir par l'habitude, étoit le seul qu'attribuoit à la Tragédie ancienne le plus zèlé de ses partisans.

Quant au fond, il ne m'appartient pas de décider entre Aristote & Platon; mais je crois qu'il en est du sens intime comme des sens extérieurs: un exercice continuel l'affoibliroit; un exercice modéré le ranime, & tel est celui du théâtre. Or il peut y avoir des climats où les hommes naissent déjà trop sensibles; mais parmi nous rien n'est moins à craindre que de trouver dans les ames trop de chaleur & d'activité. Je crois en avoir assez dit dans l'Apologie du théâtre.

Il reste un problême à résoudre au sujet de la pitié. En supposant, comme je le crois, que l'habitude à voir des malheureux nous rendît moins sensible à nos propres malheurs, n'en serions-nous pas aussi moins sensibles aux malheurs des autres? & si cela étoit, le spectacle qui produiroit ce double effet seroit-il un bien? Dans une République toute occupée du soin de sa défense & de sa liberté, comme Sparte, où l'on auroit voulu que les hommes fussent d'airain, la seconde question seroit décidée. Il me semble même voir que Platon la décide assez clairement. Mais tout gouvernement qui détache l'homme de ses affections personnelles, est mauvais par essence. Je veux bien, avec Cicéron, que nos premiers devoirs soient pour la patrie; mais la nature, l'amitié, l'amour, la reconnoissance, l'humanité nous en prescrivent d'inviolables, & qui tous exigent plus de sensibilité que n'en a le commun des hommes : la diminuer seroit donc un mal; & s'il falloit préférer d'être moins foibles & moins compatissans, ou plus compatissans & plus foibles, il n'y auroit point à balancer. Heureusement il est très-possible & très-naturel de concilier la constance & la fermeté d'ame avec la tendre humanité. Nous voyons même tous les jours que les cœurs lâches sont impitoyables, & que les courageux sont compatissans.

Le spectacle qui nous attendrit a donc, 1°. l'avantage de nous épargner ce que la surprise ajoûteroit aux accidens qui nous arrivent, en nous préparant, par les malheurs des autres, à ceux qui nous sont reservés; 2°. d'attirer sur nos semblables, par l'habitude de la pitié, cette sensibilité, cette bonté active dont l'exercice augmente le ressort.

« La Tragédie en nous rendant fami-
» liers les malheurs qu'elle nous peint,
» nous apprend (dit Dacier) à n'en être
» pas trop touchés *quand ils arrivent* »;
voilà l'équivoque. « A n'en être pas trop
» touchés quand ils nous arrivent »; cela
est juste : « quand ils arrivent à nos sembla-
» bles »; cela est faux, & si par malheur
l'un étoit la suite de l'autre, la Tragédie
seroit un spectacle odieux à l'humanité.

Nous venons de voir que l'exercice de
la sensibilité humaine & la résolution à
souffrir patiemment, étoient les seuls fruits
que la morale pût recueillir de la Tragédie ancienne; que sa fin la plus prochaine
étoit d'émouvoir, d'attendrir, de faire
trembler & verser des larmes; & que sa
fin plus éloignée étoit d'imprimer aux
Républiques de la Grèce la crainte & la
haine de la royauté. Voyons en quoi son
objet a changé sur notre théâtre.

Pour nous, l'utilité politique de la Tragédie ne differe point de son utilité morale. Le bonheur & la gloire du gouvernement monarchique dépendent des mœurs du Souverain, de celles de ses ministres, de ses courtisans, de ses guerriers, des dépositaires de ses loix, & des peuples qui lui obéissent. La Tragédie est donc pour nous une leçon politique, sitôt qu'elle est une leçon de mœurs ; & je crois avoir prouvé, dans l'Apologie du théâtre, que tout y inspire l'horreur du crime, l'amour de la vertu, le mépris & la haine du vice.

Mais de toutes les leçons que la Tragédie avoit à donner, le danger des passions est la plus générale & la plus importante. La colère, la vengeance, l'ambition, la noire envie, & sur-tout l'amour, étendent leurs ravages dans tous les états, dans toutes les classes de la société. Ce sont-là les vrais ennemis de l'ordre, & ceux qu'il étoit le plus essentiel de nous faire craindre, par la peinture des forfaits & des malheurs où ils peuvent nous entraîner, puisqu'ils y ont entraîné des hommes souvent moins foibles, plus sages & plus vertueux que nous. C'est à quoi les Grecs n'ont pas même pensé. S'ils ont mis l'amour au théâtre, ils l'ont fait allumer par la colère de Vénus, comme pour ôter à l'exemple ce qu'il avoit d'utile & de moral. Quel fruit tirer des fureurs d'Hercule & d'Ajax, aveuglés l'un par Junon, l'autre par Minerve ? On y voit que « les dieux disposent à leur » gré de notre raison » (chœur du premier acte d'Ajax); mais est-ce là une vérité bien utile & bien consolante ? Dans Atrée, la vengeance est implacable & atroce ; elle s'assouvit : qu'en arrive-t-il ? qu'arrive-t-il à Médée pour avoir égorgé ses enfans ?

Si dans la Tragédie ancienne la passion est quelquefois l'instrument ou la cause du malheur, ce malheur ne tombe donc pas sur l'homme passionné, mais sur quelque victime innocente. On diroit que les Grecs évitoient à dessein le but moral que nous cherchons, car ils n'ont pû le méconnoître. Quoi de plus simple en effet, pour guérir les hommes de leurs passions, que de leur en montrer les victimes? quoi de plus terrible & de plus touchant que l'exemple d'un homme à qui la nature & la fortune ont tout accordé pour être heureux, & en qui une feule paffion a tout ravagé, tout détruit? une paffion, dis-je, fans méchanceté, qui fouvent même prend fa fource dans un cœur noble & généreux. C'eft bien là le caractère mixte que devoit fouhaiter Ariftote pour réunir la crainte & la pitié ; mais le théâtre moderne en a mille exemples, & le théâtre ancien n'en a pas un.

On nous reproche de rendre les paffions aimables : il eft vrai, nous les parons comme des victimes, pour apprendre à les immoler. Il ne s'agit pas de les faire haïr, mais de les faire craindre : c'eft l'attrait qui en fait le danger : pour en prévenir la féduction, il faut donc les peindre avec tous leurs charmes. On tenteroit en vain de rendre odieux des fentimens dont un bon naturel eft bien fouvent la caufe & l'excufe. Le reffentiment des injures, la colère, l'ambition, l'amour, les foiblesses du sang, le desir de la gloire, sont funestes dans leurs effets, quoiqu'intéressans dans leur cause. C'est avec ce mélange de bien & de mal qu'il faut qu'on les voye sur le théâtre; car c'est ainsi qu'on les voit dans la nature, & ce n'est que par la ressemblance que l'exemple est sensible & frappant. Plus le personnage est intéressant, plus son malheur sera terrible: sa bonté, ses vertus même n'en feront que mieux sentir le danger de la passion qui l'a perdu; & plus la cause de son malheur est excusable par notre foiblesse, plus nous voyons près de nous le précipice où il est tombé.

Ce ne sont plus des accidens inévitables que la Tragédie nous fait craindre; c'est en nous-mêmes qu'elle nous fait voir les ennemis que nous avons à combattre, & la source des malheurs que nous avons à prévenir. Or cette crainte de soi-même, non-seulement n'est pas incompatible avec le courage & la résolution, mais elle y dispose par la prudence, qui est la base d'une conduite ferme. Ce n'est donc pas une foiblesse dont il soit bon de nous guérir, mais un sentiment vertueux qu'on ne peut graver trop avant dans nos ames.

Cette constitution de fable est à-la-fois si morale & si intéressante, si analogue à la Nature & à tous les principes de l'Art, qu'elle semble avoir dû se présenter d'abord aux inventeurs de la Tragédie; & ceux qui entendent citer depuis si long-tems les Anciens comme nos modèles, doivent trouver bien étrange ce que j'ose avancer ici, que le théâtre Grec ne fut jamais le théâtre des passions. Mais si l'on fait attention que la Tragédie ne fut d'abord qu'un Hymne en l'honneur de Bacchus; que Thespis, sans autre dessein que de délasser le cœur & d'amuser le peuple, s'avisa d'introduire un personnage qui récitoit des aventures merveilleuses; qu'Eschile ne fit qu'ajoûter un second personnage à celui de Thespis, & changer le récit en action; que Sophocle se contenta d'y joindre un

troisième acteur, & qu'ainsi se forma peu-à-peu ce spectacle, sans avoir eu de plan général; on ne sera plus étonné qu'il n'eût jamais acquis cette belle forme que lui a donnée le grand Corneille, en le refondant d'un seul jet. Thespis n'avoit jamais pensé qu'à divertir le peuple; ses successeurs s'y sont mieux pris, mais ils n'ont guère eu d'autres soins. La seule loi que leur imposoit le gouvernement, étoit de nourrir le génie républicain, & de rendre odieuse la monarchie. On sait que l'un d'eux fut puni pour avoir osé présenter sur le théâtre Milet réduite en servitude. « Les pre-
» miers Poëtes (dit Aristote lui - même)
» en cherchant des sujets, ils ne les ont pas
» tirés de leur art, mais les ont empruntés
» de la fortune, dont ils ont suivi les capri-
» ces dans leurs imitations ». Et en effet, de tous les exemples qu'il cite, soit de la beauté du sujet, soit de la beauté de la fable, il n'y en a pas un seul où la passion soit la cause du malheur.

Deux hommes de lettres, à qui par leur

état le spectacle étoit interdit, ont trouvé, l'un que le théâtre François n'inspiroit pas assez la crainte ; l'autre qu'il n'excitoit pas assez la pitié : leurs raisons méritent d'être discutées. « Pour imprimer la crainte à ses » auditeurs (dit Aristote dans sa Rhétori- » que) l'Orateur doit leur faire concevoir » qu'ils sont dans l'état où l'on a sujet de » craindre, parce que d'autres qui valoient » mieux qu'eux sont tombés dans les mal- » heurs dont il les menace ». Le Pere S*** applique au théâtre cette méthode. Il trouve que les anciens l'ont suivie, que les modernes l'ont négligée, & que le théâtre y a beaucoup perdu. Selon moi, ce sont les modernes qui l'ont suivie, & les anciens qui l'ont négligée : il s'agit de le faire voir.

L'Orateur qui veut nous inspirer la crainte, nous présente non-seulement des malheurs dans lesquels nous pouvons tomber, mais qui ont un rapport sensible avec nos penchans, nos vices, nos foiblesses. Il ne nous dit pas : Si vous disputez le pas à un inconnu comme Œdipe, ou si vous

êtes

êtes curieux comme lui, vous tuerez votre pere, vous époufere z votre mere, vous vous arracherez les yeux; mais il nous dit, Si vous vous livrez à vos paffions, vous en ferez les victimes ; fi vous calomniez le jufte, ou fi vous opprimez le foible, le Ciel qui les aime les vengera. Qu'il nous préfente un raviffeur horriblement puni, comme Thiefte; il ne nous fait pas voir à côté, un monftre exécrable, comme Atrée, jouiffant de fa vengeance & du jour qu'il a fait pâlir; mais il oppofe l'innocent au coupable, & nous montre celui-ci plus malheureux, même dans fes fuccès, que l'autre au comble de l'infortune: l'enfer dans l'ame de Mélitus, le ciel dans celle de Socrate. En un mot, s'il nous met fous les yeux des exemples de la peine attachée au crime, ce crime ne fera pas l'effet de l'erreur: car d'une erreur il n'y a rien à conclurre. Il eft donc évident que le deffein qu'Ariftote attribue à l'Orateur, & celui qu'il attribue au Poëte, ne font pas les mêmes. Selon lui, le but de l'Orateur est de rendre les hommes justes par crainte ; & le but du Poëte est de les guérir de la crainte & la pitié, comme de deux maladies de l'ame. Et si l'on demande d'où vient qu'Aristote ne donne pas à la Poësie le même objet qu'à l'Éloquence ; C'est que dans son système poëtique il falloit accorder les préceptes avec les exemples, & qu'il étoit Sophiste comme un autre au besoin.

Il y a deux sortes de crainte à distinguer dans l'effet théâtral, l'une directe, l'autre réfléchie ; & cette distinction qu'on n'a pas faite encore, applanit la difficulté. Antiochus tient au bord de ses lèvres la coupe empoisonnée ; c'est pour lui que je tremble : Orosmane, dans un moment de jalousie & de fureur, vient de tuer Zaïre qu'il adoroit ; capable des mêmes passions, c'est pour moi-même, c'est moi que je crains : Œdipe, sans le savoir, sans le vouloir, sans l'avoir mérité, tombe dans des malheurs, dans des crimes qui me font trembler, & ma frayeur a pour objet mon aveuglement, ma dépendance, ma foiblesse, & l'afcendant de ma deftinée, tous maux auxquels je ne puis rien. Ainfi, tantôt la crainte que j'éprouve m'eft étrangère, tantôt elle m'eft perfonnelle : l'une ceffe avec le péril du perfonnage intéreffant, ou fe diffipe l'inftant d'après; l'autre laiffe une impreffion qui furvit à l'illufion du fpectacle; mais elle eft infructueufe, fi elle naît d'un malheur indépendant de celui qui l'éprouve. Il n'y a que l'exemple des maux que l'homme fe fait librement à lui-même, qui foit pour l'homme une leçon. Le théâtre où le malheur procède de la volonté que la paffion égare ou féduit, eft donc le feul où foit obfervée la méthode qu'Ariftote prefcrit à l'Orateur, d'intimider l'homme par l'exemple de l'homme.

Du refte, ce que le Pere S*** reproche aux Poëtes François fait leur éloge. C'eft pour rendre la paffion redoutable autant qu'elle eft dangereufe, qu'ils ne nous cachent aucun des moyens qu'elle a de nous féduire & de nous égarer. Il faut que l'homme fache, non-feulement dans quel abîme la paffion le conduit, mais par quels détours elle peut l'y conduire. C'eft aux fleurs mêmes dont le bord de cet abîme eft parfemé, qu'il doit apprendre à le connoître. C'eft, dit-on, ménager le coupable, que de peindre les charmes de la féduction à laquelle il a fuccombé. Oui fans doute, & c'eft par-là qu'on le rend plus digne de pitié que de haine : auffi n'eft-ce pas de crime, mais de foibleffe qu'il s'agit de convaincre les fpectateurs, pour les faire trembler fur eux & pour eux. Ce n'eft pas non plus le malheur inévitable de leur condition qu'il eft utile de leur exagérer, mais le malheur qu'ils y attachent eux-mêmes, par les excès auxquels ils fe livrent. La crainte réfléchie qu'infpire le théâtre moderne peut donc n'être pas auffi forte que celle qu'imprimoit le théâtre ancien; mais elle eft beaucoup plus falutaire, & d'une moralité plus fenfible pour le plus grand nombre des fpectateurs.

Voyons si le reproche qu'on lui fait du côté de la pitié, n'est pas aussi injuste.

On peut nous objecter d'abord, qu'un malheur volontaire n'excite point la pitié; mais distinguons un malheur volontaire en lui-même, d'un malheur causé par une faute volontaire. L'un, comme celui de Brutus, de Régulus & de Caton, est du choix de celui qui l'éprouve : alors ce n'est pas de l'avoir choisi qu'on est à plaindre, mais d'avoir été réduit à le choisir; & si l'alternative est telle qu'on ne put sans crime ou sans honte se dispenser du choix qu'on a fait, il est dans l'ordre des maux inévitables : telle est la situation de Rodrigue, & c'est par-là qu'elle est si touchante. Si le choix est absolument libre, comme celui de Décius, il excite l'admiration, mais il n'inspire ni pitié ni crainte. Quant au malheur causé par une faute volontaire, la pitié qu'il inspire dépend de l'indulgence qu'on a pour la faute. Or il y a des fautes, non-seulement excusables, mais intéressantes : telles sont celles de l'amour.

On s'intéresse, on tremble (dit le Pere J**) pour un héros aimable & vertueux, dont les jours ou la fortune sont menacés ; mais pourquoi pleureroit-on ? l'espérance reste toûjours, & l'espérance arrête les larmes. Il ajoûte, « Que nous voulons voir le vice
» puni & la vertu triomphante, & que
» nous renonçons par-là aux traits les plus
» touchans, pour n'en traiter que de foi-
» bles ».

J'observe, 1°. que les sujets les plus pathétiques du théâtre ancien ont été mis sur notre scène ; & que ceux qui finissent par le succès des bons & le malheur des méchans, ne sont pas les moins pathétiques, témoins la Mérope & les deux Iphigénies. 2°. Que les sujets mis nouvellement au théâtre, tels que ceux du Cid, de Rodogune, d'Inez, de Mahomet, d'Alzire, de Sémiramis, de l'Orphelin de la Chine, ne le cèdent point en pathétique aux plus beaux de l'antiquité. 3°. Que le pathétique de l'action théâtrale ne dépend pas du dénouement, mais bien de ce qui le précède. Pour me faire entendre supposons, selon le vœu du Pere J**, que l'on change le dénouement de Mérope, d'Iphigénie en Aulide, ou de l'Orphelin; qu'Égiste meure au-lieu de Poliphonte; que Diane laisse consommer le sacrifice qu'elle a demandé; que celui de Zamti s'accomplisse : est-ce après une telle catastrophe qu'une mere désolée aura le tems d'attendrir l'ame des spectateurs? Quand le malheur est décidé, tout est fait : on n'écoute pas même les plaintes. Le dénouement de Sémiramis est le plus pathétique du théâtre, parce que le Poëte y a ménagé la plus tragique des reconnoissances. Ninias croit avoir tué le perfide Assur; il se trouve avoir poignardé sa mere, & cette révolution met le comble à la terreur & à la pitié. Une révolution pareille fait la beauté du dénouement d'Inès. Mais que la catastrophe ne soit que funeste, comme celle de Britannicus, qu'ajoûtera-t-elle au pathétique? C'est dans le moment du péril que l'on tremble; c'est quand on arrache à Mérope son fils, à Idamé son enfant, à Clitemnestre sa fille, que la nature fait ses derniers efforts. Que l'on demande à cent mille spectateurs, que ces tableaux ont attirés, si l'espérance arrête les larmes. Les Poëtes, par l'évidence du péril & la force de l'illusion, savent bien nous dérober ce qui peut affoiblir la crainte ou suspendre la pitié : c'est l'artifice de la composition de montrer l'abîme & de cacher l'issue ; & dans cet art les Poëtes modernes sont fort au-dessus des anciens.

Il reste cependant à examiner si la Tragédie, dont le dénouement nous console, est moins utile pour les mœurs que celle dont le dénouement achève de nous affliger. S'il nous console, dit-on, l'impression de la terreur & de la pitié s'efface. Mais ne s'efface-t-elle pas de même après un dénouement funeste, dès que l'illusion a cessé ? Quelques minutes de plus en font tout l'avantage ; & dès qu'on a eu le tems de se dire, que ce qu'on vient de voir n'est qu'un jeu, ce qu'on éprouve au-delà n'est qu'un reste de saisissement qui n'a plus rien de moral. Où est donc, peut-on me demander, l'utilité du pathétique ? Dans l'exercice de la sensibilité, que je regarde comme un grand bien, & dans l'impression de l'exemple : car en cessant de craindre pour le personnage fictif que je viens de voir en danger, je ne cesse pas de craindre pour moi-même. Je ne vois plus ses périls, mais je sens les miens ; & ma réflexion rejettant ce que le spectacle a eu de trompeur, recueille & conserve avec soin ce qu'il a eu de réel & d'utile. Il en est de la peinture du crime & de la vertu comme de celle des passions : le sentiment qu'elle excite en nous, quoique né dans l'illusion, ne s'efface pas avec elle. Que Britannicus vienne d'être empoisonné, c'est une erreur qui s'évanouit ; mais qu'une ame, comme celle de Burrhus, soit digne d'amour & de respect ; qu'une ame, comme celle de Narcisse, soit digne de mépris & d'horreur, ce sont des vérités qui me restent.

D'un Poëme dont l'objet a changé, les moyens ont dû changer de même, & nous allons examiner en quoi.

Les principaux moyens de la Tragédie font compris dans cette division : la fable, les mœurs & le discours. La fable embrasse l'invention du sujet & la composition des choses ; les mœurs font les qualités, les inclinations des personnes ; le discours est l'exposé des choses & l'expression des mœurs.

Dans le système des Grecs il étoit naturel qu'on subordonnât les mœurs à la fable. « C'est par les actions qu'on est heu-
» reux ou malheureux (disoit Aristote).
» La Tragédie n'agit donc point pour imi-
» ter les mœurs, mais elle ajoûte les mœurs
» à cause de l'action ». On ne peut exprimer plus clairement la méthode des Anciens. Prenez l'inverse, & vous aurez la nôtre. C'est par les qualités, les inclinations de l'ame, avons-nous dit, qu'on est heureux ou malheureux, & ce ne font pas les faits qui instruisent, mais les causes

de ces faits : donc il ne faut imiter les actions que dans la vûe de peindre & de corriger les mœurs. Ariſtote raiſonnoit en Poëte, & nos Poëtes ont raiſonné en Philoſopes citoyens.

La fable eſt le moyen le plus efficace & le plus important du Poëme comme Poëme. Je conviens même avec Ariſtote, qu'elle ſe paſſe de mœurs décidées, & qu'elle peut, ſans leur ſecours, exciter en nous la crainte & la pitié. Mais cela ſuppoſe une action dont les incidens viennent du dehors, arrangés par la deſtinée, ce qui n'a plus rien de moral ; au-lieu que ſi l'action naît de l'ame des acteurs, la ſource du bonheur ou du malheur eſt en eux-mêmes, & les mœurs ſont à la fable ce que la cauſe eſt à ſon effet. Auſſi le Taſſe a-t-il décidé que la fable n'eſt rien ſans les mœurs.

Il y a donc dans le choix du ſujet deux qualités eſſentielles à conſidérer : ſavoir, s'il eſt terrible & touchant, & s'il eſt d'un exemple utile.

Celui qui ne veut qu'intéreſſer n'a befoin que de livrer au fort une victime innocente, un homme fans paſſions, fans caractère, fans mœurs décidées, mêlé de vices & de vertus, ou, ſi l'on veut, fans vertus & fans vices, en un mot, ni méchant ni bon.

Il ſuffit qu'il ſoit homme & qu'il ſoit malheureux. C'eſt la déviſe du théâtre ancien.

Mais celui qui veut nous inſtruire, nous corriger en nous intéreſſant, doit écarter de ſon ſujet la fatalité, la contrainte, & faire de l'homme paſſionné, mais libre, l'inſtrument de ſon propre malheur. C'eſt la méthode du théâtre moderne.

Cependant, pour nous inſtruire avec fruit, il faut nous plaire, & pour nous plaire il faut nous émouvoir. Le pathétique eſt donc la première qualité de la fable, & le pathétique eſt eſſentiellement dans le ſujet. Il eſt donc vrai, pour nous comme pour les anciens, que *le ſujet eſt l'ame de la Tragédie.*

Le ſujet doit être une action, c'eſt-à-dire, un effet procédant de ſa cauſe. Cette action doit être vraisemblable. On a déjà vû ce que j'entends par-là (Ier vol. ch. X.) « Il faut absolument (dit Aristote) que » dans tous les incidens qui composent la » fable, il n'y ait rien qui soit sans raison ; » ou si cela est impossible, on doit faire » ensorte que ce qui est sans raison se » trouve hors de la Tragédie, comme So- » phocle l'a sagement observé dans son » Œdipe ». En effet, on ne sait ni pourquoi ce malheureux Prince a été destiné au parricide & à l'inceste, ni comment le successeur de Laïus a si long-tems ignoré les circonstances de sa mort. Je ne conseille à aucun Poëte de se fier à cet exemple. Nous passons comme inexplicables les decrets de la destinée ; nous dispensons même les Poëtes de rendre raison d'un fait naturel aisé à concevoir. Mais s'il est difficile à croire, nous demandons qu'il soit expliqué ; & celui qui dant l'avant-scène le supposeroit sans raison, bâtiroit comme sur le sable.

Il faut que l'action soit théâtrale, j'entens,

que tout ce qui doit être en spectacle soit possible à représenter. Les choses indécentes, horribles, ou d'un merveilleux que l'œil démentiroit, doivent se passer hors de la scène.

Horat. *Nec pueros coram populo Medea trucidet;*
Aut humana palam coquat nefarius Atreus;
Aut in avem Progne vertatur, Cadmus in anguem.

Cette règle est encore plus gênante sur notre théâtre que sur le théâtre d'Athènes, & la raison en est bien naturelle. Tout s'affoiblit dans le lointain; & ce qui nous révolte ou nous blesse de près, vû de plus loin nous émeut à peine. Le même tableau sur un plus grand théâtre faisoit donc une impression moins vive; & ce qui dans un spectacle immense n'avoit que le degré de force qu'il falloit pour remuer les cœurs, les soulèveroit dans nos petites salles, où tout se passe sous nos yeux. Il nous seroit affreux, par exemple, de voir à deux pas de distance, Œdipe verser sur ses enfans des gouttes de sang au-lieu de larmes; &

peut-être la seule différence des lieux est-elle cause que le tragique s'est affoibli. Je parle du tragique qui tombe sous les sens; car celui qui résulte des mouvemens, des affections de l'ame, est ou doit être par-tout le même, & la force en fait la beauté.

Il faut que l'action soit merveilleuse, quoique dans l'ordre de la Nature, c'est-à-dire, que la cause de l'évènement le produise par des moyens étranges, & paroisse jusque-là disposée à un effet contraire, ou du-moins différent: *Da una artificiosa* Le Tasse *testura de nodi nasca una intrinseca e verissimile e inesperata solutione.* Alors la leçon est plus frappante, moins commune, & par-là plus utile: car elle nous découvre ou de nouveaux périls dans la prospérité, ou de nouvelles ressources dans l'infortune, ce qui doit naturellement nous rendre plus prudens ou plus courageux

Par la même raison l'action doit être progressive & d'une certaine étendue; car si l'effet procédoit immédiatement de sa cause, le rapport en étant trop visible, il n'y auroit plus rien d'étonnant. Ajoûtez que l'ame auroit à peine le tems de goûter le plaisir de s'éprouver compatissante. Il faut donc lui ménager une émotion graduée qui successivement l'agite, & la presse de plus en plus, jusqu'à ce moment de trouble, d'attendrissement & d'effroi, au-delà duquel la douleur cesse d'être un plaisir. Ajoûtez encore cette raison d'Aristote, que la beauté consiste dans l'ordre & la grandeur. Il est donc de l'essence de l'action théâtrale d'avoir une certaine étendue. Mais « la mémoire (dit le Tasse) est » juge de la grandeur du Poëme, comme » l'œil est juge de la grandeur des corps ». Il faut donc que l'esprit la saisisse à-la-fois, & que la mémoire l'embrasse.

Cette action doit être entière & complette, c'est-à-dire, avoir son commencement, son milieu, & sa fin. Or le commencement est ce qui ne suppose rien avant soi, mais qui laisse attendre après soi quelque chose; la fin est ce qui ne laisse rien

rien attendre, mais qui fuppofe quelque chofe avant foi ; le milieu eft ce qui dépend de quelque chofe qui précède , & qui fait attendre quelque chofe qui fuit. Ainfi, dans le paffage d'un état à un autre, les deux termes doivent être un repos ; avec cette différence , qu'on peut fuppofer l'action commencée, mais qu'on ne peut pas la laiffer imparfaite : c'eft-à-dire, qu'on peut la prendre plus bas que fa fource, mais qu'il faut la conduire au terme de fon cours. C'eft même une règle prefcrite de rapprocher, autant qu'il eft poffible , les deux extrémités de la fable, afin que l'intérêt foit plus vif, & le mouvement plus rapide.

Plus la caufe eft collective & l'effet compofé , moins la fable eft fimple ; mais l'action n'en eft pas moins une, & cette unité confifte dans le rapport intime & réciproque de ce tout moral avec fes parties, foit dans la caufe, foit dans l'effet. On a reconnu fur notre théâtre le défaut des intrigues épifodiques ; & il eft certain que fi la chaîne est double, quoiqu'entrelacée, l'attention & l'intérêt s'affoibliront en se divisant : l'ame sera obligée de changer d'objet ; & comme elle ne peut obéir à deux mouvemens à-la-fois, il est à craindre qu'en se succédant ils ne se détruisent l'un l'autre. Il ne suffit pas qu'un épisode soit adhérent à l'action principale, il faut qu'il lui soit inhérent ; & tout incident qui dans la fable, ne fait point partie ou de la cause, ou de l'effet, ou des moyens, ou des obstacles ; en un mot, « tout ce qui » peut être mis ou obmis, sans faire un » changement sensible » ; tout cela, dis-je, doit être banni d'une fable bien constituée. Jusqu'ici les règles du théâtre Grec sont communes à tous les théâtres du monde, parce qu'elles sont relatives à la vraisemblance, à l'illusion, à l'intérêt, en un mot, au plaisir que ce spectacle doit causer, & que j'appelle la fin poëtique.

Mais des règles qui ne se fondent que sur l'opinion ou sur des circonstances locales, n'ont pas la même autorité : de ce nombre

Aristote. [marginal note]

est celle qu'on a prescrite à la Tragédie sur le choix de ses personnages.

Aristote veut que pour sujet « on choi-
» sisse parmi les hommes qui sont dans
» une fortune éclatante, & dans une gran-
» de réputation, quelques personnages il-
» lustres qui, comme Œdipe & Thieste,
» se soit rendu malheureux ». Je pense au contraire qu'une action, pour être importante & mémorable, digne en un mot d'être rappellée aux siècles à venir comme un exemple utile & frappant, n'a pas besoin d'un personnage illustre. Ceci demande quelque détail.

Les Anciens avoient des motifs que nous n'avons pas, de choisir des hommes dont la fortune intéressât tout un peuple : 1°. la fin politique qu'ils se proposoient ; 2°. l'intérêt national qui se mêloit à l'intérêt personnel, dans les sujets pris de l'histoire fabuleuse de leurs ancêtres ; 3°. la facilité de faire intervenir le chœur dans une action publique ; au-lieu que dans les accidens de la vie privée, il eût été difficile de l'introduire avec vraisemblance. Tout cela nous est étranger. Quant aux raisons qui nous sont communes avec eux, il est certain que la dignité des personnages peut donner plus de poids à l'exemple ; & lorsqu'on a le choix, il est avantageux de prendre au-moins des noms fameux. Le sort d'un homme public, d'un héros, d'un Monarque, a de l'influence sur le sort des états, & par conséquent il ajoûte à l'action théâtrale plus d'importance & de grandeur : il en résulte aussi pour le spectacle plus de pompe & de majesté.

Je sai ce qu'on oppose à ces motifs : l'élévation des personnages fait que leur sort nous touche moins, dit-on ; les revers qui les menacent ne menacent pas le commun des hommes ; & plus leur fortune excite l'envie, moins leur malheur excite la pitié.

Mais, 1°. tout cela est détruit par les faits : Mérope, Hécube, Clitemnestre, Brutus, Orosmane, Antiochus, sont par leur rang fort élevés au-dessus du peuple qu'ils attendriffent; & nous pleurons, nous frémiffons pour eux, comme s'ils étoient nos égaux. Un Roi dans le bonheur eft pour nous un Roi; dans le malheur il eft pour nous un homme, d'autant plus à plaindre qu'il étoit plus heureux, & que chacun de nous fe mettant à fa place, fent tout le poids du coup qui l'a frappé.

Le but de la Tragédie eft, felon nous, de corriger les mœurs en les imitant, par une action qui ferve d'exemple. Or que la victime de la paffion foit illuftre, que fa ruine foit éclatante, la leçon n'en eft pas moins générale. La même caufe qui répand la défolation dans un état peut la répandre dans une famille : l'amour, la haine, l'ambition, la jaloufie, & la vengeance, empoifonnent les fources du bonheur domeftique comme celles du bonheur public. Il y a par-tout des hommes colères comme Achille; des meres faciles comme Hécube; des amantes foibles comme Inès, ou emportées comme Hermione; des amans capables de tout dans

K iij

la jalousie comme Orosmane, & furieux par excès d'amour. Ainsi, du-moins dans les sujets passionnés, la moralité de l'exemple est commune, & l'intérêt universel. Il en est de même des sujets où l'action naît du contraste du vice & de la vertu, du crime & de l'innocence, ou de deux devoirs opposés. Ce n'est pas seulement pour les Rois que la clémence d'Auguste est un modèle à suivre ; & lorsqu'Alcide, le plus vaillant des hommes, descend des cieux pour engager Philoctete son ami à pardonner aux Atrides l'ingratitude la plus sensible, & le plus cruel abandon ; ce n'est pas moins une leçon pour le peuple qu'un exemple pour les héros. La Morale est une pour tous les états. Le devoir des petits & le devoir des grands sont comme deux cercles concentriques, qui ont tous deux les mêmes rayons.

Mais autant je suis éloigné de préférer la Tragédie populaire à la Tragédie héroïque, autant je suis éloigné de l'exclure du théâtre. La Tragédie est l'imitation d'une action générale, & non pas d'un fait particulier. Elle nous fait voir, non ce qui peut arriver à un homme de tel rang, mais à un homme de tel caractère. C'est donc par les mœurs des personnages, & non par leur naissance & leur fortune que le sujet sera théâtral. « Plus la fable appro- » che des évènemens ordinaires, plus elle ouvre dans l'ame une entrée libre aux » maximes qu'elle renferme ». La Tragédie populaire a donc ses avantages, comme l'héroïque a les siens. Quelle comparaison de Barnewel avec Athalie du côté de la pompe & de la majesté du théâtre ! mais aussi quelle comparaison du côté du pathétique & de la moralité ! {.sidenote}Gravina.{/.sidenote}

C'est faire injure au cœur humain & méconnoître la Nature, que de croire qu'elle ait besoin de titres pour nous émouvoir & nous attendrir. Les noms sacrés d'ami, de pere, d'amant, d'époux, de fils, de mere, d'homme enfin : voilà les qualités pathétiques : leurs droits ne prescriront jamais. Qu'importe quel est le rang, le nom, la naissance du malheureux, que sa complaisance pour d'indignes amis, & la séduction de l'exemple, ont engagé dans les piéges du jeu, qui a ruiné sa fortune & son honneur, & qui gémit dans les prisons, dévoré de remords & de honte? Si vous demandez quel il est; je vous répons : Il fut homme de bien, & pour son supplice il est époux & pere; sa femme, qu'il aime & dont il est aimé, languit, réduite à l'extrême indigence, & ne peut donner que des larmes à ses enfans qui demandent du pain. Cherchez dans l'histoire des héros une situation plus touchante, plus morale, en un mot plus tragique; & au moment où ce malheureux s'empoisonne, au moment, où après s'être empoisonné il apprend que le ciel venoit à son secours; dans ce moment douloureux & terrible, où à l'horreur de mourir se joint le regret d'avoir pu vivre heureux; dites-moi ce qui manque à ce sujet pour être digne de la Tragédie? Le merveilleux, me direz-vous, Hé, ne le voyez-vous pas ce merveilleux dans le paſſage rapide de l'honneur à l'opprobre, de l'innocence au crime, du doux repos au deſeſpoir, en un mot, dans l'excès du malheur attiré par une foibleſſe.

Un jeune homme (c'eſt un fait arrivé) devient éperdument amoureux d'une femme, que dès ſon enfance il ne connoît qu'à titre d'amie & par ſes bienfaits. Dans l'emportement de ſa paſſion il la preſſe, & la réduit au point de lui avouer qu'elle eſt ſa mere. A l'inſtant même il ſe tue à ſes yeux. Cet évènement, pour être digne de la Tragédie, a-t-il beſoin d'être relevé par les noms de reine & de héros ? L'hiſtoire d'un homme accuſé d'avoir aſſaſſiné ſon fils, & qui meurt dans les ſupplices, en prenant la nature & le ciel à témoins de ſon innocence, aura-t-elle beſoin d'être ennoblie, pour déchirer le cœur de nos neveux ?

C'eſt un préjugé puérile & faux, que de faire dépendre la qualité du Poëme de la qualité des personnages (*a*). Ce sont les effets qui distinguent les causes, & le sceau du tragique est l'impression de la terreur & de la pitié.

Que la Tragédie fût essentiellement une leçon de politique, & la vérité qu'elle doit enseigner une maxime d'état, il est certain qu'elle en devroit prendre l'exemple dans le rang le plus élevé : j'avouerai même que ces leçons étant les plus importantes, ces sujets sont aussi les plus beaux. Mais si l'on se borne à donner de grandes leçons de mœurs, n'est-ce point assez d'un exemple vulgaire ? La Tragédie suppose alors un génie moins élevé; mais elle en exige un d'autant plus naturel, que le modèle est plus prés de nous, & que nous jugeons mieux de la ressemblance.

Par trop de ménagement pour le pré-

***

(*a*) *Appare che la nobilta, o lo stato reale, & la vilta, o lo stato privato, constituiscono la differenza delle Poesie.* (Castelvetro.)

jugé que j'attaque, Corneille qui étoit bien éloigné de méprifer la Tragédie populaire, a manqué le plus grand effet du cinquième acte de Don Sanche. Après ces beaux vers,

Je fuis fils d'un Pêcheur, & non pas d'un infâme.
La baffeffe du fang ne va point jufqu'à l'ame;
Et je renonce aux noms de Comte & de Marquis,
Avec bien plus d'honneur qu'aux fentimens de fils.
Rien n'en peut effacer le facré caractère.
De grace, commandez qu'on me rende mon pere.

Au-lieu d'un récit qui émeut foiblement, que n'a-t-il fait paroître au milieu de la cour de Caftille, le Pêcheur lui-même, dans les bras duquel fon fils Don Sanche auroit volé ? Cette leçon n'auroit été que plus attendriffante pour les ames vertueufes, & plus accablante pour ces enfans dénaturés, qui dans une haute fortune, rougiffent d'un pere obfcur & malheureux.

On ne fe borne pas à vouloir que dans la Tragédie les perfonnages foient d'un rang illuftre, on veut encore qu'ils foient connus; & Caftelvetro ne permet pas même d'inventer les noms des acteurs subalternes. Mais Aristote décide que tout peut être d'invention, & les faits & les personnages: la pratique du théâtre le confirme, & la raison le persuade encore plus. Je conviens que la vérité mêlée au mensonge, lui communique son autorité; mais j'ai déjà fait voir en parlant de la vraisemblance, qu'une fiction bien tissue n'a pas besoin d'un tel secours. Un fait n'est pas connu dans l'histoire; & qu'importe? Avons-nous tous les lieux, tous les siècles présens? Qui de nous s'inquiette de savoir où le Poëte a pris ce tableau qui l'attendrit, ce caractère qui l'enchante? On seroit plus fondé à craindre qu'en attribuant à un personnage illustre ce qui ne lui est point arrivé, on ne fût comme démenti par le silence de l'histoire; mais alors chacun de nous suppose que cette circonstance d'une vie célèbre lui est échappée; & pourvû qu'elle s'accorde avec ce qui lui est connu des personnes, des lieux, & des tems, il ne demande rien de plus.

Après tout, l'illusion du théâtre est volontaire : on sait en y allant qu'on sera trompé ; & loin de s'en défendre, on se plaît à l'être, pourvû qu'on le soit avec art.

Parmi les qualités de l'action, je ne compte pas la moralité, parce qu'elle n'est pas essentielle au Poëme comme Poëme. L'Œdipe où les dieux seuls sont criminels ; les deux Iphigénies, ces monumens de la plus affreuse superstition ; la Phèdre, où l'innocence est prise pour victime, ont aujourd'hui le même succès que sur le théâtre d'Athènes. La raison en est simple : ces sujets sont terribles & touchans. Que l'exemple en soit utile ou nuisible aux mœurs, c'est à quoi ne pense guère un peuple qui cherche le plaisir d'être ému. Aussi en ne supposant aux Poëtes que le dessein d'enlever les suffrages, peut-être leur dirois-je comme le P. J**. « Poëtes tragiques, vous êtes Pein- » tres ; il s'agit de remuer fortement le » spectateur. Vous ne l'occuperez que » quelques instans ; profitez-en pour boul- » verser son ame. Employez les couleurs

» les plus fortes, les coups de pinceau les » plus hardis ».

Je conviens avec Ariſtote, qu'il n'eſt rien de plus capable de nous émouvoir qu'un perſonnage, qui par erreur ou par l'impulſion d'une cauſe invincible, fait périr ce qu'il a de plus cher, un ami ſon ami, un fils ſa mere, une mere ſon fils, &c. J'avouerai de même, avec M. Diderot, » que s'il y a quelque choſe de touchant, » c'eſt le ſpectacle d'un homme rendu » coupable & malheureux malgré lui ». Mais j'en reviens ſans ceſſe à l'utilité morale dont un Poëte, homme de bien, ne doit jamais ſe diſpenſer, quoique le peuple l'en diſpenſe. Et quel prix, quelle ſolidité, quel attrait cet avantage de plus ne donne-t-il pas à un beau Poëme! Comparez ce qui reſte dans l'ame après le ſpectacle d'Œdipe, d'Électre, & d'Atrée, avec ce qui reſte après le ſpectacle de Cinna, de Britannicus, de Radamiſte, & d'Alzire. Dans Cinna, l'on voit à quel excès peut ſe porter un amour effréné, & quel est l'empire de la clémence sur les cœurs les plus inflexibles : dans Britannicus, l'affreuse destinée d'un jeune Prince, qui naturellement porté au vice, est encore livré à la basse ambition des flatteurs : dans Radamiste, les tourmens d'un cœur que les passions ont entraîné dans le crime, & les malheurs qui naissent de l'extrême sévérité d'un pere envers ses enfans : dans Alzire, l'avantage de la belle nature sur l'éducation, & de la religion sur la nature. Voilà des leçons générales, touchantes & lumineuses. Mais de l'Œdipe, de l'Électre, de l'Atrée, &c. quel fruit pouvons-nous recueillir ?

Si l'on a bien conçu quel étoit l'objet du théâtre Grec, & quel est l'objet du théâtre moderne, on doit prévoir que les ressorts de celui-ci ne sont ni aussi simples, ni aussi faciles à manier.

Voyons à quoi se réduisoit la théorie des Anciens relativement à la composition de la fable. Aristote la divise en quatre parties de *quantité* : le prologue, ou l'exposition; l'épisode, ou les incidens; l'exode, ou la conclusion; & le chœur que nous avons supprimé, *otiosus curator rerum*. Il parle du nœud & du dénouement; mais le nœud ne l'occupe guère. Il distingue, comme je l'ai dit, les fables simples & les fables implexes. Il appelle simples, « les » actions qui étant continues & unies finis- » sent sans reconnoissance & sans révolu- » tion ». Il appelle implexes, « celles qui ont » la révolution ou la reconnoissance, ou » mieux encore, toutes les deux. » Or la seule règle qu'il prescrit à l'une & à l'autre espèce de fable, c'est que la chaîne des incidens soit continue; qu'au-lieu de venir l'un après l'autre ils naissent naturellement les uns des autres contre l'attente du spectateur, & qu'ils amènent le dénouement. Et en effet, dans ses principes il n'en falloit pas davantage, puisqu'il ne demandoit qu'un évènement qui laissât le spectateur pénétré de terreur & de compassion. Ce n'est donc qu'au dénouement qu'il s'attache. Mais quel sera le pathétique intérieur

de

de la fable ? c'eſt ce qui l'intéreſſe peu.

On voit donc bien pourquoi ſur le théâtre des Grecs, la fable n'ayant à produire qu'une cataſtrophe terrible & touchante, elle pouvoit être ſi ſimple ; mais cette ſimplicité qu'on nous vante, n'étoit au fond que le vuide d'une action ſtérile de ſa nature. En effet, la cauſe des évènemens étant indépendante des perſonnages, antérieure à l'action même, ou ſuppoſée au-dehors, comment la fable auroit-elle pu donner lieu au contraſte des caractères & au combat des paſſions ?

Dans l'Œdipe, tout eſt fait avant que l'action commence. Laius eſt mort ; Œdipe a épouſé Jocaſte : il n'a plus, pour être malheureux, qu'à ſe reconnoître inceſte & parricide. Peu-à-peu le voile tombe, les faits s'éclairciſſent, Œdipe eſt convaincu d'avoir accompli l'oracle, & il s'en punit : voilà le plan du chef-d'œuvre des Grecs. Heureuſement il y a deux crimes à découvrir, & ces éclairciſſemens qui font frémir la nature occupent & rempliſſent la ſcène.

Tome II. L

Dans l'Hécube, dès que l'ombre d'Achille a demandé qu'on lui immole Polixène, il n'y a pas même à délibérer : Hécube n'a plus qu'à se plaindre, & Polixène n'a plus qu'à mourir. Aussi le Poëte, pour donner à sa pièce la durée prescrite, a-t-il été obligé de recourir à l'épisode de Polidore. Dans l'Iphigénie en Tauride, il est décidé qu'Oreste mourra, même avant qu'il arrive : sa qualité d'étranger fait son crime. Mais comme la pièce est implexe, la reconnoissance prolongée remplit le vuide, & supplée à l'action. On peut remarquer que je cite les chefs-d'œuvre du théâtre des Grecs.

Comment donc les Grecs, avec un évènement fatal, & dans lequel le plus souvent les personnages n'étoient que passifs, trouvoient-ils le moyen de fournir à cinq actes ? Le voici : 1°. on donnoit sur leur théâtre plusieurs Tragédies de suite dans le même jour : Dacier prétend qu'on en donnoit jusqu'à seize ; elles ne devoient donc pas être aussi longues que sur le théâtre François. 2°. le chœur occupoit une partie du tems, & ce qu'on appelle un acte n'avoit besoin que d'une scène; 3°. des plaintes, des harangues, des descriptions, des cérémonies, des disputes philosophiques ou politiques remplissoient les vuides; & au-lieu de ces incidens qui doivent naître les uns des autres & amener le dénouement, l'on entremêloit l'action de détails épisodiques & superflus, dont les Grecs s'amusoient sans doute, mais dont les François ne s'amuseroient pas.

La grande ressource des Poëtes Grecs étoit la reconnoissance, moyen fécond en mouvemens tragiques, sur-tout favorable au génie de leur théâtre, & sans lequel leurs plus beaux sujets, comme l'Œdipe, l'Iphigénie en Tauride, l'Électre, le Cresphonte, le Philoctete, se seroient presque réduits à rien.

On peut voir dans la Poëtique d'Aristote, & sur-tout dans le Commentaire de Castelvetro, de combien de manières se varioit la reconnoissance, soit relativement à la situation & à la qualité des personnes, soit relativement aux moyens qu'on employoit pour l'amener, & aux effets qu'on lui faisoit produire.

La reconnoissance à laquelle Aristote donne la préférence, est celle qui naît des incidens de l'action, comme dans l'Œdipe; mais je crois pouvoir lui comparer celle qui naît d'un signe involontaire que l'inconnu laisse échapper, comme dans l'Opera de Thésée, où ce jeune héros est reconnu à son épée au moment qu'il jure par elle. Le plus beau modèle en ce genre est la manière dont Oreste se faisoit connoître à sa sœur dans l'Iphigénie du Sophiste Polydes, lorsque ce malheureux Prince, conduit aux marches de l'autel pour y être immolé, disoit : « Ce n'est donc pas assez que ma » sœur ait été sacrifiée à Diane; il faut » aussi que je le sois».

La reconnoissance doit-elle produire tout-à-coup la révolution, ou laisser encore en suspens le sort des personnages? Dacier qui préfere la plus décisive, n'a vû l'objet que d'un côté.

Si la révolution se fait du bonheur au malheur, elle doit être terrible, & par conséquent inattendue : alors la reconnoissance, comme dans l'Œdipe, doit tout changer, tout renverser, tout décider en un instant. Si au contraire la révolution se fait du malheur au bonheur, & que la reconnoissance réunisse des malheureux qui s'aiment, comme dans Mérope & dans Iphigénie; pour que leur réunion soit attendrissante, il faut que l'évènement soit suspendu & caché : car la joie pure & tranquille est le poison de l'intérêt. L'art du Poëte consiste alors à les engager, au moyen de la reconnoissance même, dans un péril nouveau, sinon plus terrible, au-moins plus touchant que le premier, par l'intérêt qu'ils prennent l'un à l'autre. Mérope en est un exemple rare & difficile à imiter.

Il n'y a point de reconnoissance sans une sorte de péripétie ou changement de fortune; ne fît-elle, comme dans la fable simple, qu'ajoûter au malheur des personnages intéreſſans. Mais il peut y avoir des révolutions ſans reconnoiſſance, & quoiqu'elles ne ſoient pas auſſi belles, les Grecs ne les dédaignoient pas.

Toute révolution théâtrale eſt le paſſage d'un état de fortune à un état pire ou meilleur; & plus les deux états ſont oppoſés, plus elle eſt tragique.

Les Grecs diſtinguoient donc la fable ſimple, la fable à révolution ſimple, & la fable à révolution compoſée.

La fable ſimple eſt celle qui n'a point de révolution déciſive, & dans laquelle les choſes ſuivent un même cours, comme dans Atrée : celui qui méditoit de ſe venger ſe venge; celui qui dès le commencement étoit dans le péril & dans le malheur y ſuccombe, & tout eſt fini.

Dans la fable ſimple il y a des momens où la fortune ſemble changer de face, & ces demi-révolutions produiſent des mouvemens très-pathétiques. C'eſt l'avantage des paſſions de rendre par leur flux & reflux l'action indéciſe & flotante;

mais dans les sujets où la fatalité domine, ce balancement est plus difficile, aussi est-il rare chez les Anciens.

Dans la fable implexe à révolution simple, s'il n'y a qu'un personnage principal, il est vertueux, on méchant, ou mixte, & il passe d'un état heureux à un état malheureux, ou d'un état malheureux à un état heureux. S'il y a deux personnages principaux, l'un & l'autre passent ensemble de la bonne à la mauvaise fortune, ou de la mauvaise à la bonne ; ou bien la fortune de l'un des deux persiste, tandis que celle de l'autre change ; & ces combinaisons se multiplient par la qualité des personnages, dont chacun peut être méchant ou bon, ou mêlé de vices & de vertus.

La fable à révolution composée doit avoir au-moins deux personnages principaux, tous deux bons, tous deux méchans, tous deux mixtes, ou l'un bon & l'autre méchant, ou l'un mixte & l'autre méchant ou bon, & tous deux changeant de fortune en sens contraire par la même révolution.

Voilà les élémens de toutes les combinaisons possibles ; mais elles ne remplissent pas toutes également les deux fins de la Tragédie.

Dans la fable unie & simple, le malheur du méchant n'inspire ni la terreur, ni la pitié. « Un tel spectacle (dit Aristote) peut » faire quelque plaisir, mais il n'a rien de » pitoyable, ni de terrible ; car la terreur » nous vient du malheur de nos sembla- » bles ; & la pitié, des misères de ceux qui » méritoient un meilleur sort ». Le malheur de l'homme de bien nous afflige & nous épouvante, & les Grecs l'employoient souvent ; mais il nous attriste, nous décourage, & finit par nous indigner. Ou la pitié qu'il inspire languit & s'épuise, ou elle s'accroît jusqu'à la révolte ; & si d'un côté l'ame se plaît dans la compassion qu'elle éprouve, de l'autre elle ne peut souffrir la mélancholie où la plonge le spectacle du malheur attaché à la vertu. Il ne reste donc à la fable simple que le malheur d'un personnage mixte, en qui la foiblesse, l'imprudence ou la paffion fe mêlent & fe concilient avec la bonté du naturel, & avec des vertus qui le rendent aimable.

Par les mêmes raifons, les fables à révolution fimple n'ont pour elles que trois combinaifons : le perfonnage mixte, paffant de l'une à l'autre fortune, & dans les deux fens oppofés ; ou l'homme de bien, paffant de l'infortune à la profpérité. Je dis l'homme de bien : car fi dans le malheur il nous afflige & nous épouvante ; dès qu'il en fort, il nous encourage & nous invite à la conftance, fi nous fommes jamais éprouvés comme lui.

De la fable à révolution double il faut exclure toutes les combinaifons qui fuppofent deux perfonnages de même qualité : car fi de deux hommes également bons ou méchans, ou mêlés de vices & de vertus, l'un devient heureux & l'autre malheureux, l'impreffion de deux évènemens oppofés fe contrarie & fe détruit : on ne fait plus fi l'on doit s'affliger ou fe réjouir, ni ce qu'on doit efpérer ou craindre.

Il faut en exclure auffi la fable où périt l'homme de bien, tandis que le méchant profpere : car autant que celui-là nous intéreffe & nous afflige, autant celui-ci nous révolte ; & quand même à la place de l'homme vertueux on fuppoferoit un caractère mixte, fon malheur comparé au bonheur du méchant, nous cauferoit encore plus d'indignation que de pitié. Toutefois du côté de la crainte ce genre a fon utilité, & il donne des leçons terribles.

Le théâtre admet encore la double révolution, qui précipite le méchant de la profpérité dans l'infortune, tandis qu'elle fait paffer de l'infortune à la profpérité l'homme jufte, ou l'homme intéreffant dans fes erreurs & dans fes foibleffes. Il admet auffi la chûte d'un perfonnage mixte du bonheur dans l'adverfité, tandis que l'homme vertueux fort triomphant des plus rudes épreuves.

Mais il s'en faut bien que les Grecs aient employé toutes ces ressources. Un ou deux personnages vertueux ou bons, ou mêlés de vices & de vertus, qui malheureux constamment, succombent, ou qui par quelque accident imprévû, échappent au sort qui les menaçoit : voilà leurs Fables les plus renommées. Aristote les réduit toutes à quatre combinaisons. « Il » faut (dit-il) que le crime s'achève ou ne » s'achève pas, & que celui qui le commet » ou va le commettre agisse sans connois- » sance ou de propos délibéré. ». J'ai fait voir dans le précis de la Poëtique d'Aristote, que celle de ces combinaisons qu'il auroit dû préférer, selon ses principes, est la Fable où le crime n'est reconnu qu'après qu'il est commis ; car c'est-là le dénouement le plus touchant & le plus terrible. Il s'est donc contredit lui-même, en préférant la Fable où la connoissance du crime que l'on va commettre empêche qu'il ne soit achevé. Mais sans insister sur ce point de critique, ce qu'il importe de sa-

**

voir, c'eſt que le crime commis avant d'être connu, & le crime connu avant d'être commis, font tous deux des actions très-touchantes : l'une réſerve le fort de l'intérêt pour le dénouement, comme dans Œdipe; l'autre l'épuiſe avant la révolution, comme dans Iphigénie en Tauride : celle-là nous afflige, celle-ci nous conſole ; & les Poëtes n'ont qu'à choiſir.

Une diſpute plus ſérieuſe, & qu'il ſeroit bon de terminer, eſt celle qui s'eſt élevée à propos du dénouement de Rodoguue, ſur un troiſième genre de Fable, qu'Ariſtôte ſembloit avoir banni du theâtre, & que Corneille a reclamé. Il s'agit de la Fable où le crime, entrepris avec connoiſſance de cauſe, ne s'achève pas. « Cette manière » (dit le Philoſophe Grec) eſt très-mau- » vaiſe ; car outre que cela eſt horrible & » ſcélérat, il n'y a rien de tragique, *parce* » *que la fin n'a rien de touchant* ». C'eſt ainſi qu'il devoit raiſonner, perſuadé comme il l'étoit, que le pathétique dépendoit de la cataſtrophe : auſſi ajoûte-t-il que, « dans

» ces occafions il vaut mieux que le crime
» s'exécute, comme celui de Médée »; &
c'eſt à ce nouveau genre de fable qu'il
donne le troifième rang.

Corneille au-contraire avoit en vûe les
mouvemens que doit exciter le pathétique intérieur de la fable jufqu'au moment
de la cataſtrophe, & c'eſt par-là qu'il s'eſt
décidé. « Lorfqu'on agit (dit-il) avec une
» entière connoiſſance & à vifage découvert, le combat des paffions contre la
» nature, & du devoir contre l'amour,
» occupent la meilleure partie du Poëme,
» & de-là naiſſent les grandes & les fortes
» émotions ». Il convient donc qu'un crime
réfolu, prêt à fe commettre, & qui n'eſt
empêché que par un changement de volonté, fait un dénouement vicieux. Mais fi
celui qui l'a entrepris fait ce qu'il peut
pour l'achever, & fi l'obſtacle qui l'arrête
vient d'une caufe étrangère, « il eſt hors
» de doute (pourfuit Corneille) que cela
» fait une Tragédie d'un genre, peut-être

» plus sublime que les trois (*a*) qu'Aristote
» avoue ».

Voilà donc Aristote & Corneille opposés en apparence, & qui tous deux sont conséquens. L'un se proposoit de laisser la terreur & la pitié dans l'ame des spectateurs après le dénouement : il devoit donc souhaiter que le crime fût consommé. L'autre se proposoit d'exciter ces deux passions durant le cour du spectacle, peu en peine de ce qui en résulte après que tout est fini

---

(*a*) Corneille va jusqu'à nier que la situation de Mérope & celle d'Iphigénie, sur le point d'immoler, l'une son fils, l'autre son frere, soit pathétique; & il se trompe. Ce frere, dit-il, & ce fils leur étant inconnus, ils ne peuvent être pour elles qu'ennemis ou indifférens. Mais, comme l'observe Dacier, si Mérope & Iphigénie ne connoissent pas le crime qu'elles vont commettre, le spectateur en est instruit; & par un pressentiment du desespoir où seroit livrée une mere qui auroit immolé son fils, une sœur qui auroit immolé son frere, on frémit pour elle de son erreur, & du coup qu'elle va frapper.

& que l'illusion a cessé : il devoit donc regarder comme inutile d'achever le crime. Aristote parle du personnage principal & intéressant : or il est certain que l'atrocité d'un crime volontaire & prémédité le rendroit odieux. Corneille au contraire parle d'un personnage odieux, & c'est lui qu'il charge du crime : par-là l'innocence & la vertu sont en péril; on voit l'instant qu'elles vont succomber; on s'attendrit, on frémit pour elles; & plus le danger est pressant, plus la crainte & la pitié redoublent. De-là naissent les grands mouvemens du cinquième acte de Rodogune, qu'il s'agissoit de justifier.

Ainsi Aristote & Corneille ont suivi tous deux leur idée; & c'est-là ce qu'auroit dû voir Dacier, au-lieu d'oser dire que le malheur d'Antiochus dans Rodogune «bien
» loin d'exciter la pitié & la crainte, ne
» donne, *comme Aristote l'a fort bien prédit,*
» qu'une juste horreur pour le danger qui
» menace un Prince si vertueux». Aristote l'a si peu *prédit,* qu'il n'a jamais pensé à

cette constitution de fable, & que la combinaison des plans de Corneille n'a jamais eu de modèle dans l'antiquité.

Nos premiers Poëtes, comme le Sénèque des Latins, ne savoient rien de mieux que de défigurer les Poëmes des Grecs en les imitant ; lorsqu'il parut un génie créateur, qui rejettant comme pernicieux tous les moyens étrangers à l'homme, les oracles, les destins, la fatalité, fit de la scène Françoise le théâtre des passions actives & fécondes, & de la nature livrée à elle-même, l'agent de ses propres malheurs. Dès-lors le grand intérêt du théâtre dépendit du jeu des passions. Leurs progrès, leurs combats, leurs ravages, tous les maux qu'elles ont causés, les vertus qu'elles ont étouffées comme dans leur germe, les crimes qu'elles ont fait éclorre du sein même de l'innocence, du fond d'un naturel heureux : tels furent, dis-je, les tableaux que présenta la Tragédie. On vit sur le théâtre les plus grands intérêts du cœur humain combinés & mis en balance,

les

les caractères opposés & développés l'un par l'autre, les penchans divers combattus & s'iritant contre les obstacles, l'homme aux prises avec la fortune, la vertu couronnée au bord du tombeau, & le crime précipité du faîte du bonheur dans un abîme de calamités. Il n'est donc pas étonnant qu'une telle machine soit plus vaste & plus compliquée que les fables du théâtre ancien.

Pour exciter la terreur & la pitié dans le sens d'Aristote, que falloit-il ? Une simple combinaison de circonstances, d'où résultât un évènement pathétique. Pour peu que le personnage mis en péril allât au-devant du malheur, c'étoit assez ; souvent même le malheur le cherchoit, le poursuivoit, s'attachoit à lui, sans que son ame y donnât prise ; & plus la cause du malheur étoit étrangère au malheureux, plus il étoit intéressant. Ainsi, dès la naissance d'Œdipe, un Oracle avoit prédit qu'il seroit parricide & incestueux ; & en fuiant le crime il y étoit tombé. Ainsi, Hercule aveuglé par la haine de Junon avoit égorgé sa femme & ses enfans. Rien de tout cela ne supposoit ni vice, ni vertu, ni caractère décidé dans l'homme jouet de la destinée; & Aristote avoit raison de dire que la Tragédie ancienne pouvoit se passer de mœurs. Mais ce moyen, qui n'étoit qu'accessoire, est devenu le ressort principal. L'amour, la haine, la vengeance, l'ambition, la jalousie ont pris la place des dieux & du sort : les gradations du sentiment, le flux & reflux des passions, leurs révolutions, leurs contrastes ont compliqué le nœud de l'action, & répandu sur la scène des mouvemens inconnus aux anciens. La destinée étoit un agent despotique dont les decrets absolus n'avoient pas besoin d'être motivés; la Nature au contraire a ses principes & ses loix. Dans le desordre même des passions, règne un ordre caché, mais sensible, & qu'on ne peut renverser sans que la nature, qui se juge elle-même, ne s'apperçoive qu'on lui fait violence, & ne murmure au fond de nos cœurs.

On fent combien la précifion, la délicateffe & la liaifon des refforts vifibles de la nature les rend plus difficiles à manier que les refforts cachés de la deftinée. De ce changement de mobiles naît encore une difficulté plus grande, celle de graduer l'intérêt par une fucceffion continuelle de mouvemens, de fituations & de tableaux de plus en plus terribles & touchans. Voyez dans les modèles anciens, voyez même dans les règles d'Ariftote en quoi confiftoit le tiffu de la fable : l'état des chofes dans l'avant-fcène, un ou deux incidens qui amenoient la révolution & la cataftrophe, ou la cataftrophe fans révolution : voilà tout. Aujourd'hui, quel édifice à conftruire qu'un plan de Tragédie, où l'on paffe fans interruption d'un état pénible à un état plus pénible encore; où l'action renfermée dans les bornes de la nature, ne forme qu'une chaîne, tortueufe

M ij

à la vérité, mais une, simple & sans branches; où tous les évènemens amenés l'un par l'autre, soient tirés du fond du sujet & du caractère des personnages! Or, telle est l'idée que nous avons de la Tragédie à l'égard de l'intrigue. Une fable tissue comme celle de Polieuête, d'Héraclius & d'Alzire auroit, je crois, étonné Aristote : il eût reconnu qu'il y avoit un art au-dessus de celui d'Euripide & de Sophocle; & cet art consiste à trouver dans les mœurs le principe de l'action.

Par les mœurs on entend, comme je l'ai dit, les qualités, les inclinations, & les affections de l'ame. Par les qualités de l'ame le caractère est décidé naturellement tel ou tel : par les inclinations il obéit ou à la nature, ou à l'habitude, & à celle-ci, secondant ou contrariant celle-là : par les affections il reçoit une forme accidentelle, souvent analogue, quelquefois opposée à son naturel & à ses penchans. « L'homme « (dit Gravina) s'éloigne de son caractère

» quand il est violemment agité, comme
» l'arbre est plié par les vents ». Cet effet
naturel des passions est le grand objet de la
Tragédie.

Distinguons d'abord deux sortes de caractères: les uns destinés à intéresser pour eux-mêmes; les autres destinés à rendre ceux-là plus intéressans.

Les mœurs du personnage dont vous voulez que le péril inspire la crainte, & que le malheur inspire la pitié, doivent être *bonnes*, dans le sens d'Aristote. « Il y a
» (dit-il) quatre choses à observer dans
» les mœurs: qu'elles soient bonnes, con-
» venables, ressemblantes & égales.... La
» première & la plus importante est qu'el-
» les soient bonnes. ». Mais comment accorder ce passage avec celui-ci? « L'incli-
» nation, la résolution exprimée par les
» mœurs peut être mauvaise ou bonne; les
» mœurs doivent l'exprimer telle qu'elle
» est. ». Par la bonté des mœurs n'a-t-il entendu que la vérité? Non: il exige que les mœurs soient *bonnes*, dans le même

sens qu'il a dit qu'un personnage doit être bon : ce qui le prouve, c'est l'exemple que lui-même il en a donné (*a*).

« Je crois (dit Corneille en tâchant de fixer l'idée que ce Philosophe attachoit à *la bonté* des mœurs) » je crois que c'est le
» caractère brillant & élevé d'une habi-
» tude vertueuse ou criminelle, selon qu'-
» elle est propre & convenable à la per-
» sonne qu'on introduit ».

Mais si l'on observe qu'Aristote ne s'occupe jamais que du personnage intéressant, il est bien aisé de l'entendre. Son principe est que ce personnage doit être digne de pitié. Il exige donc pour lui, non-seulement cette vérité de mœurs, qu'on appelle bonté poëtique, & qu'il désigne lui-même par la convenance, la ressemblance, &

« (*a*) Une femme (dit-il) peut être bonne,
» un valet peut être bon, quoique les femmes
» soient communément plûtôt méchantes que
» bonnes, & que les valets soient absolument
» méchans ».

l'égalité ; mais une bonté morale, c'eſt-à-dire, un fond de bonté naturelle qui perce à travers les erreurs, les foibleſſes, les paſſions.

Il eſt plus difficile de démêler ce caractère primitif dans le vice que dans le crime, par la raiſon que le vice eſt une pente habituelle, & que le crime n'eſt qu'un mouvement. Sur la ſcène on ne voit pas l'inſtant où l'homme vicieux ne l'étoit pas encore ; on n'y voit pas même les progrès du vice : ainſi dans le vice on confond l'habitude avec la nature. Au-lieu que l'homme innocent, & même vertueux, peut être coupable d'un moment à l'autre : le ſpectateur voit le paſſage & la violence de l'impulſion. Or plus l'impulſion eſt forte & moralement irréſiſtible, plus aiſément le crime obtient grace à nos yeux, & par conſéquent mieux la crainte qu'il inſpire ſe concilie avec l'eſtime, la bienveillance & la pitié. Du crime on ſépare le criminel, mais on confond preſque toûjours le vicieux avec le vice.

D'ailleurs, le vice est une habitude tranquille & lente, peu susceptible de combats & de mouvemens pathétiques; aulieu que le crime est précédé du trouble, & accompagné du remords. L'un ne suppose que mollesse & lâcheté dans l'ame; l'autre y suppose une vigueur, qui dans d'autres circonstances pouvoit se changer en vertu. Enfin la durée de l'action théâtrale ne suffit pas pour corriger le vice; & un instant suffit pour passer de l'innocence au crime, & du crime au repentir : c'est même la rapidité de ces mouvemens qui fait la beauté, la chaleur, le pathétique de l'action.

Le personnage, qui dans l'intention du Poëte doit attirer sur lui l'intérêt, peut donc être coupable, mais non pas vicieux; & s'il l'a été, on ne doit le savoir qu'au moment qu'il cesse de l'être. C'est une leçon que nous a donnée l'auteur de l'Enfant-prodigue. Encore le vice qu'on attribue au personnage intéressant, ne doit-il supposer ni méchanceté, ni bassesse, mais une foiblesse compatible avec un heureux naturel. Le jeune Euphémon en est aussi l'exemple.

La bonté des mœurs théâtrales, dans le sens d'Aristote, n'est donc que la bonté naturelle du personnage intéressant. Ce personnage étoit le seul qu'il eût en vûe ; & en effet, voulant qu'il fût malheureux par une faute involontaire, il n'avoit pas besoin de lui opposer des méchans : les dieux & les destins en tenoient lieu dans les sujets conduits par la fatalité. Aussi n'y a-t-il pas un méchant dans l'Œdipe ; & dans l'Iphigénie en Tauride il suffit que Thoas soit timide & superstitieux. Il en est de même des sujets dans lesquels la passion met l'homme en péril, ou le conduit dans le malheur : il ne faut que la laisser agir : pour rendre ses effets terribles & touchans, on n'a pas besoin d'une cause étrangère. Tous les caractères sont vertueux dans la Tragédie de Zaïre ; & Zaïre finit par être égorgée de la main de son amant. C'est même un défaut dans la fable d'Inès, que la cause du malheur soit la scélératesse, au-lieu de la passion. L'action en est plus pathétique, je l'avoue; mais elle en est beaucoup moins morale. La perfection de la fable à l'égard des mœurs, est que le malheur soit l'effet du crime, & le crime l'effet de l'égarement.

Plus la passion est violente, plus le crime peut être grand, & la peine qui le suit douloureuse & terrible. Alors en plaignant le coupable on se dit à soi-même, « Le ciel qui le punit est rigoureux, mais » équitable»; & la pitié qu'on en ressent n'est point mêlée d'indignation. Si au contraire une passion foible fait commettre un crime atroce, cela suppose un homme méchant: si une faute légère est punie par un malheur affreux, cela suppose des dieux injustes: si un malheur léger est la peine d'un crime horrible, c'est une sorte d'impunité dont l'exemple est pernicieux. Le moyen de tout concilier est donc de commencer par donner à la passion le plus haut degré de chaleur & de force, & puis de la faire agir dans fon accès, fans que la réflexion ait le tems de la ralentir & de la modérer. La fcélérateffe du crime d'Atrée vient, non pas de ce qu'il eft atroce, mais de ce qu'il eft médité. Oferai-je le dire ? Il y avoit un moyen de rendre Médée intéreffante après fon crime : c'étoit de rendre Jafon perfide avec audace ; de révolter le cœur de Médée par l'indignité de fes adieux ; de faifir ce moment de dépit, de rage, de defefpoir, pour lui préfenter fes enfans ; de les lui faire poignarder foudain ; de glacer tout-à-coup fes tranfports ; de faire fuccéder à l'inftant la mere fenfible à l'amante indignée, & de la ramener fur le théâtre, éperdue, égarée, hors d'elle-même, déteftant la vie & fe donnant la mort. Le tableau où l'on a peint les enfans de Médée lui tendant leurs mains innocentes, & la careffant avec un doux fourire, tandis que le poignard à la main elle balance à les égorger ; ce tableau, dis-je, eft plus touchant, plus terrible, plus fécond en mouvemens pathétiques, & plus théâtral que celui que je viens de propofer; mais j'ai voulu faire voir par cet exemple, qu'il n'eft prefque rien que l'on ne pardonne à la violence de la paffion. Toutefois, pour qu'elle foit digne de pitié dans ces mouvemens qui la rendent atroce, il faut la peindre avec ce trouble, cet égarement, ce defordre des fens & de la raifon, où l'ame ne fe confulte plus, ne fe poffede plus elle-même.

Quand le crime n'eft pas confommé, comme dans Cinna, dans Manlius, dans le fils de Brutus, dans l'époux d'Inès, le malheur peut auffi ne pas l'être; mais on y perd le dernier degré du pathétique; & quoiqu'il foit poffible, avant de fauver le coupable, de nous arracher pour lui les larmes de la pitié, il eft vrai du-moins que fa délivrance affoiblit l'impreffion de terreur que l'exemple d'une paffion funefte doit laiffer au fond de nos cœurs. Le précepte d'Ariftote, de terminer l'action par un dénouement funefte au perfonnage intéreffant, convient donc parfaitement à ce premier genre de fable.

Les passions les plus intéressantes sont par-là même les plus dangereuses : ainsi la terreur & la pitié naissent d'une même source. La haine est triste & pénible, elle nous pèse & nous importune. L'envie suppose de la bassesse dans l'ame & porte son supplice avec elle. L'ambition a de la noblesse, & l'orgueil en peut être flatté ; mais lorsqu'elle va jusqu'aux attentats, & jusqu'au mépris de la vie, elle est la passion de peu de personnes ; & comme l'élévation, l'audace, la fermeté qu'elle exige, ne sont pas des vertus touchantes, elle intéresse foiblement. La vengeance, la colère, le ressentiment des injures sont plus dans la nature des hommes nés sensibles, & disposés à la vertu par la bonté de leur caractère : cette sensibilité, cette bonté même, sont quelquefois le principe & l'aliment de ces passions. C'est ce qu'Homère a merveilleusement exprimé dans la colère d'Achille. La fureur avec laquelle il venge la mort de son ami est atroce, & ne rend point Achille odieux, parce qu'elle prend sa source dans l'amitié, & que d'un sentiment vertueux l'excès même est attendrissant.

En général, le même attrait qui fait le danger de la passion, fait l'intérêt du malheur qu'elle cause ; & plus il est doux & naturel de s'y livrer, plus celui qui s'est perdu en s'y livrant est à plaindre, & son exemple à redouter. Des crimes & des malheurs dont la bonté d'ame, dont la vertu même ne défend pas, doivent faire trembler l'homme vertueux, & à plus forte raison l'homme foible. On méprise, on déteste les passions qui prennent leur source dans un caractère vil ou méchant, & cette aversion naturelle en est le préservatif. Mais celles qu'animent les sentimens les plus chers à l'humanité nous intéressent par leurs causes, & leurs excès même trouvent grace à nos yeux. Voilà celles dont il est besoin que les exemples nous garantissent ; & rien n'est plus propre que ces exemples à réunir les deux fins de la Tragédie, le plaisir qui naît de la pitié, & la prudence qui naît de la crainte. Mais pour avoir sa pleine moralité, la passion doit être personnellement funeste à celui qui s'y livre, & c'est ce qui manque dans l'Iliade à l'orgueil d'Agamemnon.

Quidquid delirant Reges plectuntur Achivi. Horat.

est une leçon terrible pour les peuples; mais elle ne l'est pas assez pour les Rois.

De ce que je viens de dire, il s'ensuit qu'après les sentimens de la nature (que je ne mets pas au nombre des passions funestes, quoiqu'ils puissent avoir leur excès & leur danger comme dans Hécube), la plus théâtrale de toutes les passions, la plus terrible & la plus touchante par elle-même, c'est l'amour : non pas l'amour fade & langoureux, non pas la froide galanterie; mais l'amour en fureur, l'amour au desespoir, qui s'irrite contre les obstacles, se révolte contre la vertu même, ou ne lui cede qu'en frémissant. C'est dans ses emportemens, ses transports, c'est au moment qu'il rompt les liens de la patrie & de la nature, au moment qu'il veut se-

couer le frein de la honte ou le joug du devoir, c'eſt alors qu'il eſt vraiment tragique. « Eſt-ce (dit-on) dans cette ſituation » humiliante qu'il faut peindre un héros »? Oui ſans doute, & plus ſon caractère y répugne, plus ſon exemple eſt effrayant. « Dès que l'amour domine (dit-on encore) » il étouffe cette ardeur de gloire qui eſt » le principe de l'héroïſme». Et quelle eſt la paſſion qui, dans ſes accès, n'étouffe pas tout autre ſentiment? C'eſt-là ce qui les rend ſi terribles & ſi funeſtes. La colère & la vengeance ne font-elles pas renoncer Achille à l'honneur de vaincre qui lui eſt réſervé ? faut-il pour cela bannir du théâtre le reſſentiment des injures? faut-il en bannir l'amour, parce qu'il entraîne dans ſon tourbillon tout ce qu'il rencontre dans une ame d'étranger ou de contraire à lui? On ajoûte que « c'eſt la moins théâ-» trale de toutes les paſſions»; & pour le prouver on cite Hercule filant aux pieds d'Omphale, & les langueurs des héros de romans. Un tel amour, je l'avoue, eſt
indigne

indigne du théâtre ; mais celui de Pedre pour Inès, celui d'Orosmane pour Zaïre, celui de Radamiste pour Zénobie est-il la moins tragique des passions ? *Il avilit tout.* A-t-il avili le caractère de Zamore ou d'Alzire ? ne prend-il *aucune teinture d'héroïsme en passant par le cœur* de Sévère, de Pauline, ou d'Achille ? & si dans ses égaremens il dégrade les héros ; s'il fait plus, s'il dénature l'homme, comme toutes les passions furieuses ; en est-il moins digne d'être peint avec ses crimes & ses attraits ? Il semble que le bannir du théâtre ce soit le bannir de la nature. Mais s'il n'étoit plus sur la scène, en seroit-il moins dans le cœur ? « Le théâtre (dit-on) le rend inté-
» ressant, & par-là même contagieux ». Le théâtre, puis-je dire à mon tour, le peint redoutable & funeste ; il enseigne donc à le fuir. Mais avec des réponses vagues on élude tout, & l'on n'éclaircit rien. Allons au fait. Il est bon qu'il y ait des époux, & il est bon que ces époux s'aiment. Or ce

sentiment naturel, cette union, cette harmonie de deux ames, où se cache l'attrait du plaisir, ce n'est pas l'amitié, c'est l'amour. Il est facile de m'entendre. Cet amour chaste & légitime est un bien : il remplit les vûes de la Nature, il suppose la bonté du cœur, la sensibilité, la tendresse; car les méchans ne s'aiment pas. L'amour est donc intéressant dans sa cause & dans son principe. Il devient encore plus touchant si la vertu partage le culte qu'il rend aux graces & à la beauté; & lorsque leur triomphe se change en deuil, que deux cœurs tendres, vertueux, fidèles sont désunis & déchirés, malheur à qui leur refuse des larmes. « Mais cet amour, si pur & si doux, » devient souvent furieux & coupable ». Oui sans doute, & c'est-là ce qui le rend digne d'effroi dans ses effets, comme il est digne de pitié dans sa cause. S'il y a quelque passion en même tems plus séduisante & plus funeste que celle de l'amour, elle mérite la préférence; mais si l'amour est celle des passions qui réunit le plus de charmes & de dangers, je m'en tiens à ce que j'en ai dit dans l'Apologie du théâtre; & je conclus, par ces mots du Tasse, qui ne croyoit pas, non plus que Virgile, l'amour indigne des héros: *Parendo mi ch'al Poema heroïco fussero convenienti le cose bellissime; ma bellissimo è l'amore.*

Après ce genre de Tragédie, où l'homme est victime de ses passions, genre aussi simple que celui des Grecs, mais plus fécond, plus animé, plus capable de remplir le théâtre; vient celui où l'innocence & la vertu sont poursuivies par le crime. Celui-ci est du plus grand pathétique, surtout si au-lieu d'une constance stoïque, on donne à l'homme vertueux & souffrant cette sensibilité si naturelle & si touchante, qui se communique & se change en pitié; si même au-lieu d'une vertu courageuse & ferme, on peint l'innocence foible & timide en bute aux complots des méchans. En cela nous sommes au-dessous des Grecs, qui de leurs héros n'ont pas dédaigné de faire des hommes, & du compagnon même d'Hercule, un malheureux qui s'abandonne au sentiment de sa douleur. Ce que nous appellons dignité gêne & refroidit la nature. Que l'innocence & la vertu soient donc aux plus rudes épreuves de l'infortune & de la douleur: qu'une mere, comme Mérope, soit réduite au choix de voir périr son fils, ou de se donner elle-même au meurtrier de son époux: qu'une mere, comme Idamé, se voye arracher son enfant que l'on va livrer à la mort: la nature n'a rien de plus cruel, ni le théâtre rien de plus tragique. Il n'y a point là de *faute involontaire* : c'est l'innocence, la vertu même ; & l'action n'en est que plus touchante. Mais lorsque le malheur menace l'innocence, je ne puis vouloir qu'il soit consommé. « La chûte du méchant » (dit - on) ne cause ni pitié, ni crainte ». Non sans doute; mais le méchant peut-il arriver au moment de réussir, le juste au moment de succomber, sans que l'effroi, la pitié nous saisissent? Avant de savoir quel sera le succès, voyons-nous tranquillement les complots de l'un & les périls de l'autre, le poison de Cléopâtre sur les lèvres d'Antiochus ? C'est dans l'attente & l'appareil du crime que doit résider le pathétique & l'intérêt de l'action. Mais au dénouement il faut que tout change, & qu'il décide comme la loi.

Le dénouement est-il un arrêt, demande le P. J**? Pourquoi non, s'il est une leçon de mœurs ? Ainsi pensoient Socrate & Platon : je dis plus, ainsi pensoit Aristote luimême, puisqu'il demandoit que le personnage malheureux fût coupable en quelque chose. Mais *si le malheur est juste, qu'aurat-il de surprenant & de tragique ?* Le tragique régnera dans l'intérieur de l'action. Où est le tragique d'Iphigénie en Tauride ? où est celui de Rodogune ? le malheur y tombe-t-il sur l'innocent ? Quant au merveilleux, je l'ai déjà dit, il consiste à faire naître les évènemens d'une cause naturelle mais éloignée, & par des moyens imprévûs. Or ce merveilleux peut se trouver dans la délivrance du juste comme dans le triomphe du coupable, & il en est plus satisfaisant.

On insiste & l'on dit : « La Tragédie » représente une action telle qu'elle s'est » passée, ou telle qu'elle a pû ou dû se » passer. Ne voit-on pas tous les jours le » sage malheureux, le vice triomphant » ? Oui, mais dans le monde, un malheur non mérité se perd dans la foule des évènemens, au-lieu qu'au théâtre c'est l'objet unique ; & l'ame remplie de ce revers terrible, a pour ainsi dire sous les yeux tout ce qui peut en rendre l'iniquité plus manifeste & plus révoltante.

Qu'est-ce d'ailleurs qu'embellir la Nature, si ce n'est retrancher de l'imitation ce qui nuiroit au plaisir qu'elle cause ? Or le plaisir qu'on cherche à la Tragédie n'est pas celui de voir l'innocent périr & le criminel prospérer. Ce spectacle étoit odieux aux Athéniens eux-mêmes, puisqu'Aristote avoue qu'ils préféroient les dénouemens heureux, & qu'il reproche aux Poëtes d'avoir eu trop d'indulgence pour cette foiblesse. Hé bien, cette foiblesse, si c'en est une, est celle des François comme des Athéniens; & il n'y a que des peuples féroces qui puissent s'amuser à voir le triomphe du crime sur la foible innocence.

On voit tous les jours le sage malheureux, le juste opprimé : je l'avoüe, & c'est déjà trop de le voir en réalité. Puisque la Poësie nous trompe, qu'elle nous trompe du-moins à l'avantage de la vertu; qu'elle multiplie à mes yeux ses triomphes; & que je me retire plus persuadé que jamais, qu'il est bon, même pour le repos & le bonheur de cette vie, d'être innocent & vertueux. Je ne demande pas que l'homme de bien ne tombe jamais sous les coups du méchant; mais je veux du-moins qu'il périsse digne d'envie, & non pas digne de pitié; qu'il laisse son persécuteur couvert de honte & rongé de remords; & qu'il me fasse dire de lui ce qu'Horace le pere dit de ses enfans :

La gloire de leur mort m'a payé de leur perte.

Où sera donc le pathétique de l'action ? Je l'ai dit, dans le cours de l'action même, dans l'émotion qui règne & qui redouble d'un acte à l'autre, dans l'attente, l'approche & l'appareil du crime, dans les épreuves douloureuses & les périls sans cesse imminens où l'on voit l'innocence exposée; & tout cela est indépendant de la dernière révolution.

Lorsqu'Aristote bannit du théâtre les fables qui se terminent par le malheur du méchant, il ne parle que des fables simples; & quoiqu'il ait dit, « qu'une fable, » pour être bien composée, doit être sim- » ple & non pas double », il ne laisse pas d'admettre au second rang, « la fable qui » a une double catastrophe, heureuse » pour les bons & funeste pour les mé- » chans ». Il reconnoît donc, malgré le principe qui fait la base de sa Poëtique, une sorte de terreur & de pitié antérieure au dénouement, & qui en est indépendante. Lorsqu'on voit Mérope trembler pour les jours de son fils, livré par elle-même au meurtrier de son époux ; attend-on le dénouement pour être ému de crainte & de pitié ? Mais cette pitié, cette crainte (dit-on) va cesser à la mort de Poliphonte. Et pourquoi veut-on que je me retire le cœur navré d'une douleur qui m'est odieuse, & dont l'effet, s'il étoit durable, seroit de me décourager ? Qu'on m'agite aussi cruellement qu'il est possible jusqu'à la catastrophe ; qu'on me fasse voir la vertu dans l'opprobre, dans les douleurs, au bord même du précipice ; qu'on me fasse voir, comme Appelles, la Calomnie traînant l'Innocence par les cheveux au tribunal de la Justice ; mais lorsque le voile de l'illusion tombera, que je puisse dire en rentrant en moi-même : C'est ainsi que le ciel confond tôt ou tard le coupable, & qu'il protege l'innocent. Quelque violente que soit l'impression de douleur que me fait le dénouement, elle est bien-tôt effacée ; mais ce qui ne s'efface pas de même, c'est la réflexion que j'emporte avec moi. Qu'elle soit donc à l'avantage de l'innocence

& de la vertu, & qu'en me retraçant ce que je viens de voir, elle me rappelle un Dieu juste.

Le Poëte qui se ménage un dénouement heureux pour les bons, & malheureux pour les méchans, a l'avantage de pouvoir peindre l'innocence avec tous ses charmes, la vertu dans tout son éclat, le crime avec toute son audace. Plus la scélératesse de l'entreprise, plus l'atrocité du complot révoltent, plus la révolution qui va les confondre transportera les spectateurs. Tant que le crime n'est point achevé, l'indignation reste suspendue, & l'espérance la contient: ce n'est que par l'iniquité de l'évènement que l'indignation se décide, & c'est ce qu'on doit éviter.

Un troisième genre de fable, est celui qui met les bons dans une situation douloureuse & pénible sans l'entremise des méchans; soit par la violence qu'une ame vertueuse se fait à elle-même, soit par la violence qu'on lui fait du dehors, mais avec un droit légitime.

Si le malheur eft inévitable, comme dans Hécube, non-feulement il n'y a plus de moralité, mais, ce qui touche de plus près le Poëte, il n'y a plus lieu à ces mouvemens d'une ame incertaine & flottante, qui font la chaleur de l'action théâtrale. Si au contraire le devoir qui combat le penchant, laiffe à l'ame la liberté du choix, comme dans Régulus, dans Brutus, dans le Cid, tous les refforts du pathétique font en jeu, l'ame agitée fe développe, & le cruel facrifice qu'elle fait d'elle-même, eft d'autant plus touchant qu'il eft plus généreux.

Le pathétique de ce genre confifte dans les combats du devoir avec le penchant, ou de deux penchans oppofés l'un à l'autre.

La première règle eft, que l'alternative n'ait point de milieu, que les deux intérêts foient incompatibles. Il faut que le Cid laiffe fon pere deshonoré, ou qu'il tue le pere de fon amante.

La feconde eft, que les deux intérêts

soient assez forts pour se combattre avec chaleur, & assez respectables tous deux pour être dignes du combat qu'ils se livrent: qu'il y ait de la foiblesse à balancer, mais de la foiblesse sans honte.

La troisième est, que le parti le plus vertueux soit aussi le plus violent, le plus pénible pour la nature.

La quatrième, que le personnage intéressant se décide pour le parti le plus vertueux.

Je ne crois pas qu'on doive faire une règle de consommer le sacrifice par un dénouement funeste : c'est-là cependant qu'il est beau ; car l'intérêt que l'on prend à la victime est d'autant plus vif qu'elle se dévoue elle-même ; & la pitié qu'elle inspire n'est mêlée d'aucun sentiment qui en altère la douceur. « Un malheur volontaire » & glorieux (dit-on) n'inspire point de » crainte ». Je l'avoue ; mais lorsqu'un homme sensible & vertueux s'y livre en se détachant de tout ce qu'il a de plus cher, il inspire une pitié bien tendre ! Et n'est-ce rien que cet amour, cette vénération qu'il nous laisse pour la vertu dont il est animé ? Un attrait si puissant & si doux ne vaut-il pas le frein de la crainte ?

Oderunt peccare mali formidine pœnæ,
Oderunt peccare boni virtutis amore.

Le théâtre François a donc trois genres de Tragédie (sans compter celle des Anciens, où l'homme n'étoit qu'un aveugle instrument des decrets de la destinée) il en a trois, qui par différentes voies se réunissent à ce but commun, de nous émouvoir & de nous instruire. Il y a donc aussi trois sortes de mœurs qui remplissent les vûes du Poëte : l'innocence & la vertu, le crime & la méchanceté, la foiblesse & la passion. Or il est aisé de voir, selon le sujet qu'on a pris, selon la forme qu'on donne à la fable, quelle est de ces trois sortes de mœurs, celle que l'on doit employer. Nous aurons lieu d'y réfléchir encore en traitant du Poëme épique. Ici je me borne à deux principes qu'il ne faut jamais perdre de vûe : l'un, de ne donner au personnage intéreffant que des paffions & des crimes qui fe concilient avec la bonté naturelle : l'autre, de lui donner pour victime des maux qu'il caufe, ou pour caufe des maux qu'il éprouve, une perfonne qui lui foit chère, afin que fon crime lui foit plus odieux, ou que fon malheur lui foit plus fenfible.

Ou l'on agit contre un coupable qu'on aime, comme Brutus & Manlius; ou contre un innocent qu'on aime, comme Agamemnon contre fa fille ; ou contre un innocent que l'on hait, comme les Grecs contre Aftianax; ou contre un ennemi coupable, comme Hécube contre Polimneftor; & de ces actions les deux premières font évidemment les plus pathétiques. Le principe eft le même pour celui qui fouffre que pour celui qui fait fouffrir. Le mal qui vient d'un ami affecte l'ame par l'endroit fenfible, & réunit les effets douloureux de l'ingratitude & de la cruauté : de plus, il laiffe le coupable malheureux par fon crime, quand même il eft volontaire, à plus forte raison quand il ne l'eſt pas. Voilà ce qui rend ſi touchante la cataſtrophe de Sémiramis; voilà ce qui fait le pathétique du cinquième acte de Veniſe ſauvée.

Je réſerve pour le chapitre ſuivant ce qui concerne la reſſemblance des mœurs, ou leur vérité relative. Dans le précédent, à propos de la ſcène, je crois en avoir dit aſſez ſur l'expreſſion des ſentimens; & en comparant le ſtyle de la Tragédie avec celui de l'Épopée, j'aurai bien-tôt lieu d'en faire ſentir les propriétés & les nuances.

Pour le matériel de la fable, ſavoir la durée de l'action, les intervalles qu'on lui donne, & le lieu où elle doit ſe paſſer, il n'y a de règles que celles qui concourent à l'intérêt & à la vraiſemblance. Comme la Tragédie en changeant d'objet a changé de mœurs, elle a de même, à certains égards, changé de forme en changeant de théâtre. Les Grecs ne diviſoient point la Tragédie par actes, ils ſuppoſoient l'action continue. Mais comme tout ne ſe paſſoit pas sur la scène, ils employoient le chœur à remplir le théâtre en l'absence des acteurs.

On a, je crois, trop exagéré l'avantage du chœur dans la Tragédie. Il pouvoit quelquefois produire de grands effets, comme dans l'Œdipe, & dans les Euménides; mais la preuve que les Anciens n'attachoient pas à cet usage autant d'importance qu'on l'imagine, c'est que l'un des plus grands maîtres dans l'art d'émouvoir, Euripide négligeoit le chœur, au point de l'occuper de choses vagues qui ne tenoient point à l'action. Il faut avouer cependant qu'on a perdu en supprimant le chœur, 1°. un partie de la grandeur & de la majesté du spectacle; 2°. des scènes muettes, souvent très-pathétiques; 3°. les moyens d'entretenir l'émotion des spectateurs, même dans les momens de relâche; au-lieu que dans le vuide de nos entre-actes, les idées se dissipent & l'intérêt se refroidit.

Mais pour nous, les inconvéniens du chœur

chœur l'emporteroient fur fes avantages.

1°. Dans un fpectacle comme celui des Grecs, tout s'adoucit par l'éloignement : le chœur n'étoit là qu'une maffe ; au-lieu que fur nos petits théâtres tous les détails font apperçus : le gefte, l'attitude, les traits du vifage, tout doit concourir à l'illufion ; & rien n'eft plus difficile que de donner à l'action d'une multitude d'hommes, de l'enfemble, de la vérité, de la décence. 2°. Sur un théâtre où l'accent mufical eft fuppofé l'accent naturel, comme fur notre fcène lyrique, il eft tout fimple que le chœur chante comme le refte des acteurs ; mais fur un théâtre où les héros parlent, il feroit ridicule que le peuple chantât. Or il eft mal-aifé de faire parler une multitude à la fois, à moins qu'elle ne chante : auffi, quoique la Mélopée des Grecs fût une déclamation plus accentuée que la nôtre, lorfque le chœur ne faifoit que parler, un feul homme en étoit l'organe (& la Tragédie moderne employe au befoin cette efpèce de chœur) mais dès

Tome II. O

que tout le peuple devoit parler ensemble, on le faisoit chanter, & c'est ce qui n'est plus pratiquable. 3°. La présence du chœur, dans les intermèdes, exigeoit l'unité de lieu & la publicité de l'action, deux raisons qui nous auroient privés d'un grand nombre d'excellens sujets dont s'est enrichi le théâtre.

On nous reproche d'avoir substitué au chœur des confidens froids & souvent inutiles. Mais rien n'empêche que ces confidens ne soient aussi animés que le chœur pouvoit l'être. Il est dans la nature & dans les mœurs de tous les pays & de tous les tems, d'avoir un ami, un esclave affidé à qui l'on se confie; au-lieu qu'il ne sera jamais vraisemblable qu'on prenne un peuple pour confident de ses secrets les plus intimes, de ses crimes les plus cachés. On l'engageoit par serment à garder le silence; mais il eût été plus simple de le garder soi-même : & puis, ce peuple qui ne cessoit de gémir sur le sort de l'Innocence, la laissoit égorger sans mot dire, pour ne pas violer fon ferment. Quel perfonnage à regretter, dans une action théâtrale, qu'un fpectateur qui jamais n'agit ! Le rôle de nos confidens eft fouvent trop négligé ; mais c'eft la faute des Poëtes. Il faut juger des moyens par l'ufage qu'on en peut faire, & non par l'abus qu'on en fait. Or j'ai fait voir, dans le chapitre précédent, quelle chaleur, quelle clarté, quelle vraifemblance pouvoient répandre dans l'action théâtrale, des confidences ménagées avec art, & animées par un vif intérêt, comme celles de Phèdre à Œnone.

Cependant, la Tragédie n'ayant plus d'intermèdes, elle s'eft vûe réduite au choix, ou de pourfuivre fon action fans repos & fans intervalles, ou de l'interrompre par des filences & des vuides abfolus. La continuité d'action étoit impraticable ; & quand le Poëte en auroit pû vaincre toutes les difficultés, je doute que le fpectateur eût foutenu deux heures d'attention fans relâche.

Il a donc fallu divifer la Tragédie en

actes, & nous en avons pris l'exemple des Latins. Ils vouloient, si l'on en croit Horace, qu'elle eût cinq actes, ni plus, ni moins. Nous avons subi cette loi, règle arbitraire & capricieuse autant qu'elle est gênante & nuisible. En effet, on a dit cinq actes, comme on auroit dit six ou quatre, & avec aussi peu de raison. Cependant, si l'action n'a dans sa marche que trois degrés à parcourir, comme il arrive assez souvent, ou si elle en a cinq, comme cela peut être, on est obligé d'affoiblir une des situations pour l'étendre, ou de mutiler deux situations qui, pressées l'une par l'autre, n'ont pas le tems de se développer. La bonne règle seroit de donner à l'action l'étendue qu'elle exige, & les intervalles dont elle a besoin pour s'exécuter avec vraisemblance; sans autres limites que celles du tems qu'on veut donner à ce plaisir, & du tems que l'attention peut durer sans être pénible.

Il seroit à souhaiter que la durée fictive de l'action pût se borner au tems du spectacle; mais c'eſt être ennemi des arts & du plaiſir qu'ils cauſent, que de leur impoſer des loix qu'ils ne peuvent ſuivre, ſans ſe priver de leurs reſſources les plus fécondes, & de leurs plus touchantes beautés. Il eſt des licences heureuſes dont le public convient tacitement avec les Poëtes, à condition qu'ils les employent à lui plaire & à le toucher. De ce nombre eſt l'extenſion feinte & ſuppoſée du tems réel de l'action théatrale. De l'aveu des Grecs elle pouvoit comprendre une révolution du ſoleil, c'eſt-à-dire, un jour. Nous avons accordé les vingt-quatre heures, & le vuide de nos entre-actes eſt favorable à cette licence; car il eſt bien plus facile d'étendre en idée un intervalle que rien ne meſure ſenſiblement, qu'il ne l'étoit de prolonger un intermède occupé par le chœur, & meſuré par le chœur même. Comme le ſpectateur oublie le lieu où il eſt, il veut bien oublier auſſi le tems qu'il y paſſe, & regarder l'entre-acte comme une absence, dont le tems s'écoule sans qu'il s'en apperçoive.

Mais pour mieux l'en distraire, il seroit à souhaiter que le lieu même de l'action disparût, & qu'on baissât la toile à la fin de chaque acte. Il en résulteroit un autre avantage, la facilité de changer le lieu de l'action, & de préparer le spectacle sans qu'on vît le jeu des machines & les mouvemens des décorations. On en use ainsi toutes les fois que l'appareil du théâtre l'exige ; mais par-là le spectateur est averti du changement, & le tableau qu'on lui prépare ne cause plus la même surprise ; au-lieu que s'il étoit d'usage de baisser la toile à la fin des actes, jamais le spectacle ne seroit annoncé.

On sera surpris que je suppose le changement de lieu comme une licence permise ; mais je fais plus, je nie que ce soit une licence pour nous. L'entre-acte, je viens de le dire, est comme une absence & des acteurs & des spectateurs. Les acteurs peuvent donc avoir changé de lieu d'un acte à l'autre; & à l'égard des spectateurs, ils sont supposés n'avoir point de lieu fixe: ils sont en esprit où se passe l'action, & si elle change ils changent avec elle.

Ce qui doit être vraisemblable, c'est que l'action ait pû se déplacer, & pour cela il faut un intervalle. Ce n'est donc jamais d'une scène à l'autre, mais seulement d'un acte à l'autre que peut s'opérer le changement de lieu.

Je sais bien que pour le faciliter au milieu d'un acte, on peut rompre l'enchaînement des scènes, & laisser le théâtre vuide un instant; mais cet instant ne suffit pas à la vraisemblance: car il faut que le trajet soit possible dans l'intervalle supposé. Après tout, ce n'est pas trop gêner les Poëtes que d'exiger d'eux, à la rigueur, l'unité de lieu pour chaque acte, & la possibilité morale du passage d'un lieu à un autre, dans l'espace de tems fictif que l'entre-acte est censé avoir eu. Or la plus longue durée

O iiij

qu'on lui suppose est celle d'une nuit; le trajet possible dans une nuit est donc la plus grande distance des lieux qu'il soit permis de supposer dans le passage d'un acte à l'autre. Ainsi par degré, la mesure du tems que l'on peut donner aux intervalles de l'action, détermine l'éloignement des lieux où l'on peut transporter la scène. Une règle plus sévère priveroit la Tragédie d'un grand nombre de beaux sujets, ou l'obligeroit à les mutiler. On voit même que les Poëtes qui ont voulu s'astraindre à l'unité de lieu rigoureuse, ont forcé l'action d'une manière plus opposée à la vraisemblance, que ne l'eût été le changement de lieu : car au-moins ce changement ne trouble l'illusion qu'un instant; au-lieu que si l'action se passe où elle n'a pas dû se passer, l'idée du lieu & celle de l'action se combattent dans les esprits : or j'ai fait voir que la vraisemblance ou la vérité relative dépend de l'accord des idées, & que l'illusion ne peut être où la vraisemblance n'est pas.

La facilité de changer de lieu est donc un avantage des intervalles vuides : aussi sur le théâtre ancien, le chœur qui remplissoit l'intermède rendoit-il la scène immuable. Et comment faisoient les Grecs, me direz-vous ? Ils faisoient des fautes contre la vraisemblance. Ils ne changeoient pas de lieu, mais ils réunissoient dans un même lieu ce qui devoit se passer en des lieux différens. La scène étoit un endroit public, un espace vague, un temple, un vestibule, une place, un camp, quelquefois même un grand chemin. L'aire du théâtre répondoit en même tems à plusieurs édifices, dont les acteurs sortoient pour dire au peuple, quelquefois, ce qu'ils auroient dû rougir de s'avouer à eux-mêmes.

Est-il étonnant qu'Aristote & Horace ayent fait assez peu de cas de cette espèce d'unité de lieu, pour ne pas daigner l'ériger en règle ?

Si donc nous avons perdu quelque chose à la suppression des chœurs, c'est du-moins y avoir gagné beaucoup que d'avoir acquis, par le vuide des entre-actes, la liberté du changement de lieu.

Mais comment le spectateur, sans changer de place, croira-t-il avoir changé de lieu ? Comment ? Par la même illusion qui d'abord l'a rendu présent à ce qui se passoit dans Rome ou dans Athènes. Au spectacle on fait toûjours abstraction du lieu physique où l'on est. Le spectateur n'est censé présent à l'action qu'en idée. Ce principe est même si universellement reconnu, qu'on regarde comme une licence choquante de faire adresser la parole au spectateur. Or s'il étoit censé présent, il seroit aussi supposé visible ; & non-seulement il seroit naturel que l'acteur s'adresfât à lui quelquefois, mais il seroit absurde qu'il agît & parlât devant lui comme s'il n'y étoit pas. Il est donc supposé que l'action n'a pour témoins que les acteurs eux-mêmes. Ainsi, le reproche que nous fait Dacier porte à faux, quand il dit que « les actions » de nos Tragédies ne font presque plus

» des actions visibles; qu'elles se passent
» la plûpart dans des chambres & des ca-
» binets; que les spectateurs n'y doivent
» pas plus entrer que le cœur ; & qu'il n'est
» pas naturel que les Bourgeois de Paris
» voyent ce qui se passe dans les cabinets
» des Princes ». Il trouvoit sans doute plus
naturel que les Bourgeois d'Athènes vissent du théâtre de Bacchus ce qui se passoit sous les murs de Troïe? Comment Dacier n'a-t-il pas compris que quel que soit le lieu de la scène, un palais, un temple, une place publique, si le spectateur étoit censé y être & voir les acteurs, les acteurs seroient censés le voir? Nous ne sommes, je le répete, présens à l'action qu'en idée; & comme il n'en coûte rien de se transporter de Paris au Capitole dès le premier acte, il en coûte encore moins dans l'intervalle du premier au second, de passer du Capitole dans la maison de Brutus.

Le plus grand avantage du changement de lieu, est celui de rendre visibles des tableaux, des situations pathétiques, qui sans cela n'auroient pu se retracer qu'en récit. Peut-être à la fin de ce volume trouverai-je place pour quelques réflexions sur le concours du décorateur & de l'acteur avec le Poëte; en attendant j'établis en principe, que tout ce qui contribue à donner à l'action plus de force & de vérité, doit être mis en usage. Or avec les restrictions convenables, le tableau qui met sous les yeux une situation terrible ou touchante, est préférable au récit qui ne nous le peint qu'en idée. Mais il faut bien se souvenir que ces tableaux ne sont faits que pour donner lieu au développement des passions; que s'ils sont trop accumulés, en se succèdant ils s'effacent l'un l'autre; que l'émotion qu'ils nous causent ne se nourrit que des sentimens qu'ils font naître dans l'ame même des acteurs; & qu'interrompre cette émotion avant qu'elle ait pû se répandre, c'est faire au cœur la même violence qu'on fait à l'oreille, lorsqu'on éteint mal à propos le son d'un corps harmonieux. Une Tragédie composée de ces mouvemens brusques, sans suite & sans gradations, est un assemblage de germes dont aucun n'a le tems d'éclorre. L'invention des tableaux est donc une partie essentielle du génie du Poëte; mais ce n'est ni la seule, ni la plus importante. La Tragédie est la peinture du jeu des passions, & non pas du jeu des hasards. Il faut donner aux causes qui produisent les incidens à peu près le même tems qu'elles y employent dans la Nature, & aux effets qu'ils produisent eux-mêmes, le tems de se développer.

On vient de voir en quoi la constitution de la Tragédie moderne diffère de celle de la Tragédie ancienne, soit pour la fable, soit pour les mœurs, soit pour la représentation théâtrale. Si mon Ouvrage n'étoit qu'un Traité de l'Art dramatique, j'épargnerois aux jeunes Poëtes le soin de tirer de ces différences les inductions qu'elles présentent; mais l'étendue de l'objet que j'embrasse m'empêche de donner à chaque partie tous les développemens qu'elle exigeroit. Du-reste, si mes principes sont bien établis, les conséquences en découleront d'elles-mêmes. Sans revenir sur l'art de combiner & de mettre en jeu les caractères, d'enchaîner les évènemens, de préparer les situations, de graduer le pathétique, de donner en un mot à l'action toute la vraisemblance & tout l'intérêt qu'elle peut avoir, je terminerai donc ce chapitre par quelques réflexions sur le dénouement de la Tragédie.

Tantôt l'évènement qui doit dénouer l'intrigue semble la renouer lui-même, *voyez Alzire;* tantôt il vient tout-à-coup renverser la situation des personnages, & rompre à-la-fois tous les nœuds de l'action, *voyez Mithridate.* Cet évènement s'annonce quelquefois comme le terme du malheur, & il en devient le comble, *voyez Inès;* quelquefois il semble en être le comble, & il en devient le terme, *voyez Iphigénie en Aulide.* Le dénouement le plus parfait, est celui où l'action se décide par une révolution foudaine, qui porte le perfonnage intéreffant d'une extrémité de fortune à l'autre : tel eft celui de Rodogune.

Que la révolution décifive foit heureufe ou malheureufe, elle ne doit jamais être prévûe par l'acteur intéreffé ; & lors même qu'il touche à fa perte, fa fituation n'eft jamais fi touchante que lorfqu'il a le bandeau fur les yeux.

Mais faut-il que la révolution foit inattendue pour le fpectateur ? Non pas fi elle eft funefte ; car en la prévoyant on frémit d'avance, & la terreur mène à la pitié. On voit dès l'expofition d'Œdipe, que ce malheureux Prince va fe convaincre d'incefte & de parricide, éclairer l'abîme où il eft tombé, & finir par être en horreur à la nature & à lui-même ; & à chaque nouvelle clarté qui lui vient, la rerreur & la pitié redoublent. Il n'eft donc pas toûjours vrai, comme le croyoit Ariftote, que la terreur & la pitié naiffent de la furprife ; puifque la prévoyance en eft souvent la cause, comme on va le sentir encore mieux.

C'est lorsque le dénouement est heureux, qu'il ne doit être pour le spectateur que dans l'ordre des possibles, & des possibles éloignés, dont les moyens sont inconnus : car le personnage en péril cesse d'être à plaindre dès qu'on prévoit sa délivrance. Mais ne la prévoit-on pas (direz-vous) quand on a lû la Tragédie, ou qu'on l'a vû jouer une fois ? Le soin qu'a pris le Poëte de cacher un dénouement heureux est donc alors inutile. Non, si son intrigue est bien tissue. Quelque prévenu que l'on soit de la manière dont tout va se résoudre, la marche de l'action en écarte la réminiscence : l'impression de ce que l'on voit empêche de réfléchir à ce que l'on sait; & c'est par ce prestige que les spectateurs qui se laissent toucher, pleurent vingt fois au même spectacle, plaisir que ne goûtent jamais les vains raisonneurs & les froids critiques.

Ceux-ci,

FRANÇOISE.

Ceux-ci portent à nos spectacles deux principes opposés, le sentiment qui veut être ému, & l'esprit qui ne veut pas qu'on le trompe. La prétention à juger de tout fait que l'on ne jouit de rien : on veut en même tems prévoir les situations, & en être surpris, combiner avec l'Auteur, & s'attendrir avec le peuple, être dans l'illusion & n'y être pas. Les nouveautés surtout ont ce desavantage, qu'on y va moins en spectateur qu'en critique : là chacun des connoisseurs est comme double, & son cœur a dans son esprit un incommode & fâcheux voisin. Ainsi le Poëte, qui ne devroit avoir que l'imagination à séduire, a de plus la réflexion à combattre & à repousser. C'est un malheur pour le public lui-même; mais de son côté il est sans remède : ce n'est que du côté du Poëte qu'il est possible d'y remédier, & j'en ai déjà indiqué les moyens.

Le premier & le plus facile, est de rendre par un dénouement funeste le pathétique de l'évènement indépendant de la

Tome II.

surprise : le second, de faire naître le dénouement, s'il est heureux, du fond des caractères passionnés, & par-là susceptibles des mouvemens contraires.

Dans le premier cas, ce qui doit arriver étant en évidence, & l'intérêt n'ayant plus l'inquiétude pour aliment, le Poëte n'a plus à craindre la prévoyance du spectateur. Mais comme le pathétique dépend absolument de l'impression réfléchie, qui de l'ame de l'acteur intéressant se communique à la nôtre ; si l'impression n'étoit pas violente, le contre-coup seroit foible & léger. Pourquoi la mort de Zopire, celle de Sémiramis, celle de Zaïre, celle d'Inès est-elle pour nous si douloureuse ? Parce qu'elle est douloureuse à l'excès pour les auteurs dont nous prenons la place. Pourquoi le dénouement de Britannicus est-il si froid, tout funeste qu'il est ? parce qu'il n'excite ni dans l'ame de Néron, ni dans celle de Burrhus, ni dans celle d'Agrippine une assez forte émotion. Junie demande vengeance au peuple &

se retire parmi les Vestales : sa douleur n'a rien de touchant. Mais Sémiramis égorgée tend les bras à son meurtrier, & son meurtrier est son fils ; mais Zopire se traîne vers ses enfans qui viennent de l'assassiner, & leur apprend qu'ils ont plongé le poignard dans le sein de leur pere ; mais Orosmane en retirant sa main sanglante du sein de Zaïre, apprend qu'elle étoit innocente & qu'elle n'a jamais aimé que lui ; mais Inès entourée de ses enfans, sent les atteintes du poison mortel, & Pèdre, au moment qu'il se croit le plus heureux des époux & des peres, trouve sa femme qu'il adore, empoisonnée & rendant les derniers soupirs. Voilà de ces évènemens, qui pour déchirer l'ame des spectateurs n'ont pas besoin de la surprise, & qui sont même d'autant plus pathétiques qu'ils sont annoncés & prévûs. Aussi les Anciens, lorsqu'ils préparoient une catastrophe funeste, ne prenoient-ils aucun soin de la cacher au spectateur, & c'est pour ce genre de Tragédie un avantage que je n'ai pas voulu dissimuler.

Si au contraire le Poëte médite un dénouement heureux, il faut absolument qu'il le cache, & le plus sûr moyen est de le faire naître du tumulte & du choc des passions. Leurs mouvemens orageux & divers trompent à chaque instant la prévoyance du spectateur, & le laissent jusqu'à la fin dans le doute & dans l'inquiétude. Le sort des personnages intéressans est comme un vaisseau battu par la tempête : fera-t-il naufrage, ou gagnera-t-il le port ? C'est ce qu'on tâche en vain de prévoir.

« Par les mœurs (dit Aristote) on pré-
» voit la résolution, la conduite de tel ou
» de tel personnage ». Oui par les mœurs habituelles d'une ame qui se possede & se maîtrise ; & voilà celles qu'on doit éviter, si l'on veut cacher un dénouement qui naisse du fond des caractères. Ne faut-il donc employer alors que des personnages sans mœurs, ou dont les mœurs soient in-

décifes ? Non ; mais il faut que l'évènement dépende de la réfolution d'une ame agitée par des forces qui fe combattent, comme le devoir & le penchant, ou deux paffions oppofées. Quoi de plus décidé que le caractère de Cléopâtre ; & quoi de moins décidé que le parti qu'elle prendra, quand Rodogune propofe l'effai de la coupe ? Quoi de plus furprenant, & néanmoins quoi de plus vraifemblable que de la voir fe réfoudre à boire la première, pour y engager par fon exemple Rodogune & Antiochus ? Voilà ce qui s'appelle un coup de génie. Il feroit injufte, je le fais, d'en exiger de pareils ; mais toutes les fois qu'on aura pour moyen le contrafte des paffions, il fera facile de tromper l'attente des fpectateurs fans s'éloigner de la vraifemblance, & de rendre l'évènement à la fois douteux & poffible.

Pour cacher un dénouement heureux, les Anciens, au défaut des paffions, n'avoient guère que la reconoiffance, & tout l'intérêt portoit alors fur l'incertitude où l'on étoit si les acteurs intéressans se reconnoîtroient à propos : tel est l'intérêt de l'Iphigénie en Tauride. C'est un excellent moyen pour produire la révolution ; mais, comme l'observe Corneille, il n'a point la chaleur féconde des mouvemens passionnés.

Quelquefois on employe à produire la révolution un caractère équivoque & dissimulé, qui se présente tour-à-tour sous deux faces, & laisse le spectateur incertain de la résolution qu'il prendra. Le chef-d'œuvre de l'art en ce genre est le complot d'Exupère, moyen visiblement caché du dénouement d'Héraclius.

La ressource la plus commune & la plus facile est celle d'un incident nouveau ; mais cet incident ne produit son effet, qu'autant que ce qui le précède le prépare sans l'annoncer.

J'en ai dit assez pour faire voir que le choix que nous laisse Aristote d'amener la péripétie, ou nécessairement, ou vraisemblablement, n'est rien moins qu'indifférent & libre. Un dénouement qui n'eſt que vraiſemblable, n'en exclut aucun de poſſible, il laiſſe tout craindre & tout eſpérer. Un dénouement néceſſaire n'en peut laiſſer attendre aucun autre ; & l'on ne doit pas ſuppoſer que lorſque l'effet tient de ſi près à la cauſe, le lien qui les unit échappe aux yeux des ſpectateurs. Si donc le dénouement eſt malheureux, comme il eſt bon qu'il ſoit prévû, rien n'empêche qu'il ſoit néceſſaire ; mais s'il doit être heureux, il doit être caché, & par conſéquent n'être que vraiſemblable.

La même raiſon permet de prolonger un dénouement funeſte, & oblige à preſſer un dénouement heureux. L'un peut très-bien occuper un acte ſans que l'action languiſſe. Il y a même dans le théâtre Grec telle Tragédie dont tout le nœud eſt dans l'avant-ſcène, & dont toute l'action n'eſt qu'un dénouement prolongé : tel eſt cet Œdipe qu'on nous donne pour un chef-d'œuvre de l'art.

Mais si l'autre, j'entends le dénouement heureux, est pris de plus loin que d'une ou deux scènes rapides, l'action dénouée lentement & fil-à-fil, s'affoiblit & tombe en langueur. La révolution ne doit s'annoncer qu'au moment qu'elle arrive, encore faut-il que la promptitude des évènemens ne nuise pas à leur vraisemblance, ni leur vraisemblance à leur incertitude, conditions faciles à remplir séparément, mais difficiles à concilier.

On écriroit des volumes sur l'art de la Tragédie, sans épuiser un sujet si fécond; mais la Nature & le théâtre sont pour l'homme de génie deux livres qui les contiennent tous. C'est à ces études que je le renvoye. Mon dessein n'a été que d'éclaircir & de fixer, s'il étoit possible, les premières notions de l'Art, pour épargner aux jeunes Poëtes de vains préjugés, de faux scrupules, & la perte d'un tems précieux.

CHAPITRE XIII.

De l'Épopée.

ON vient de voir que la Tragédie, en imitant une action grave, intéressante & mémorable, employe à nous la retracer, non-seulement le discours, signe intellectuel & factice de nos idées; mais la ressemblance même, signe naturel & physique des choses. Pour suppléer à l'évidence du spectacle, l'Épopée n'a que le récit, au moyen duquel il faut qu'elle donne à son imitation toutes les apparences de la réalité.

L'Épopée est donc une Tragédie dont l'action se passe dans l'imagination du lecteur. Ainsi, tout ce qui dans la Tragédie est présent aux yeux, doit être présent à l'esprit dans l'Épopée. Le Poëte est lui-même le décorateur & le machiniste ; & non-seulement il doit retracer dans ses vers le lieu de la scène, mais le tableau, le mouvement, la pantomime de l'action, en un mot tout ce qui tomberoit sous les sens si le Poëme étoit dramatique.

Il y a sans doute, pour cette imitation en récit, du desavantage du côté de la chaleur & de la vérité; mais il y a de l'avantage du côté de la grandeur & de la magnificence du spectacle, du côté de l'étendue & de la durée de l'action, du côté de l'abondance & de la variété des incidens & des peintures.

Dans la Tragédie, le lieu physique du spectacle oppose ses limites à l'essor de l'imagination, elle y est comme emprisonnée; dans le Poëme épique, la pensée du lecteur s'étend au gré du génie du Poëte, & embrasse tout ce qu'il peint. Mille tableaux qui se succedent dans les descriptions de Virgile, se succedent aussi dans ma pensée, & en les lisant je les vois.

Le Poëme épique, à cet égard, est le desespoir du Poëte tragique. Combien celui-ci ne se trouve-t-il pas resserré sur le théâtre même le plus vaste, lorsqu'il se compare à son rival, qui n'a d'autres bornes que celles de la Nature, qu'il franchit même quand il lui plait.

FRANÇOISE. 231

Uu autre avantage de l'Épopée fur la Tragédie, c'eſt l'eſpace de tems fictif qu'elle peut donner à ſon action. Dans un ſpectacle qui ne doit durer que deux ou trois heures, dans une action, dont la chaleur doit ſans ceſſe aller en croiſſant, parce qu'elle a pour mobiles des paſſions ſans relâche, & pour objet une émotion qu'il ne faut pas laiſſer languir; le tems fictif ne peut guère s'étendre avec vraiſemblance au-delà d'une révolution du ſoleil. Mais le tems de l'Épopée n'a de bornes que celles de ſon action, naturellement plus ou moins rapide, ſelon que le mouvement qui l'anime eſt plus violent ou plus doux. Voilà donc le génie du Poëte épique en liberté, ſoit pour le tems, ſoit pour les lieux, tandis que celui du Poëte tragique eſt à la gêne.

Celui-ci eſt encore à l'étroit du côté des moyens, & bien plus ſur notre théâtre que ſur le théâtre d'Athènes. Je ne parle pas ſeulement du deſavantage du lieu, mais de la loi qui aſtraint le Poëte à tirer tous les incidens du fond même du sujet, sans le concours ni l'entremise d'aucune puissance étrangère; au-lieu que si l'importance de l'action du Poëme épique le permet, on est libre d'y faire intervenir le ciel, l'enfer, la nature entière. Euripide & Sophocle introduisoient les dieux sur la scène tragique, ou les faisoient agir du dehors toutes les fois qu'ils en avoient besoin, soit pour le nœud, soit pour le dénouement; mais sur la scène Françoise, la Nature livrée à elle-même, est réduite à produire elle seule tous les incidens de l'action.

Il y a même une infinité de moyens naturels qui sont interdits à la Tragédie, ou par les limites du tems, ou par celles de l'espace. Si elle les employe, c'est dans l'avant-scène, encore est-elle obligée de les indiquer en peu de mots; sans même avoir le tems de peindre ce que les faits ont de plus touchant; au-lieu que tout ce qui peut ajoûter à la grandeur, à l'intérêt, au charme de l'illusion, trouve place dans l'Épopée.

La Tragédie est obligée de commencer dans le fort de l'action, & assez près du dénouement pour laisser dans l'avant-scène tout ce qui suppose de longs intervalles ; son mouvement accéléré d'acte en acte est si continu, si rapide, l'inquiétude qu'elle répand est si vive, & l'intérêt de la crainte & de la pitié si pressant, que ce qu'on appelle épisodes, c'est-à-dire, les circonstances & les moyens de l'action, s'y réduisent presqu'à l'étroit besoin sans rien donner à l'agrément ; au-lieu que dans l'Épopée la chaîne de l'action étant plus longue & le dessein plus étendu, les incidens, que je regarde comme la trame du tissu de la fable peuvent l'orner & l'enrichir de mille couleurs différentes. Faut-il, pour me faire entendre, une image plus sensible encore ? La Tragédie est un torrent qui brise ou franchit les obstacles ; l'Épopée est un fleuve majestueux qui suit sa pente, mais dont la course vagabonde se prolonge par mille détours. On voit donc que la Tragédie l'emporte sur l'Épopée par la rapidité, la chaleur, le pathétique de l'action; mais que l'Épopée l'emporte fur la Tragédie, par la variété, la richeffe, la grandeur & la majefté.

» J'y vois auffi (me direz-vous) que tel
» fujet qui convient à la Tragédie ne con-
» vient pas à l'Épopée: foit parce que l'ac-
» tion en eft trop effentiellement rapide &
» preffante pour fouffrir de longs épifodes,
» foit parce qu'elle n'eft pas affez féconde
» en tableaux variés & frappans pour fup-
» pléer à l'évidence de la repréfentation
» théâtrale ». Je l'avoue; mais ce que j'entends, c'eft que tout fujet qui convient à l'Épopée doit convenir à la Tragédie, c'eft-à-dire, être capable d'exciter en nous l'inquiétude, la terreur & la pitié: car s'il n'étoit pas affez intéreffant pour la fcène, il le feroit bien moins encore pour le récit, qui n'eft jamais auffi animé. C'eft dans ce fens-là qu'Ariftote a dit, que le fond des deux Poëmes étoit le même.
« Il faut (dit-il en parlant de l'Épopée)
» en dreffer la fable de manière qu'elle

» soit dramatique, & qu'elle renferme une
» seule action qui soit entière, parfaite &
» achevée. Il y a (dit-il encore) autant de
» sortes d'Épopées qu'il y a d'espèces de
» Tragédies ; car l'Épopée doit être sim-
» ple ou implexe, morale ou pathétique».
Il ajoûte que « l'Épopée a les mêmes par-
» ties que la Tragédie, car elle a ses péri-
» péties, ses reconnoissances, ses pas-
» sions », d'où il conclut que « l'Épopée
» ne differe de la Tragèdie que par son
» étendue & par la forme de ses vers (*a*).

En effet, l'on peut voir dans sa Poëtique,
d'un côté le sujet de l'Odissée dénué de
ses épisodes, & tel qu'Homère l'eût conçu
s'il eût voulu le mettre au théâtre ; de l'autre, celui d'Iphigénie en Tauride avant
d'être accommodé au théâtre, & tel qu'il
dépendoit d'Euripide d'en faire un Poëme
épique ou un Poëme dramatique à son
choix. En suivant son idée, pour la déve-

(*a*) Le vers Iambe étoit affecté à la Tragédie,
& l'Hexamètre à l'Épopée.

lopper, essayons de disposer le sujet d'Iphigénie, comme Euripide l'eût disposé lui-même, s'il en eût voulu faire un Poëme en récit.

Oreste couvert du sang de sa mere, & poursuivi par les Euménides, cherche un refuge dans le temple d'Apollon, de ce dieu qui l'a poussé au crime. Il embrasse son autel, l'implore, lui offre un sacrifice; & l'Oracle interrogé lui ordonne pour expiation, d'aller enlever la statue de Diane profanée dans la Tauride.

Oreste prend congé d'Électre. Il ne veut pas que Pilade le suive; Pilade ne veut point l'abandonner: ce jeune Prince quitte un pere accablé de vieillesse, dont il est l'appui, une mere tendre dont il fait les délices, & qui tous deux l'encouragent, en le baignant de larmes, à suivre un ami malheureux. Oreste présent à leurs adieux, se sent déchirer le cœur aux noms de fils, de pere & de mere.

Il s'embarque avec son ami; & si le petit voyage d'Ulisse & d'Ænée est traversé

versé par tant d'obstacles, quelles ressources n'a pas ici le Poëte pour varier celui d'Oreste ? Qu'on s'imagine seulement qu'il parcourt la mer Égée, où son pere & tous les héros de la Grèce ont été si long-tems le jouet des ondes; qu'il la parcourt à la vûe de Scyros, où l'on avoit caché le jeune Achille; à la vûe de Lemnos, où Philoctete avoit été abandonné; à la vûe de Lesbos, où les Grecs avoient commencé de signaler leur vengeance; à la vûe du rivage de Troïe dont la cendre fume encore; qu'il a l'Hélespont, la Propontide, & l'Euxin à traverser pour arriver dans la Tauride. Quelle carrière pour le génie du Poëte!

Aux incidens naturels qui peuvent retarder tour-à-tour & favoriser l'entreprise d'Oreste, ajoûtez la haine des dieux ennemis du sang d'Agamemnon, la faveur des dieux qui le protègent; les furies attachées aux pas d'Oreste, & qui viennent l'agiter toutes les fois qu'il veut s'oublier dans les plaisirs ou dans le repos. Tous ces agens furnaturels vont mêler à l'action du Poëme un merveilleux déjà fondé fur la vérité relative, & adopté par l'opinion.

Cependant, Thoas épouvanté par la voix des dieux, qui lui préfage qu'un étranger lui arrachera le fceptre & la vie, Thoas ordonne que tous ceux que leur mauvais fort, ou leur mauvais deffein amenera dans la Tauride, foient immolés fur l'autel de Diane. Iphigénie en eft la Prêtreffe; elle a horreur de ces facrifices; & après avoir employé tout ce que l'humanité a de plus tendre & la religion de plus touchant, pour fléchir l'ame du tyran: « Non (lui dit-elle) Diane n'eft point une » divinité fanguinaire; & qui le fait mieux » que moi »? Alors elle lui raconte comment, deftinée elle-même à être immolée fur fon autel, elle a été enlevée par cette divinité bienfaifante. « Jugez (conclud » Iphigénie) fi Diane fe plairoit à voir » couler un fang qu'elle ne demande pas, » puifqu'elle n'a pû voir répandre le fang

» qu'elle avoit demandé par la voix même
» des Oracles ». Le tyran persiste. Oreste
& Pilade abordent dans ses états; ils sont
arrêtés, conduits à l'autel ; & le Poëme
est terminé par la Tragédie d'Euripide,
dont je n'ai fait jusqu'ici que développer
l'avant-scène. On voit par cet exemple,
que l'action de l'Épopée n'est que l'action
de la Tragédie plus étendue & prise de
plus loin.

L'action de la Tragédie doit être pathétique ; celle de l'Épopée doit l'être aussi
& dans le même sens, c'est-à-dire, capables d'inspirer la terreur & la compassion.
Le Tasse ne pensoit pas de même. *Il Poëma heroïco* (dit-il) *e una imitatione de attione illustre, grande & perfetta, fatta narrando con altissimo verso, affine di mover gli animi con la maraviglia, e di giovar dilettando.* Il
regarde le merveilleux comme la source
du pathétique de l'Épopée ; & laissant à
la Tragédie la terreur & la pitié, il réduit
le Poëme héroïque à l'admiration, le plus
froid des sentimens de l'ame. S'il eût mis

fa théorie en pratique, fon Poëme n'auroit pas tant de charmes. Quelqu'admiration qu'infpire l'héroïfme, quelque furprife que nous caufe le merveilleux répandu dans les Fables d'Homère, de Virgile, & du Taffe lui-même, l'intérêt en feroit bien foible fans les épifodes terribles & touchans qui le raniment par intervalle; & les Poëtes l'ont fi bien fenti, qu'ils ont eû recours à chaque inftant à quelque nouvelle fcène tragique. Retranchez de l'Iliade les adieux d'Andromaque & d'Hector, la douleur d'Achille fur la mort de Patrocle, & fon entrevûe avec le vieux Priam; retranchez de l'Æneide les épifodes de Laocoon & de fes enfans, de Didon, de Marcellus, d'Euriale, & de Pallas; retranchez de la Jérufalem la mort de Dudon, celle de Clorinde, l'amour & la douleur d'Armide, & voyez ce que devient l'intérêt de l'action principale, réduite à l'admiration que peut caufer le merveilleux des faits ou la beauté des caractères. Je l'ai déjà dit, on fe laffe bientôt

d'admirer des héros que l'on ne plaint pas ;
on ne se lasse jamais de plaindre des héros
qu'on admire & qu'on aime. L'aliment de
l'intérêt, soit épique, soit dramatique, est
donc la crainte & la pitié. Il est vrai que
la beauté des caractères y contribue, mais
elle n'y suffit pas. *Concorre la miseria delle* Castelvetro.
attioni insieme con la bonta di costumi.

La règle la plus sûre dans le choix du
sujet de l'Épopée est donc de le supposer
au théâtre, & de voir l'effet qu'il y produiroit. S'il est vraiment tragique & théâtral, son intérêt se répandra sur les épisodes ; au-lieu que s'il n'avoit rien de pathétique par lui-même, en vain les épisodes
seroient intéressans, chacun d'eux ne communiqueroit à l'action qu'une chaleur accidentelle, qui s'éteindroit à chaque instant, & qu'on seroit obligé de ranimer
sans cesse par quelque épisode nouveau.

C'est, direz vous, donner à l'Épopée
des bornes trop étroites que de la réduire
aux sujets tragiques. Mais l'on peut se souvenir que sans compter la Tragédie Grec-

que, celle, dis-je, où tout se conduit par la fatalité ; j'en ai distingué trois genres, dans lesquels sont compris, je crois, tous les intérêts du cœur humain. Si ce n'est pas l'homme en proie à ses passions, ce sera l'innocence ou la vertu éprouvée par le malheur, ou poursuivie par le crime ; ce sera la bonté mêlée de foiblesse, entourée des piéges du plaisir & du vice, & obligée d'immoler sans cesse de doux penchant à de tristes devoirs. Or il y a peu de sujets intéressans qui ne reviennent à l'une de ces trois situations, ou mieux encore à quelqu'une de celles qui résultent de leur mélange.

Il est vrai cependant que l'action de l'Épopée n'est pas susceptible de la même chaleur, de la même rapidité que l'action de la Tragédie. Par exemple, les sujets de Mérope & de Sémiramis ne souffriroient pas assez de relâche, pour donner au Poëte le tems de peindre & de décorer. Mais je me propose de faire sentir cette différence en parlant des mœurs.

L'action de la Tragédie doit être importante & mémorable ; de même & plus essentiellement encore celle de l'Épopée. Or cette importance consiste dans la grandeur des motifs, & dans l'utilité de l'exemple.

Un Poëte qui choisit pour sujet une action dont l'importance n'est fondée que sur des opinions particulières à certains peuples, se condamne par son choix à n'intéresser que ces peuples, & à voir tomber avec leurs opinions toute la grandeur de son sujet. Celui de l'Ænéide, tel que Virgile pouvoit le présenter, étoit beau pour tous les hommes ; mais dans le point de vûe sous lequel le Poëte l'a envisagé, il est bien éloigné de cette beauté universelle (*a*) : aussi le sujet de l'Odissée, comme l'a conçu

---

(*a*) On convient assez unanimement, que l'Ænéide n'est que l'éloge allégorique du caractère & du règne d'Auguste ; & il est arrivé au Poëte ce qui arrive le plus souvent aux Peintres, lorsque dans un tableau historique ils veulent placer un portrait : ils sont obligés d'altérer l'expression pour conserver la ressemblance.

Homère (abstraction faite des détails) est-il bien supérieur à celui de l'Ænéide. Les devoirs de Roi, de pere & d'époux, appellent Ulysse à Itaque; la superstition seule appelle Ænée en Italie. Qu'un héros échappé à la ruine de sa patrie avec un petit nombre de ses concitoyens, surmonte tous les obstacles pour aller donner une patrie nouvelle à ses malheureux compagnons; rien de plus intéressant ni de plus noble. Mais que par un caprice du destin il lui soit ordonné d'aller s'établir dans tel coin de la terre plûtôt que dans tel autre, de trahir une Reine qui s'est livrée à lui, & qui l'a comblé de biens, pour aller enlever à un jeune Prince une femme qui lui est promise; voilà ce qui a pû intéresser les dévots de la cour d'Auguste, & flatter un peuple enivré de sa fabuleuse origine, mais ce qui ne peut nous paroître que ridicule ou révoltant. Pour justifier Ænée on ne cesse de dire qu'il étoit pieux, c'est en quoi nous le trouvons pusillanime. La piété envers des dieux injustes ne peut être reçue que comme une fiction puérile, ou comme une vérité méprisable. Ainsi, ce que l'action de l'Ænéide a de grand est pris dans la nature; ce qu'elle a de petit est pris dans le préjugé.

L'action de l'Épopée doit donc avoir une grandeur & une importance universelles, c'est-à-dire, indépendantes de tout intérêt, de tout syftème, de tout préjugé national, & fondées fur les fentimens & fur les lumières invariables de la Nature.

On a prétendu que l'Épopée tiroit fon importance de la qualité des perfonnages: il eft certain que la querelle d'Agamemnon avec Achille n'auroit rien d'intéreffant fi elle fe paffoit entre deux foldats: pourquoi? Parce que les fuites n'en feroient pas les mêmes. Mais qu'un Plébéien, comme Marius; qu'un hômme privé, comme Cromwell, Fernand Cortès, &c. entreprenne, exécute de grandes chofes, foit pour le bonheur, foit pour le malheur de l'humanité; fon action aura toute l'importance qu'exige la dignité de l'Épopée.

On veut que l'objet principal soit un intérêt public, & il est vrai que l'action en a plus d'importance ; mais je ne pense pas qu'on en doive faire une règle à l'Épopée non plus qu'à la Tragédie. Un fils, dont le pere gémiroit dans les fers, & qui tenteroit, pour le délivrer, tout ce que la nature & la vertu, la valeur & la piété peuvent entreprendre de courageux & de pénible ; ce fils, de quelque condition qu'on le supposât, seroit un héros digne de l'Épopée, & son action mériteroit un Voltaire ou un Fénélon (a). On

---

(a) On a disputé au Télémaque la qualité de Poëme, que personne ne dispute à l'Odiffée. Il seroit pourtant mal-aisé de faire voir en quoi different essentiellement le voyage d'Ulysse & celui de son fils. Un critique prétend que le Télémaque n'est pas un Poëme épique, parce qu'il n'est pas l'imitation d'une action. Qu'est-ce donc que l'entreprise d'un jeune Prince, qui pour délivrer sa patrie & sa mere d'une foule de tyrans, cherche son pere à travers mille écueils, & ne le retrouve qu'après avoir passé par toutes les épreuves de l'une & de l'autre fortune ?

éprouve même qu'un intérêt particulier est plus fenfible qu'un intérêt public, & la raifon en eft prife dans la nature. Cependant, comme le Poëme épique eft furtout l'école des maîtres du monde, ce font les intérêts qu'ils ont en main qu'il doit leur apprendre à refpecter. Or ces intérêts ne font pas ceux de tel ou de tel homme, mais ceux de l'humanité en général, le plus grand & le plus digne objet du plus noble de tous les Poëmes. C'eft fur-tout lorfqu'on veut mouvoir la grande machine du merveilleux qu'il faut prendre un intérêt public, vû le préjugé puérile, mais univerfel, qui nous fait croire que les dieux fe mêlent des grandes chofes, & qu'ils négligent les petites. C'eft ainfi qu'eft fondé le merveilleux du Paradis perdu & de l'Iliade. Dans l'un il s'agit de perdre la race humaine, de lui fermer les portes du ciel, & de l'affocier au malheur des anges rebelles : dans l'autre il s'agit de décider du fort de deux nations, dont prefque tous les héros tiennent aux dieux par les liens du fang.

Mais alors même il faut se souvenir que l'intérêt commun ne nous attache que par des affections personnelles; & dans une action publique, quelqu'importante qu'elle soit, il est plus avantageux qu'on ne pense d'introduire quelquefois des épisodes pris dans la classe des hommes obscurs: leur simplicité noblement exprimée a quelque chose de plus touchant que la dignité des mœurs héroïques. Qu'un héros fasse de grandes choses, on s'y attendoit, on n'en est point surpris. Mais que d'une ame vulgaire naissent des sentimens sublimes, la nature qui les produit seule, s'en applaudit davantage, & l'humanité se complaît dans ces exemples qui l'honorent.

Le moment le plus pathétique de la conjuration de Portugal, n'est pas celui où tout un peuple, armé dans un instant, se soulève & brise ses fers; mais celui où une femme obscure paroît tout-à-coup, avec ses deux fils, au milieu de l'assemblée des conjurés, tire deux poignards de sous sa robbe, les remet à ses deux enfans,

& leur dit : « Ne me les rapportez que
» teints du sang des Espagnols ». Combien
de traits plus courageux, plus honorables,
plus touchans que ceux que consacre l'histoire, demeurent plongés dans l'oubli ! &
quel trésor pour la Poësie si elle avoit soin
de les recueillir ! Un vieillard, par ce zèle
de religion qui fait des martyrs à l'erreur
comme à la vérité, avoit encouru la peine
des galères. (je dis le fait dans sa simplicité)
Comme on l'y conduisoit, son fils se présente, & s'adressant à celui qui comman-
doit la chaîne, « Je suis (lui dit-il) le fils
» de ce vieillard : il est foible, infirme, au
» bord du tombeau ; je suis jeune & je suis
» robuste ; je puis soutenir des travaux aux-
» quels mon pere succomberoit ; je viens
» vous conjurer de me prendre à sa place :
» vous le pouvez sans risque à la faveur
» du nom qui nous est commun, & le se-
» cret vous sera gardé ». On le refuse ; il
insiste, il met tout en usage ; enfin l'échange
est accepté. Il délivre son pere, il se met à
sa place ; & ce vertueux jeune homme est

huit ans parmi les forçats, fans qu'il lui échappe une plainte, jufqu'au moment que le Ciel permet qu'on le découvre & qu'on le délivre (*a*). Suppofez feulement que le Capitaine de la galère, fon ancien ami, le reconnoiffe à la chiourme, & voyez quelle fcène, quel tableau pathétique cette rencontre va vous donner.

Dans un débordement de l'Adige, le pont de Vérone fut emporté, une arcade après l'autre. Il ne reftoit plus que l'arcade du milieu, fur laquelle étoit une maifon, & dans cette maifon une famille entière. Du rivage on voyoit cette famille éplorée tendre les mains, demander du fecours. Cependant la force du torrent détruifoit à vûe d'œil les piliers de l'arcade. Dans ce péril, le Comte Spolverini propofe une bourfe de cent louis à celui qui aura le courage d'aller fur un batteau délivrer ces

---

(*a*) Ce fut M. L. D. de F*** qui fit tomber les fers des mains de ce héros, que j'ai bien de la peine à ne pas nommer.

malheureux. Il y avoit à courir le danger d'être emporté par la rapidité du fleuve, ou de voir, en abordant au-deſſous de la maiſon, crouler ſur ſoi l'arcade ruinée. Le concours du peuple étoit innombrable, & perſonne n'oſoit s'offrir. Dans ce moment paſſe un villageois. On lui dit quelle eſt l'entrepriſe propoſée, & quel ſera le prix du ſuccès. Il monte ſur un batteau, gagne à force de rames le milieu du fleuve, aborde, attend au bas de la pile que toute la famille, pere, mere, enfans, & vieillards, ſe gliſſant le long d'une corde, ſoient deſcendus dans le batteau. «Courage » (dit-il) vous voilà ſauvés». Il rame, ſurmonte l'effort des eaux, & regagne enfin le rivage.

Le Comte Spolverini veut lui donner la récompenſe promiſe. « Je ne vends point » ma vie (lui dit le villageois); mon tra- » vail ſuffit pour me nourrir, moi, ma » femme & mes enfans; donnez cela à » cette pauvre famille, qui en a beſoin plus » que moi ».

Il seroit bien facile, je crois, d'ennoblir de tels incidens sans en altérer le pathétique; & un Poëme où l'humanité se présenteroit sous des formes si touchantes, se passeroit fort bien de ce qu'on appelle le merveilleux.

Indépendamment de ces exemples répandus dans l'Épopée, l'action principale doit se terminer à une moralité, dont elle soit le développement; & plus cette vérité morale aura de poids, plus la fable aura d'importance. Mais pour cela il n'est pas besoin que l'exemple, ou la vérité qu'il renferme, soit présentée sous le voile de l'allégorie, comme l'exige Lebossu. « Homère » (dit-il) a fait la fable & le dessein de ses » Poëmes sans penser à ces Princes (Achille » & Ulysse) & ensuite il leur a fait l'hon- » neur de donner leurs noms aux héros qu'il » avoit feints ». Homère seroit, je crois, bien surpris d'entendre comme on lui fait composer ses Poëmes. Aristote ne le seroit pas moins, du sens qu'on donne à ses leçons. « La fable (dit ce Philosophe, est la com-
» position

» position des choses ». Or deux choses composent la fable (dit Lebossu); la vérité qui lui sert de fondement, & la fiction qui déguise la vérité, & qui lui donne la forme de fable. Aristote n'a jamais pensé à ce déguisement. Il ne veut pas que la fable enveloppe la vérité, il veut qu'elle l'imite. Ce n'est donc pas dans l'allégorie, mais dans l'imitation qu'il en fait consister l'essence. Le propre de l'allégorie est que l'esprit y cherche un autre sens que celui qu'elle présente. Or dans la querelle d'Achille & d'Agamemnon, le sens littéral & simple nous satisfait aussi pleinement que dans la guerre civile entre César & Pompée. Le sens moral de l'Odissée n'est pas plus mystérieux: il est direct, immédiat, aussi naturel enfin que dans un exemple tiré de l'histoire; & l'absence d'Ulysse, prise à la lettre, a toute sa moralité. La peine inutile que Lebossu s'est donnée pour appliquer son principe à l'Æneide, auroit dû l'en dissuader. Qui jamais avant lui s'étoit avisé de voir dans l'action de ce Poëme « l'avan-

» tage d'un gouvernement doux & modéré
» sur une conduite dure, sévère, & qui
» n'inspire que la crainte ». Voilà où conduit l'esprit de système. On s'apperçoit que l'on s'égare, mais on ne veut pas reculer.

L'Abbé Terrasson veut que, sans avoir égard à la moralité, on prenne pour sujet de l'Épopée l'exécution d'un grand dessein, & en conséquence il condamne le sujet de l'Iliade, qu'il appelle une inaction. Mais la colère d'Achille ne produit-elle pas son effet, & l'effet le plus terrible, par l'inaction même de ce héros? Ce n'est pas la colère d'Achille en elle-même, mais la colère d'Achille fatale aux Grecs, qui fait le sujet de l'Iliade. Si par elle une armée triomphante passe tout-à-coup de la gloire de vaincre à la honte de fuir, & de la plus brillante prospérité à la plus affreuse désolation, l'action est grande & pathétique.

Le Tasse prétend qu'Homère a voulu démontrer dans Hector, que c'est une chose très-louable de défendre sa patrie,

& dans Achille, que la vengeance est digne d'une grande ame. *Le quali opinioni essendo per se probabili non verissimili, e per l'artificio d'Homero divennero probabilissime e provatissime e similissime al vero.* Homère n'a pensé à rien de tout cela : car, 1°. il n'a jamais été douteux qu'il fût beau de servir sa patrie, & il n'a jamais été utile de persuader qu'il fût grand de se venger soi-même.

Il est encore moins raisonnable de prétendre que l'Iliade soit l'éloge d'Achille; c'est vouloir que le Paradis perdu soit l'éloge de satan. Un Panégyriste peint les hommes comme ils doivent être; Homère les peint comme ils étoient. Achille & la plûpart de ses héros ont plus de vices que de vertus, & l'Iliade est plûtôt la satyre que l'apologie de la Grèce.

Je ne sais pas pourquoi l'on cherche dans l'Iliade une autre moralité que celle qui se présente si naturellement; celle que le Poëte annonce en débutant, & qu'il met encore dans la plainte d'Achille à sa mere

après la mort de son ami Patrocle. « Ah,
» périssent dans l'univers les contentions &
» les querelles! puissent-elles être bannies
» du séjour des hommes & de celui des
» dieux, avec la colère qui renverse de
» son assiete l'homme le plus sage & le
» plus modéré, & qui plus douce que le
» miel, s'enfle & s'augmente dans le cœur
» comme la fumée! Je viens d'en faire
» une cruelle expérience par ce funeste
» emportement où m'a précipité l'injustice
» d'Agamemnon.

On voit ici bien clairement ce que j'ai dit de la passion, que pour avoir sa moralité elle doit être funeste à celui qui s'y livre. C'est un principe qu'Homère seul a connu parmi les Poëtes anciens, & s'il l'a négligé à l'égard d'Agamemnon, il l'a observé à l'égard d'Achille.

Lucain est sur-tout recommandable par la hardiesse avec laquelle il a choisi & traité son sujet aux yeux des Romains devenus esclaves, & dans la cour de leur tyran.

Proxima quid foboles, aut quid meruere nepotes
In regnum nafci ? Pavidè num geffimus arma ?
Teximus an jugulos ? Alieni pœna timoris
In noftra cervice fedet. . . . .

Ce génie audacieux avoit fenti qu'il étoit naturel à tous les hommes d'aimer la liberté, de détefter qui l'opprime, d'admirer qui la défend : il a écrit pour tous les fiècles ; & fans l'éloge de Néron, dont il a fouillé fon Poëme, on le croiroit d'un ami de Caton.

Le but de la Henriade eft le même en un point que celui de la Pharfale; mais il embraffe de plus grandes vûes. A l'effroi des guerres civiles, que l'un & l'autre Poëme apprennent à détefter, fe joint dans l'exemple de la ligue la jufte horreur du fanatifme & de la fuperftition, ces deux tifons de la difcorde, ces deux fléaux de l'humanité.

Ainfi, la grandeur & l'importance de l'action de l'Épopée dépendent de l'importance & de la grandeur de l'exemple qu'elle contient ; exemple d'une paffion pernicieuse à l'humanité, sujet de l'Iliade : exemple d'une vertu constante dans ses projets, ferme dans les revers, & fidèle à elle même; sujet de l'Odissée, &c. Dans les exemples vertueux, les principes, les moyens, la fin, tout doit être noble & digne; la vertu n'admet rien de bas. Dans les exemples vicieux, un mélange de force & de foiblesse, loin de dégrader le tableau, ne fait que le rendre plus naturel & plus frappant. Que d'un intérêt puissant naissent des divisions cruelles, on a dû s'y attendre, & l'exemple est infructueux; mais que l'infidélité d'une femme, & l'imprudence d'un jeune insensé dépeuplent la Grèce & embrasent la Phrygie, cet incendie allumé par une étincelle inspire une crainte salutaire; l'exemple instruit en étonnant.

Quoique la vertu heureuse soit un exemple encourageant pour les hommes, il ne s'ensuit pas que la vertu infortunée soit un exemple dangereux : qu'on la présente telle qu'elle est dans le malheur, sa situation ne découragera point ceux qui l'aiment. Caton n'étoit pas heureux après la défaite de Pompée ; & qui n'envieroit le sort de Caton tel que nous le peint Séneque, *inter ruinas publicas stantem ?*

Il est de toute évidence que l'unité d'action est essentielle à la Tragédie; que tous les épisodes, c'est-à-dire tous les incidens particuliers, doivent concourir au nœud ou au dénouement de l'action principale, & l'on est assez d'accord sur ce point. Mais on a long-tems disputé, sur-tout en Italie, sur l'unité d'action du Poëme héroïque. A l'autorité d'Aristote & à l'exemple d'Homère on oppose le succès de l'Arioste, qui ayant abandonné cette règle, n'est pas moins lû & relû (dit le Tasse), *Da tutte l'eta, da tutti sessi, noto a tutte le lingue; piace a tutti; tutti il lodanò; vive e ringiovenisce sempre nella sua fama, e vola glorioso per le lingue dè mortali.*

Le Tasse, après avoir rendu ce beau témoignage à l'Arioste, ne laisse pas de se décider pour l'unité d'action. « La fable

» (dit-il) est la forme du Poëme: s'il y a
» plusieurs fables, il y aura plusieurs Poë-
» mes; si chacun d'eux est parfait, leur
» assemblage sera immense; & si chacun
» d'eux est imparfait, il valoit mieux n'en
» faire qu'un qui fût complet & régulier».
Gravina est du nombre de ceux qui pensoient que le Poëme épique étoit dispensé
de l'unité d'action, & la raison qu'il en
donne suffiroit seule pour faire sentir son
erreur.

J'avouerai, si l'on veut, qu'un Poëme
qui embrasse plusieurs actions ne laisse
pas d'être un Poëme; mais la question est
de savoir si ce Poëme est bien composé.
Or quelques beautés qu'il puisse avoir
d'ailleurs, quelques succès qu'elles obtien-
nent, il est certain que la duplicité, ou la
multiplicité d'action divise l'intérêt, & par
conséquent l'affoiblit.

M. de Lamothe prétend que l'unité de
personnage supplée à l'unité d'action, &
qu'elle suffit à l'Épopée. Distinguons pour
plus de clarté, dans l'intérêt même de

l'action, l'unité collective & l'unité progressive. L'unité collective consiste à réunir tous les vœux en un point, & à décider dans l'ame du lecteur, ou du spectateur, ce qu'il doit desirer ou craindre. Toutes les fois qu'on nous présente des hommes opposés d'intérêts, dont les succès sont incompatibles, & dont l'un ne peut être heureux que par la perte ou le malheur de l'autre, notre cœur choisit de lui-même & sans le secours de la réflexion, celui dont la bonté ou la vertu est le plus digne de nous attacher, & nous nous mettons à sa place. Dès-lors tout ce qui le touche nous est personnel ; notre ame passe dans la sienne : voilà l'intérêt décidé. Si les deux partis opposés nous présentent des personnages intéressans, & qui balancent notre affection, ou leur bonheur est incompatible, ou il peut se concilier. Dans le premier cas l'intérêt se partage & s'affoiblit dans ses alternatives. Dans le second, notre inclination prend une direction moyenne, & se termine au point où les deux partis peuvent enfin se réunir. Le Poëte doit donc avoir grand soin de rendre ce point de réunion sensible; c'est de-là que dépend la décision de nos vœux, & ce qu'on appelle unité d'intérêt. Enfin si les partis opposés nous sont odieux ou indifférens l'un & l'autre, nous les livrons à eux-mêmes sans nous attacher à leur sort : c'est la guerre des vautours; alors il n'y a d'autre intérêt que celui de la curiosité, qui se réduit à peu de chose. Il s'ensuit que dans toute composition intéressante il doit y avoir au-moins un parti fait pour gagner notre bienveillance; mais qu'il n'y ait dans ce parti qu'une seule personne, ou qu'il y en ait mille, cela est égal ; l'unité de vœu fera l'unité d'intérêt.

Il est vrai que l'unité de personne supplée en quelque chose à l'unité progressive de l'intérêt de l'action; mais si les accidens réunis sur le même personnage sont indépendans les uns des autres, l'intérêt de chaque situation cesse, où elle se dénoue : nouvel incident, nouvelle inquiétude; nouveau péril, nouvelle crainte; nouveau malheur, nouvelle pitié. D'un Poëme tissu d'incidens détachés, l'intérêt peut donc renaître d'instans en instans; mais alors la crainte, la pitié, l'inquiétude se terminent à la solution de chacun de ces nœuds; & s'il y a une action principale, elle devient indifférente. Pour réunir les intérêts épisodiques il faut donc qu'elle en soit le centre, c'est-à-dire, que l'évènement qui doit la terminer dépende des incidens, & que chacun d'eux fasse partie ou des moyens, ou des obstacles.

Le Tasse a peint l'unité d'action par une grande & belle image. *Mondo tante e sì diverse cose nel suo grembo rinchiude ; una la forma e l'essenza sua, uno il nodo, dal quale sono le sue parti con discorde concordia insieme congiunte e collegate ; e non mancando nulla in lui, nulla però vi è che non serva alla necessità e all'ornamento.* Mais dans cette image on ne voit que ce qui contribue au succès de l'action, l'on n'y voit pas ce qui le retarde & le rend douteux ou pénible: or l'unité dépend du concours des obstacles comme de celui des moyens. Du-reste, l'alternative proposée par le Tasse, que toutes les parties du Poëme soient, comme dans le méchanisme du monde, ou de nécessité, ou de simple agrément. Cette alternative donne aux Poëtes une liberté dont ils ont abusé trop souvent. Je sais qu'on ne doit pas exiger dans le tissu de l'Épopée, des liaisons aussi étroites, aussi intimes que dans celui de la Tragédie ; mais encore faut-il que les parties fassent un tout, & que les détails forment un ensemble. L'épisode d'Armide est l'exemple de la liberté légitime dont les Poëtes peuvent user. La délivrance des lieux Saints est l'action de ce Poëme (*a*), & les charmes

---

(*a*) Mille obstacles divers pouvoient s'opposer au succès de cette entreprise, & le Poëte en avoit le choix ; mais comme il étoit libre de préférer tel ou tel épisode à celui d'Armide, il a eu le même droit de préférer celui d'Armide à tel ou tel autre incident convenable ou propre au sujet.

d'une enchantereffe, qui prive l'armée de Godefroi de fes héros les plus vaillans, concourent à nouer l'action en même tems qu'ils l'embelliffent; au-lieu que l'épifode d'Olinde & de Sophronie, quoique touchant en lui-même, eft hors d'œuvre & ne tient à rien.

Pope compare le Poëme épique à un jardin. « La principale allée eft grande & » longue, & il y a de petites allées où » l'on va quelquefois fe délaffer, qui ten- » dent toutes à la grande ». Si l'on confidere ainfi l'Épopée, il eft évident qu'il n'y a plus cette unité d'où dépend l'intérêt: car d'allée en allée le jardin de Pope fera bien-tôt un labyrinthe; & comme il n'en eft aucune qu'on ne pût fupprimer fans changer la grande, il n'en eft aucune auffi qui ne pût mener à de nouvelles routes multipliées à l'infini. J'en reviens donc à l'image du fleuve dont les obftacles prolongent le cours, mais qui dans fes détours les plus longs ne ceffe de fuivre fa pente. Il fe partage en rameaux, forme des îles qu'il embraffe, reçoit des torrens, des ruiffeaux, de nouveaux fleuves dans fon fein. Mais foit qu'il entre dans l'Océan par une ou plufieurs embouchures, c'eft toûjours le même fleuve qui fuit la même impulfion.

L'analogie de la fable épique avec cette image donnera l'idée de l'unité d'action telle que je la conçois, & telle qu'on en voit peu d'exemples : elle donnera de même l'idée de la variété ; car tantôt le fleuve traverfe des cités opulentes ; tantôt il arrofe de riches campagnes ; tantôt il roule entre des montagnes & à-travers des rochers efcarpés.

Ainfi l'unité de l'action n'en exclut pas l'étendue. Celle de la Tragédie n'eft guère qu'un tableau ; celle de l'Epopée eft une fuite de tableaux qui peuvent aifément fe multiplier fans fe confondre. Ariftote veut avec raifon que la mémoire les embraffe ; & ce n'eft pas mettre le génie à l'étroit, que de lui permettre de s'étendre auffi loin que la mémoire. Ceux qui ont voulu prefcrire un tems à l'Epopée, n'ont pas fait attention qu'on peut franchir des années en un feul vers, & que les événemens de quelques jours peuvent remplir un long Poëme. On a calculé que la durée de l'action de l'Iliade eft de quarante-fept jours ; celle de l'Odiffée, de cinquante-huit, fans compter l'avant-fcène; & celle de l'Eneïde, de deux faifons, l'été & l'automne. Rien de tout cela ne fait règle. Que l'action dure tant qu'il eft naturel & vraifemblable qu'elle a duré ; mais que le rapport des faits, des lieux & des tems ait cette juftefle précife d'où dépend l'air de vérité. Quant au nombre des incidens, on peut les multiplier fans crainte ; ils feront un tout régulier, pourvu qu'ils naiffent les uns des autres, & qu'ils aboutiffent au même point. Ainfi quoiqu'Homère, pour éviter la confufion, n'ait pris pour fujet de l'Iliade que l'incident de la colère d'Achille, l'enlèvement d'Hélène vengé par la ruine de Troie n'en feroit pas moins une action unique, & telle que l'admet l'Epopée dans sa plus grande simplicité.

Une action vaste a l'avantage de la fécondité, d'où résulte celui du choix : elle laisse à l'homme de goût & de génie la liberté de reculer dans l'enfoncement du tableau ce qui n'a rien d'intéressant, & de présenter sur les premiers plans les objets capables d'émouvoir l'ame. Si Homère avoit embrassé dans l'Iliade l'enlevement d'Hélene vengé par la ruine de Troïe, il n'auroit eu ni le loisir, ni la pensée de décrire des tapis, des casques, des boucliers, &c. Achille dans la cour de Déidamie, Philoctete à Lemnos, & tant d'autres incidens pleins de noblesse & d'intèrêt, parties essentielles de son action, l'auroient suffisamment remplie ; peut-être même n'auroit-il pas trouvé place pour ses dieux, & il y auroit perdu peu de chose. La seconde guerre punique traitée par Silius Italicus, & la guerre civile par Lucain, sont des sujets trop vastes, dit le Tasse ; ils
n'ont

n'ont pas laissé place à l'invention. Cela prouveroit tout-au-plus qu'un sujet vaste déroberoit quelque chose à la gloire du Poëte, mais non pas à la bonté du Poëme.

L'action de l'Epopée doit être entiere comme celle de la Tragédie. Le Tasse remarque avec raison que le Poëme du Roland amoureux a son commencement, & n'a pas sa fin; que celui du Roland furieux a sa fin, & n'a pas son commencement: les deux ensemble, dit-il, font une action complette. Et il ajoûte « c'est un tissu du » même fil; mais la seconde partie est « mieux nouée, mieux colorée que la pre- » mière ».

Je n'ai considéré jusqu'ici le sujet de l'Epopée qu'en lui-même; mais quelle qu'en soit la beauté naturelle, ce n'est encore qu'un marbre informe que le ciseau doit animer.

La composition de l'Epopée embrasse trois points principaux: le plan, les caractères & le style. On distingue dans le plan l'exposition, le nœud & le dénouement; dans les caractères, les passions & la morale; dans le style, les qualités relatives au sujet & aux personnages.

L'exposition a trois parties : le début, l'invocation, & l'avant-scène.

Le début n'est que le titre du Poëme plus développé ; il doit être noble & simple.

M. Racine le fils définit l'Epopée, une action que raconte une Muse, une action qui se passe chez les hommes, mais qui est conduite par des êtres supérieurs; & il en conclut que l'invocation est essentielle à l'Epopée. Mais si une action toute naturelle peut être grande & pathétique, féconde en événemens mémorables & en magnifiques tableaux, elle sera digne de l'Epopée, & le Poëte n'aura pas besoin qu'une Muse la lui révele.

Lucain qui ne devoit être que trop instruit des malheurs de sa patrie, au lieu d'invoquer un dieu pour l'inspirer, se transporte tout-à-coup au tems où s'alluma la guerre civile. Il frémit, il s'écrie :

« Citoyens, arrêtez : quelle est votre fureur ?
» L'habitant solitaire est errant dans vos villes,
» La main du laboureur manque à vos champs
» stériles ».

Ce mouvement est plein de chaleur ; une invocation eût été froide à sa place.

Quant aux faits qui n'ont pu venir naturellement à la connoissance des hommes, comme le Poëte suppose qu'ils lui sont révélés, on a raison de vouloir qu'une invocation les précede, non-seulement dans le début du Poëme, mais dans le cours du récit, toutes les fois qu'il est censé avoir besoin de l'inspiration. Il seroit peu vraisemblable que Virgile, sans se dire inspiré, nous fît le détail de ce qui se passe aux enfers. De même, lorsque les choses que le Poëte va décrire lui semblent au-dessus de ses forces, il est naturel & décent qu'il invoque un dieu pour le soutenir ; & ce mouvement de l'ame, plein de chaleur & d'éloquence, a le double avantage de réveiller l'attention du lecteur, & d'animer le récit du Poëte.

L'avant-scène est le développement de la situation des personnages au moment où commence le Poëme, & le tableau des intérêts opposés, dont la complication va former le nœud de l'intrigue.

Dans l'avant-scène, ou le Poëte suit l'ordre des événemens, & la fable se nomme simple ; ou il laisse derriere lui une partie de l'action pour se replier sur le passé, & la fable se nomme implexe. Celle-ci a un grand avantage : non-seulement elle anime la narration en introduisant un personnage plus intéressé & plus intéressant que le Poëte, comme Henri IV. Ulysse, Enée, &c. mais encore, en prenant le sujet par le centre, elle fait refluer sur l'avant-scène l'intérêt de la situation présente des Acteurs, par l'impatience où l'on est d'apprendre ce qui les y a conduits.

Toutefois de grands événemens, des tableaux variés, des situations pathétiques, ne laissent pas de former le tissu d'un beau Poëme, quoique présentés dans leur ordre naturel. Boileau traite de maigres Historiens, les Poëtes qui fuivent l'ordre des tems; mais n'en déplaife à Boileau, l'exactitude ou les licences chronologiques font très-indifférentes à la beauté de la Poëfie; c'eft la chaleur de la narration, la force des peintures, l'intérêt de l'intrigue, le contrafte des caractères, le combat des paffions, la vérité & la nobleffe des mœurs, qui font l'ame de l'Epopée, & qui feront du morceau d'hiftoire le plus exactement fuivi, un Poëme épique admirable.

Le nœud de l'intrigue a été jufqu'ici la partie la plus négligée du Poëme épique, tandis que dans la Tragédie elle s'eft perfectionnée de plus en plus. On a ofé fe détacher de Sophocle & d'Euripide; mais on a craint d'abandonner les traces d'Homère: Virgile l'a imité, & l'on a imité Virgile. Cependant la règle eft la même pour l'Epique & pour le Dramatique.

Dans la Tragédie, tout concourt au nœud ou au dénouement; tout devroit donc y concourir dans l'Epopée. Dans la

Tragédie, un incident, une situation en produit une autre; dans le Poëme épique, les incidens & les situations devroient s'enchaîner de même. Dans la Tragédie, l'intérêt croît d'acte en d'acte, & le péril devient le plus pressant; le péril & l'intérêt devroient donc avoir les mêmes progrès dans l'Epopée. Enfin le pathétique est l'ame de la Tragédie; il devroit donc être l'ame de l'Epopée, & prendre sa source dans les divers caractères & les intérêts opposés. Qu'on examine après cela quel est le plan des Poëmes anciens. L'Iliade a deux especes de nœuds: la division des dieux, qui est froide & choquante; & celle des chefs, qui ne fait qu'une situation. La colère d'Achille prolonge ce tissu de périls & de combats, qui forment l'action de l'Iliade; mais cette colère toute fatale qu'elle est, ne se manifeste que par l'absence d'Achille, & les passions n'agissent sur nous que par leur développement. L'amour & la douleur d'Andromaque ne produisent qu'un intérêt momentané. Presque tout le reste du Poëme se passe en assauts & en batailles : tableaux qui ne frappent guère que l'imagination, & dont l'intérêt ne va jamais jusqu'à l'ame.

Le plan de l'Odyssée & celui de l'Enéide sont plus variés ; mais comment les situations y sont-elles amenées ? Un coup de vent fait un épisode ; & les aventures d'Ulysse & d'Enée ressemblent aussi peu à l'intrigue d'une Tragédie, que les voyages d'Anson.

Sans disputer à Homère le titre de génie par excellence, de pere de la Poësie & des dieux ; sans examiner s'il ne doit ses idées qu'à lui seul, ou s'il a pu les puiser dans les Poëtes qui l'avoient précédé ; enfin sans nous attacher à des personnalités inutiles, même à l'egard des vivans, & à plus forte raison à l'égard des morts ; attribuons si l'on veut tous les défauts d'Homère à son siècle, & toutes ses beautés à lui seul. Mais après cette distinction, partons de ce principe, qu'il n'est pas plus raisonnable de donner pour modèle en

Poësie le plus ancien Poëme connu, qu'il le seroit de donner pour modèle en Horlogerie la premiere machine à rouage & à reffort, quelque mérite qu'on doive attribuer aux inventeurs de l'une & de l'autre.

Pourquoi donc ne feroit-on pas à l'égard d'Homère, & de Virgile fon imitateur, ce qu'on a fait à l'égard de Sophocle & d'Euripide? On a diftingué leurs beautés de leurs défauts; on a pris l'art où ils l'ont laiffé; on a effayé de faire toujours comme ils avoient fait quelquefois; & c'eft fur-tout dans la partie de l'intrigue, que Corneille & Racine fe font élevés au-deffus d'eux. Suppofons que tout le Poëme de l'Enéide fût tiffu comme le quatrieme Livre; que les incidens naiffant les uns des autres, pûffent produire & entretenir jufqu'à la fin cette variété de fentimens & d'images, ce mélange d'épique & de dramatique, cette alternative preffante d'inquiétude & de furprife, de terreur & de pitié; l'Enéide ne feroit-elle pas fupérieure à ce qu'elle eft?

L'Epopée, pour remplir l'idée d'Aristote, devroit donc être une Tragédie composée d'un nombre de scènes indéterminé, dont les intervalles seroient occupés par le Poëte : tel est ce principe dans la spéculation ; c'est au génie seul à juger s'il est praticable.

A l'égard du dénouement, le Tasse décide qu'il doit être heureux, c'est-à-dire, terminer l'action par le triomphe de la vertu, & par le châtiment du crime ; en quoi, dit-il, le Poëme épique donne plus de plaisir que la Tragédie : *Perche l'huomo non e di cosi fiera e scelerata natura che riponga il suo sommo piacere nel dolore e nel infelicita di coloro che per qualche errore humano sono caduti in miseria.*

Mais dans l'un & l'autre Poëme, c'est la nature du sujet qui décide si l'évènement doit être heureux ou malheureux. Il est heureux par exemple dans l'Odyssée, dans l'Enéide, dans la Henriade, dans la Jérusalem délivrée ; il est malheureux dans l'Iliade, dans la Pharsale, dans le Paradis perdu ; & tout cela eſt bien. Du reſte, c'eſt par l'impreſſion de douleur ou de joie que nous fera l'évènement, qu'on peut juger de l'intérêt du Poëme. Lorſqu'on voit les états d'un Prince déſolés en ſon abſence par des tyrans qui s'en ſont emparés ; ſa femme perſécutée pour choiſir entre eux un époux ; ſon fils, dans l'âge le plus tendre, expoſé chaque jour à périr dans les embûches qu'ils lui dreſſent ; ſon pere & ſa mere au bord du tombeau, & demandant au ciel ſon retour ; on eſt ſoi-même impatient de le voir rentrer dans ſes états, en chaſſer les uſurpateurs, & conſoler ſon peuple & ſa famille. Tout ce qui retarde cet évènement nous afflige ; & ſi le péril eſt bien ménagé, il fait trembler juſqu'au moment où la crainte fait place à la joie. Tel ſeroit l'intérêt de l'Odyſſée, ſi ce Poëme avoit été fait dans la force du génie d'Homère. Mais qu'Enée, après avoir quitté Carthage, aborde ou n'aborde pas en Italie, qu'il s'y établiſſe, ou qu'il en ſoit chaſſé, c'eſt de quoi l'on s'inquiètte assez peu ce me semble ; & si nous recueillons les voix, il y en aura beaucoup pour Turnus.

Le Poëte en méditant son sujet, doit donc se demander d'abord si l'on sera bien inquiet de l'évènement, bien soulagé s'il est heureux, bien affligé s'il est funeste; ce pressentiment sera la plus sûre épreuve de l'importance & de la bonté du sujet qu'il aura choisi.

Le dénouement de l'Epopée, comme celui de la Tragédie, doit trancher le fil de l'action par la cessation des périls & des obstacles, ou par la consommation du malheur. Par exemple, la cessation de la colère d'Achille fait le dénouement de l'Iliade; la mort de Pompée, celui de la Pharsale; la mort de Turnus, celui de l'Enéide. Ainsi l'action de l'Iliade finit au dernier livre; celui de la Pharsale, au huitième; celui de l'Enéide, au dernier vers. On sent donc bien que le dénouement du Poëme ne doit rien laisser en suspens. Mais la fable peut être composée de telle sorte, que la révolution décisive laisse encore quelques mouvemens à calmer, quelques forfaits à punir, ou quelques doutes à dissiper. Après la bataille de Pharsale, on demanderoit ce qu'est devenu Pompée ; après la mort de Pompée, on demanderoit si ce crime a été puni ou impuni, avoué ou désavoué par César : de même, après la mort de Patrocle & la réconciliation d'Achille avec Agamemnon, on demanderoit si le retour de ce héros a changé la face des choses. Il y avoit donc après le dénouement de l'Iliade & de la Pharsale, quelque chose à desirer encore : c'est ce qu'on a désigné sous le nom d'achevement. Mais il faut l'abréger le plus qu'il est possible : il est froid s'il est prolongé.

Je distingue dans l'Epopée deux sortes de personnages : les uns remplis par le Poëte lui-même ; & les autres, par ses acteurs. Le premier rôle du Poëte est celui de témoin ; & Castelvetro veut qu'il soit désintéressé, *senza scoprire in qual parte inclini la sua affettione*, pour éviter, dit-il, le

FRANÇOISE. 275
soupçon de partialité. Mais cette loi justement imposée à l'Historien qui doit convaincre, est trop sévère pour le Poëte qui ne veut que persuader ; & s'il doit éviter la véhémence du plaidoyer & tout ce qui ressemble à la déclamation, il doit s'éloigner encore plus de l'indifférence & de la froideur qui convient à la gravité de l'Histoire. Qu'un Poëte raconte sans s'émouvoir des choses terribles & touchantes, on l'écoute sans être ému, on voit qu'il récite des fables ; mais qu'il tremble, qu'il gémisse, qu'il verse des larmes, ce n'est plus un Poëte, c'est un Spectateur attendri dont la situation nous pénètre.

Le chœur fait partie des mœurs de la Tragédie ancienne ; les réflexions & les sentimens du Poëte font partie des mœurs de l'Epopée.

Ille bonis faveatque, & concilietur amicis,
  Et regat iratos, & amet peccare timentes. (Horat.)

Tel est l'emploi qu'Horace attribue au chœur, & tel est le rôle que fait Lucain dans tout le cours de son Poëme. Qu'on ne dédaigne pas l'exemple de ce Poëte. Ceux qui n'ont lu que Boileau, méprisent Lucain; mais ceux qui lisent Lucain, font bien peu de cas du jugement que Boileau en a porté. On reproche avec raison à Lucain d'avoir donné dans la déclamation; mais combien il est éloquent lorsqu'il n'est pas déclamateur ! Combien les mouvemens qu'excite en lui-même ce qu'il raconte, communiquent à ses récits de chaleur & de pathétique !

César, après s'être emparé de Rome sans aucun obstacle, veut piller les trésors du temple de Saturne, & un citoyen s'y oppose. L'avarice, dit le Poëte, est donc le seul sentiment qui brave le fer & la mort !

Les loix n'ont plus d'appui contre leur oppresseur,
Et le plus vil des biens, l'or trouve un défenseur !

Les deux armées sont en présence ; les soldats de César & de Pompée se reconnoissent ; ils franchissent le fossé qui les sépare; ils se mêlent; ils s'attendrissent; ils s'embrassent : le Poëte saisit ce moment pour reprocher à ceux de César leur coupable obéissance.

Lâches, pourquoi gémir, pourquoi verser des larmes?
Qui vous force à porter ces parricides armes?
Vous craignez un tyran dont vous êtes l'appui!
Soyez sourd au signal qui vous rappelle à lui.
Seul avec ses drapeaux, César n'est plus qu'un homme.
Vous l'allez voir l'ami de Pompée & de Rome.

César au milieu d'une nuit orageuse, frappe à la porte d'un pêcheur. Celui-ci demande, quel est ce malheureux échappé du naufrage? Le Poëte ajoûte:

Il est sans crainte; il sait qu'une cabane vile
Ne peut être un apât pour la guerre civile.
César frappe à la porte, il n'en est point troublé!
Tranquille pauvreté!

Sur le point de décrire la bataille de Pharsale, saisi d'horreur, il s'écrie:

O Rome! où sont tes dieux? Les siècles enchaînés,

Par l'aveugle hafard font fans doute entraînés.
S'il eft un Jupiter, s'il porte le tonnerre,
Peut-il voir les forfaits qui vont fouiller la terre?
A foudroyer les monts fa main va s'occuper,
Et laiffe à Caffius cette tête à frapper.
Il refufa le jour au feftin de Thiefte,
Et répand fur Pharfale une clarté funefte?
Pharfale où les parens ardens à s'égorger,
Freres, peres, enfans, dans leur fang vont nager.

C'en eft affez pour indiquer le mélange de dramatique & d'épique dont le Poëte peut faire ufage, même dans fa narration directe, & le moyen de rapprocher l'Epopée de la Tragédie dans la partie qui les diftingue le plus.

Mais, dira-t-on, fi le rôle du chœur rempli par le Poëte, étoit une beauté dans l'Epopée, pourquoi Lucain feroit-il le feul des Poëtes anciens qui s'y feroit livré? Pourquoi? parce qu'il eft le feul que le fujet de fon Poëme ait intéreffé vivement. Il étoit Romain; il voyoit encore les traces fanglantes de la guerre civile. Ce n'eft
ni

ni l'art ni la réflexion qui lui a fait prendre le ton dramatique ; c'eſt ſon ame, c'eſt la nature elle-même ; & le ſeul moyen de l'imiter dans cette partie, c'eſt de ſe pénétrer comme lui.

Le ſecond rôle du Poëte eſt, comme je l'ai dit, celui de décorateur & de machiniſte : il n'eſt en ſcène que pour y peindre ce que le lecteur doit ſe repréſenter. Il n'a donc qu'à ſe demander à lui-même : Si l'action que je raconte ſe paſſoit ſur un théâtre qu'il me fût libre d'aggrandir & de diſpoſer d'après nature, comment ſeroit-il le plus avantageux de le décorer, pour l'intérêt & l'illuſion du ſpectacle ? Le plan idéal qu'il s'en fera lui-même ſera le modèle de ſa deſcription ; & s'il a bien vû le tableau de l'action en la décrivant, en la liſant on le verra de même.

Il en eſt des perſonnages comme du lieu de la ſcène : toutes les fois que leurs vêtemens, leur attitude, leurs geſtes, leur expreſſion, ſoit dans les traits du viſage,

Tome II. T

soit dans les accens de la voix, intéressent l'action que le Poëte veut peindre, il doit nous les rendre présens. Lorsque Vénus se montre aux yeux d'Ænée, Virgile nous la fait voir comme si elle étoit sur la scène :

Namque humeris de more habilem suspenderat arcum
Venatrix ; dederatque comas diffundere ventis :
Nuda genu, nudoque sinus collecta fluentes.

il nous fait voir de même Camille lorsqu'elle s'avance au combat,

Ut regius ostro
Velat honos leves humeros ; ut fibula crinem
Auro internectat; Lyciam ut gerat ipsa pharetram;
Et pastoralem præfixâ cuspide myrtum.

On peut voir des exemples de la pantomine exprimée par le Poëte dans la dispute d'Ajax & d'Ulysse pour les armes d'Achille. (Métam. liv. 13.) Si l'un & l'autre héros étoit sur la scène, ils ne nous seroient pas plus présens. Mais le modèle le plus parfait de l'action théâtrale exprimée dans le récit du Poëte, c'est la peinture de la mort de Didon.

Illa graves oculos conata attollere, rursus
Deficit : infixum stridet sub pectore vulnus.
Ter sese attollens cubitoque innixa levavit,
Ter revoluta toro est : oculisque errantibus, alto
Quæsivit cœlo lucem, ingemuitque repertâ.

Le talent diſtinctif du Poëte épique eſt celui d'expoſer l'action qu'il raconte : ſon génie conſiſte à inventer des tableaux avantageux à peindre, & ſon goût à ne peindre de ces tableaux que ce qu'il eſt intéreſſant d'y voir. Homère peint plus en détail ; c'eſt le talent du Poëte, dit le Taſſe : Virgile peint à plus grandes touches ; c'eſt le talent du Poëte héroïque ; & c'eſt en quoi le ſtyle de l'Épopée differe de celui de l'Ode, laquelle n'ayant que de petits tableaux, les finit avec plus de ſoin.

J'ai dit que le contraſte des tableaux en variant les plaiſirs de l'ame, les rendoit plus vifs, plus touchans. C'eſt ainſi qu'après avoir traverſé des déſerts affreux, l'imagination n'en eſt que plus ſenſible à la peinture du palais d'Armide. C'eſt ainſi qu'au ſortir des enfers, où Milton vient de nous mener, nous respirons avec volupté l'air pur du jardin de délices. Que le Poëte se ménage donc avec soin des passages du clair à l'obscur, du gracieux au terrible ; mais que cette variété soit harmonieuse, & qu'elle ne prenne jamais rien sur l'analogie du lieu de la scène, avec l'action qui doit s'y passer. Ce n'est point un riant ombrage qu'Achille doit chercher pour pleurer la mort de Patrocle ; mais le rivage aride & solitaire d'une mer en silence, ou dont les mugissemens sourds répondent à sa douleur.

On ne sait pas assez combien l'imagination ajoûte quelquefois au pathétique de la chose ; & c'est un avantage inestimable de l'Epopée que de pouvoir donner un nouveau fond à chaque tableau qu'elle peint. Mais une règle bien essentielle, & dont j'exhorte les Poëtes à ne jamais s'écarter, c'est de réserver les peintures détaillées pour les momens de calme & de relâche : dans ceux où l'action est vive & rapide, on ne peut trop se hâter de peindre à grandes touches ce qui est de spectacle & de décoration. Je n'en citerai qu'un exemple. Le lever de l'aurore ; la flotte d'Ænée voguant à pleines voiles ; le port de Carthage vuide & désert ; Didon, qui du haut de son palais voit ce spectacle, & dans sa douleur, s'arrache les cheveux & se meurtrit le sein, tout cela est exprimé dans l'Ænéide en moins de cinq vers.

Regina è speculis ut primum albescere lucem
Vidit, & æquatis classem procedere velis,
Littoraque, & vacuos sensit sine remige portus :
Terque quaterque manu pectus percussa decorum,
Flaventesque abscisa comas : proh Jupiter ! ibit
Hic, ait, & nostris illuserit advena regnis !

On sent que Virgile étoit impatient de faire parler Didon, & de lui céder le théâtre. C'est ainsi que le Poëte doit en user toutes les fois que l'action le presse de faire place à ses acteurs ; & c'est-là ce qui fait que le style même du Poëte est plus ou moins grave, plus ou moins orné dans l'Epopée, selon que la situation des choses lui permet ou lui interdit les détails poëtiques. Je n'ajoûterai rien de plus à ce que j'ai dit dans le chapitre onzième au sujet de ces descriptions, que j'appelle ici décorations théâtrales.

La scène est la même dans la Tragédie & dans l'Epopée pour le style, le dialogue & les mœurs; ainsi, pour savoir si la dispute d'Achille avec Agamemnon, l'entretien d'Ajax avec Idoménée, &c. sont tels qu'ils doivent être dans l'Iliade, il n'y a qu'à les supposer au théâtre.

Cependant, comme l'action de l'Epopée est moins serrée & moins rapide que celle de la Tragédie, la scène y peut avoir plus d'étendue & moins de chaleur. C'est-là que seroient merveilleusement placées ces belles conférences politiques dont les Tragédies de Corneille abondent. Mais dans sa tranquillité même la scène épique doit être intéressante : rien d'oisif, rien de superflu. Encore est-ce peu que chaque scène ait son intérêt particulier, il faut qu'elle concoure à l'intérêt général de l'action; que ce qui la suit en dépende,

& qu'elle dépende de ce qui la précède. A ces conditions on ne peut trop multiplier les morceaux dramatiques dans l'Epopée: ils y répandent la chaleur & la vie.

Qu'eſt-ce qui manque à la Henriade pour être le plus beau des Poëmes connus? Quelle ſageſſe dans la compoſition! quelle nobleſſe dans le deſſein! quel coloris! quelle ordonnance! quel Poëme enfin que la Henriade, ſi le Poëte eût connu toutes ſes forces lorſqu'il en a formé le plan; s'il y eût déployé la partie dominante de ſon talent & de ſon génie, le pathétique de Mérope & d'Alzire, l'art de l'intrigue & des ſituations? Si la plûpart des Poëmes manquent d'intérêt, c'eſt parce qu'il y a trop de récit & trop peu de ſcène.

Les Poëmes, où par la diſpoſition de la fable les perſonnages ſe ſuccèdent comme les incidens, & diſparoiſſent pour ne plus revenir; ces Poëmes qu'on peut appeller épiſodiques, ne ſont pas ſuſceptibles d'intrigues. Je ne prétends pas ici en condamner l'ordonnance; je dis seulement que ce ne sont pas des Tragédies en récit. Cette définition ne convient qu'aux Poëmes dans lesquels des personnages permanens, amenés dès l'exposition, peuvent occuper alternativement la scène, & par des combats de passion & d'intérêt nouer & soutenir l'action. Telle étoit la forme de l'Iliade & de la Pharsale, si les Poëtes avoient eû l'art ou le dessein d'en profiter.

L'Iliade a été plus que suffisamment analysée par les critiques de ces derniers tems; mais prenons la Pharsale pour exemple de la négligence du Poëte dans la contexture de l'intrigue. D'où vient qu'avec le plus beau sujet & le plus beau génie Lucain n'a pas fait un beau Poëme? Est-ce pour avoir observé l'ordre des tems & l'exactitude des faits? J'ai répondu à cette critique. Est-ce pour n'avoir pas employé le merveilleux? Nous verrons dans la suite combien l'entremise des dieux est peu essentielle à l'Epopée. Est-ce pour avoir manqué de peindre en Poëte, ou les perfonnages, ou les tableaux que lui préfentoit fon action ? Les caractères de Pompée & de Céfar, de Brutus & de Caton, de Marcie & de Cornélie, d'Afranius, de Vultéius & de Sceva, font faifis & deffinés avec une nobleffe & une vigueur dont nous connoiffons peu d'exemples. Le deuil de Rome à l'approche de Céfar (*erravit fine voce dolor*), les profcriptions de Sylla, la forêt de Marfeille & le combat fur mer, l'inondation du camp de Céfar, la réunion des deux armées, le camp de Pompée confumé par la foif, la mort de Vultéius & des fiens, la tempête que Céfar effuie, l'affaut foutenu par Sceva, le charme de la Theffalienne, tous ces tableaux, & une infinité d'autres, répandus dans ce Poëme, ne font peints quelquefois qu'avec trop de force, de hardieffe & de chaleur. Les difcours répondent à la beauté des peintures; & fi dans l'un & l'autre genre Lucain paffe quelquefois les bornes du grand & du vrai, ce n'est qu'après y avoir atteint, & pour vouloir renchérir sur lui-même. Le plus souvent le dernier vers est ampoulé & le précedent est sublime. Qu'on retranche de la Pharsale les hyperboles & les longueurs, défauts d'une imagination vive & féconde, corrections qui n'exigent qu'un trait de plume ; il restera des beautés dignes des plus grands maîtres, & que l'Auteur des Horaces, de Cinna, de la mort de Pompée ne trouvoit pas au-dessous de lui. Cependant, avec tant de beautés la Pharsale n'est que l'ébauche d'un beau Poëme, non-seulement par le style qui en est inculte & raboteux; non-seulement par le défaut de variété dans les couleurs des tableaux, vice du sujet plûtôt que du Poëte ; mais sur-tout par le manque d'ordonnance & d'ensemble dans la partie dramatique. L'entretien de Caton avec Brutus, le mariage de Caton & de Marcie, les adieux de Cornélie & de Pompée, la capitulation d'Affranius avec César, l'entrevûe de Pompée & de Cornélie après la bataille; toutes ces scènes, à quelques longueurs près, sont si intéressantes & si nobles! Pourquoi ne les avoir pas multipliées? pourquoi Caton, cet homme divin, si dignement annoncé au second livre, ne reparoît-il plus? Pourquoi ne voit-on pas Brutus en scène avec César? Pourquoi Cornélie est-elle oubliée à Lesbos? Pourquoi Marcie ne va-t-elle pas l'y joindre, & Caton l'y trouver en même tems que Pompée? Quelle entrevûe! quels sentimens! quels adieux! le beau contraste de caractères vertueux, si le Poëte les eût rapprochés! Ce n'est pas à moi à tracer un tel plan; j'en conçois les difficultés, mais j'écris ici pour les hommes de génie.

Les mœurs de l'Epopée sont les mêmes que celles de la Tragédie, aux différences près qu'exigent l'étendue & la durée de l'action. L'Epopée demande que le passage d'un état de fortune à l'autre, ou si l'on veut, de la cause à l'effet, soit progressif & assez lent pour donner aux incidens le tems de se développer. Les passions qu'elle employe ne doivent donc pas être des mouvemens rapides & passagers, mais des sentimens vifs & durables, comme le ressentiment des injures, l'amour, l'ambition, le desir de la gloire, l'amour de la patrie, &c. Delà vient que le Bossu croit devoir préférer pour l'Epopée des mœurs habituelles, à des mœurs passionnées; mais il se trompe, & la preuve en est dans l'avantage du Poëme pathétique sur le Poëme qui n'est que moral. Les habitudes sont fortes, mais elles sont presque toutes froides, si la passion ne s'y mêle, & ne les sauve de la langueur.

« La beauté de l'action tragique con-
» siste (dit le Tasse) dans une révolution
» soudaine & inattendue, & dans la gran-
» deur des évènemens qui excitent la ter-
» reur & la pitié. La beauté de l'action
» épique est fondée sur la haute vertu mi-
» litaire, sur la magnanime résolution de
» mourir pour son pays, &c. La Tragédie
» admet des personnages qui ne sont ni
» bons ni méchans; mais d'une qualité

» mixte. Le Poëme épique demande des
» vertus éminentes, comme la piété dans
» Enèe, la valeur dans Achille, la pruden-
» ce dans Ulyſſe; & ſi la Tragédie &
» l'Epopée prennent quelquefois le même
» ſujet, elles le conſidèrent diverſement.
» Dans Hercule, Théſée, &c. l'Epopée
» conſidère la valeur & la grandeur d'ame;
» la Tragédie les regarde comme tombés
» dans le malheur par quelque faute invo-
» lontaire.

Cette diſtinction n'eſt fondée ni en exemple, ni en raiſon; & Gravina me ſemble avoir mieux vû que le Taſſe, lorſqu'il demande pour l'Epopée comme pour la Tragédie, des caractères mêlés de vices & de vertus. « Homère, dit-il, vou-
» lant peindre des mœurs véritables & des
» paſſions naturelles aux hommes, ne re-
» préſenta jamais ceux-ci comme parfaits;
» il ne leur ſuppoſe pas même toujours un
» caractère égal & ſans quelque variation.
» Quiconque peint autrement que lui, a

» un pinceau fans vérité, & qui ne peut
» faire illufion.

» Les hommes, ajoute-t-il, foit bons,
» foit mauvais, ne font pas toujours occu-
» pés de malice ou de bonté. Le cœur hu-
» main flotte dans le tourbillon de fes de-
» firs & de fes affections, comme un vaif-
» feau battu de la tempête; jufques-là qu'on
» voit dans le même perfonnage la baffeffe
» d'ame fuccéder à la magnanimité, la
» cruauté faire place à la compaffion, &
» celle-ci céder à fon tour à la rigueur.
» Dans certaines occafions, le vieillard
» agit en jeune homme, & le jeune homme
» en vieillard. L'homme jufte ne réfifte pas
» toujours à la puiffance de l'or; & l'ambi-
» tion porte quelquefois le tyran à un acte
» de juftice.

On fent bien cependant que cette théorie mal entendue détruiroit la règle de l'u-
nité des mœurs: il ne fuffiroit pas même
de donner aux Poëtes, comme a fait Ariftote, l'alternative de peindre des mœurs

égales, ou également inégales ; car à la faveur de cette inégalité constante, il n'est point de composé moral si monstrueux qu'on ne pût former. Le précepte d'Horace de suivre l'opinion, ou d'observer les convenances, est un guide beaucoup plus sûr. Mais en suivant le précepte d'Horace, il ne faut point perdre de vûe le principe de Gravina.

Comme la Tragédie n'est qu'un moment de la vie d'un homme ; que dans ce moment même il est violemment agité d'un intérêt principal & d'une passion dominante ; il doit dans ce court espace suivre une même impulsion, & n'essuyer que le flux & le reflux naturels à la passion qui le domine. Au lieu que l'action du Poëme épique étant étendue à un plus long espace de tems, la passion a ses relâches, & l'intérêt ses diversions : c'est un champ libre & vaste pour « l'inconstance & l'instabilité, » qui est le plus commun & apparent vice » de la nature humaine ». La sagesse & la vertu seules sont au-dessus des révolu-

Charon.

tions, & c'est un genre de merveilleux qu'il est bon de réserver pour elles.

Ainsi, quoique chacun des personnages employés dans l'Epopée, doive avoir un caractère déterminé, les orages qui s'y élèvent ne laissent pas quelquefois d'en troubler la surface, & d'en dérober le fond. Mais il faut observer aussi qu'on ne change jamais sans cause d'inclination, de sentiment & de dessein : ces changemens ne s'opèrent, s'il est permis de le dire, qu'au moyen des contrepoids : tout l'art consiste à charger à-propos la balance ; & ce genre de méchanisme exige une connoissance profonde de la nature. Voyez dans Britannicus avec quel art les contrepoids sont ménagés dans les scènes de Burrhus avec Néron, de Néron avec Narcisse ; & au contraire, prenons le dernier livre de l'Iliade. Achille a porté la vengeance de Patrocle jusqu'à la barbarie. Priam vient se jetter à ses pieds pour lui demander le corps de son fils. Achille s'émeut, se laisse fléchir ; jusques-là cette scène est sublime.

sublime. Achille invite Priam à prendre du repos. « Fils de Jupiter (lui répond le divin Priam) » ne me forcez point à m'asseoir » pendant que mon cher Hector est éten- » du sur la terre sans sépulture. « Quoi de plus pathétique & de moins offensant que cette réponse ! Qui croiroit que c'est à ces mots qu'Achille redevient furieux ? Il s'appaise de nouveau ; il fait laisser sur le chariot de Priam une tunique & deux voiles pour envelopper le corps, avant de le rendre à ce pere affligé. Il le prend entre ses bras, le met sur un lit, & place ce lit sur le chariot. Alors il se met à jetter de grands cris ; & s'adressant à Patrocle : « Mon cher » Patrocle (lui dit-il) ne sois pas irrité » contre moi ». Ce retour est encore admirable; mais achevons. « Mon cher Pa- » trocle, ne sois pas irrité contre moi, si » l'on te porte jusques dans les enfers la » nouvelle que j'ai rendu le corps d'Hector » à son pere ; car (on s'attend qu'il va dire, je n'ai pû résister aux larmes de ce pere infortuné ; mais non): » car il m'a apporté

Tome II. V

» une rançon digne de moi. » Ces disparates prouvent que jamais on n'a moins connu l'héroïsme que dans les tems appellés héroïques.

Les convenances dont parle Horace sont, 1°. dans le rapport mutuel des qualités d'un caractère, & des forces respectives de ses affections & de ses penchans : 2°. dans le rapport de ce même caractère & de tout ce qui le compose, avec l'idée que nous avons des mœurs de son sexe, de son âge, de sa qualité, de son état, de son pays, &c.

Horace, comme je l'ai dit, donne le choix de suivre ou les convenances ou l'opinion; mais il est aisé de voir quelle est sur l'opinion l'avantage des convenances. Dans tous les tems, les convenances suffisent à la persuasion & à l'intérêt. On n'a besoin de recourir ni aux mœurs, ni aux préjugés du siècle d'Homère, pour fonder les caractères d'Ulysse & d'Achille. Le premier est dissimulé : le Poëte lui donne pour vertu la prudence ; le second est colère : il lui donne la valeur. Ces convenances font invariables, comme les effences des chofes ; au lieu que l'autorité de l'opinion tombe avec elle : tout ce qui eft faux eft paffager ; l'erreur elle-même méprife l'erreur ; la vérité feule, ou ce qui lui reffemble, eft de tous les pays & de tous les fiècles.

Homère eft divin dans cette partie ; & fi l'on examine bien pourquoi il deffine fi purement, on en trouvera la raifon dans la fimplicité de fes caractères. Que dans la Tragédie un perfonnage foit agité de divers fentimens ; que dans fon ame l'habitude, le naturel, la paffion actuelle fe combattent ; ces mouvemens tumultueux font favorables à une action qui ne dure qu'un jour. Mais fi elle doit durer une année, comme il faut plus de confiftance, il faut auffi plus de fimplicité. Je confeillerois donc aux Poëtes épiques de prendre des caractères fimples, des mœurs homogènes, une feule paffion, une feule vertu, un naturel bien décidé, bien affermi par l'habitude, & analogue au sentiment dont il sera le plus affecté.

Les convenances relatives au sexe, à l'âge, à l'état, à la qualité des personnes, ne sont pas une règle invariable. Si l'on en croyoit certains Critiques, on ne peindroit les femmes qu'avec des vices; il est cependant injuste & ridicule de leur refuser des vertus : la foiblesse même & la timidité qui sont comme naturelles à leur sexe, n'empêchent pas qu'elles ne soient bien souvent fortes & courageuses dans le péril & dans le malheur. Je crois avoir répondu dans l'apologie du théâtre aux reproches les plus spécieux qu'on ait jamais fait à leur sexe. Ainsi lorsqu'on peindra une Camille, une Clorinde, une Cornélie, on sera dans la vérité comme lorsqu'on peindra une Armide, une Didon, une Calypso. J'observerai cependant qu'on a toujours supposé aux femmes des passions plus vives qu'aux hommes ; soit que plus retenus par les bienséances, les mouvemens de leur ame en deviennent plus véhémens; soit que la nature leur ayant donné des organes plus déliés, l'irritation en soit plus facile & plus prompte. On peut voir à l'égard des passions cruelles, que toutes les divinités du Tartare nous sont peintes par les Anciens sous les traits du sexe le plus foible, mais qu'ils croyoient le plus passionné. Comme on lui attribue des passions plus violentes, on lui attribue aussi des sentimens plus délicats; & ce n'est pas sans raison qu'on a fait les Graces & la Volupté du même sexe que les Furies.

Horace nous a peint les mœurs des âges d'après nature (a), & Scaliger du côté vi-

―――

(a) *Ætatis cujusque notandi sunt tibi mores,*
Mobilibusque decor naturis dandus & annis.
Reddere qui voces jam scit puer, & pede certo
Signat humum, gestit paribus colludere, & iram
Colligit ac ponit temere, & mutatur in horas.
Imberbis juvenis, tandem custode remoto,
Gaudet equis, canibusque, & aprici gramine
campi;

cieux y ajoute encore de nouveaux traits. La jeuneſſe, dit-il, eſt préſomptueuſe & crédule, facile à former des liaiſons & à s'y livrer; pleine de ſenſibilité pour les malheurs d'autrui, & indifférente ſur les ſiens; fière, violente, avide de gloire, colère, prompte à ſe venger, ne pardonnant jamais les mépris qu'elle eſſuie, & mépriſant elle-même tout ce qui ne lui reſſemble pas. La vieilleſſe, dit-il encore, eſt défiante & ſoupçonneuſe, parce qu'elle a ſans ceſſe préſentes les perfidies & les noirceurs dont elle a été tant de fois ou la vic-

---

Cereus in vitium flecti, monitoribus aſper;
Utilium tardus proviſor, prodigus æris,
Sublimis, cupiduſque, & amata relinquere pernix.
Converſis ſtudiis, ætas animuſque virilis
Quærit opes & amicitias: inſervit honori:
Commiſiſſe cavet quod mox mutare laboret.
Multa ſenem circumveniunt incommoda: vel quod
Quærit, & inventis miſer abſtinet, ac timet uti;
Vel quod res omnes timidè, gelidèque miniſtrat,
Dilator, ſpe longus, iners, aviduſque futuri:
Difficilis, querulus, laudator temporis acti
Se puero: cenſor, caſtigatorque minorum.

time ou le témoin; & comme les jeunes gens mesurent tout sur l'espérance de l'avenir, les vieillards jugent de tout sur le souvenir du passé. Ils se décident rarement sur des choses dont ils n'ont pas vû des exemples, plus rarement encore ils se détachent de leur sentiment, & ne souffrent presque jamais qu'on préfère celui des autres; pusillanimes & opiniâtres, cruels dans leurs haines, tristes dans leurs réflexions, d'une curiosité importune, & prévoyant toujours quelque desastre près d'arriver.

Quant à l'état des personnes, le Villageois, dit le même Critique, est naturellement stupide, crédule, timide, opiniâtre, indocile, présomptueux, enclin à croire qu'on le méprise, & détestant ce mépris. L'habitant des villes est lâche, craintif, plein d'orgueil, indolent, plus prompt en paroles qu'en actions, plongé dans le luxe & dans la mollesse, superbe envers ceux qui lui cèdent, bas avec ceux qui lui imposent; de la nature du crocodile. L'homme de guerre, ajoute-t-il, est malfaisant, ami du désordre, se vantant de ses faits glorieux, soupirant après le repos, & le quittant dès qu'il l'a trouvé.

On voit dans tous ces états des exemples de tous ces vices, peut-être même sont-ils plus fréquens que ceux des qualités contraires; & la Comédie qui peint les hommes du côté vicieux & ridicule, a grand soin de recueillir ces traits. Mais & les vices & les vertus d'état peuvent souffrir mille exceptions, comme les vices & les vertus qui caractérisent les âges; & en invitant les Poëtes à ne pas perdre de vûe ces caractères généraux, je crois devoir les encourager à s'en éloigner au besoin, sur-tout dans la Poësie héroïque, où l'on peint la nature, non telle qu'elle est communément, mais telle qu'elle est quelquefois. Achille & Télémaque sont du même âge, & rien ne se ressemble moins. On aime à voir sur-tout dans les vieillards les vertus opposées aux défauts qu'on leur attribue. Un vrai sage, comme Alvarès, est bien plus intéressant, & n'est pas moins dans la nature qu'un prétendu sage comme Nestor.

Cette variété dans les mœurs du même âge ou de la même condition, tient au fond du naturel, qui n'est ni absolument différent, ni absolument le même dans tous les hommes. Chacun de nous est en abrégé dans son enfance ce qu'il sera dans tous les âges de la vie, avec les modifications que les ans doivent opérer. Or ces modifications diffèrent selon la constitution primitive ; ensorte, par exemple, que le feu de la jeunesse développe en l'un des vices, & en l'autre des vertus. Les forces augmentent, mais la direction reste, à moins que la contention de l'habitude n'ait fait violence au naturel, ce qui sort de la règle commune.

Il y a des qualités naturelles & corelatives, auxquelles il est important d'avoir égard dans la peinture des mœurs : je n'en citerai que quelques exemples. De deux amis, le plus tendre est naturellement le plus âgé ; en cela Virgile a bien saisi la nature, lorsqu'il a peint Nisus se dévouant à la mort pour sauver le jeune Euriale. Par une raison à-peu-près semblable, la tendresse d'un pere pour son fils est plus vive que celle d'un fils pour son pere. Ainsi, lorsque dans l'Odyssée Ulysse & Télémaque se retrouvent, les larmes de Télémaque sont essuyées quand celles d'Ulysse coulent encore. L'amour d'une mere pour ses enfans est plus passionné que celui d'un pere; & le Marquis Masseï nous en a donné un exemple bien précieux & bien touchant. Dans sa Mérope, cette mere persuadée qu'elle ne reverra plus son fils, s'abandonne à sa douleur. Un sujet fidele & zélé l'invite à s'armer d'un courage égal aux malheurs qui l'accablent; & il lui cite l'exemple d'Agamemnon, à qui les dieux demanderent sa fille en sacrifice, & qui eut le courage de la livrer à la mort. A quoi Mérope répond :

O Cariso, non aurian già mai gli dei
Ciò commendato ad una madre.

Le Marquis Masseï a eu la modestie de

dire à ce sujet : « Ce beau sentiment n'est » pas sorti de l'ame du Poëte, ni emprunté » d'aucun autre Ecrivain : il l'a puisé dans » le grand livre de la nature & de la vérité, » celui de tous qu'il étudie avec le plus de » soin ». Il raconte donc qu'une mere se montrant inconsolable de la perte de son fils unique enlevé à la fleur de son âge, un saint homme pour l'en consoler, lui rappella l'exemple d'Abraham qui s'étoit soumis avec tant de constance à la volonté de Dieu, quoique le sacrifice qu'il lui demandoit fût celui de son fils unique. Ah, Monsieur, lui répondit cette mere desolée, Dieu n'auroit jamais demandé ce sacrifice à une mere! Cette différence est merveilleusement observée dans l'Orphelin de la Chine entre Zamti & Idamé. Toutefois la nature même se laisse vaincre quelquefois par la passion ou par le fanatisme ; & une Médée, une Léontine, quoique plus rare dans la nature, n'est pas hors de la vérité.

En traitant du choix dans l'imitation, j'ai parlé des convenances relatives au siècle & au pays du perſonnage qu'on employe, & de l'art de les rapprocher de nos mœurs, en conciliant la vérité abſolue avec la vérité relative.

Je me contenterai d'obſerver ici que les mœurs les plus favorables à la Poëſie ſont celles qui s'éloignent le moins de la nature : 1°. parce qu'elles ſont plus fortement prononcées, ſoit dans les vices, ſoit dans les vertus; que les paſſions s'y montrent toutes nues & dans leur plus grande vigueur: 2°. parce que ces mœurs, affranchies de l'eſclavage des préjugés, ont dans leur ſimplicité noble quelque choſe de rare & de merveilleux qui nous ſaiſit & nous enlève. Écoutez ce que diſoit à Cortès l'un des Envoyés des peuples du Mexique : « Si tu es un dieu cruel, voilà ſix eſclaves, » mange-les, nous t'en amenerons d'au-» tres; ſi tu es un dieu bienfaiſant, voilà » de l'encens; ſi tu es un homme, voilà » des fruits ». On raconte que le chef d'une nation ſauvage, amie des Anglois, ayant été amené à Londres & préſenté à la cour, le Roi lui demanda si ses sujets étoient libres. « S'ils sont libres ! oui sans doute, » répondit le Sauvage : je le suis bien, moi » qui suis leur chef». Voilà de ces traits qu'on chercheroit en vain parmi les nations civilisées de l'Europe : leurs vertus, ainsi que leurs vices, ont une couleur artificielle qu'il faut observer avec soin pour les peindre avec vérité.

Il seroit important de faire voir ici comment les différentes passions prennent la teinture des divers caractères, & comment ceux-ci sont modifiés par les différentes passions. Mais cet objet, digne d'occuper la vie entière d'un homme de génie, est au-dessus de mes forces & au-delà des bornes de l'ouvrage que j'ai entrepris. Tout ce que je puis, c'est de recommander aux Poëtes de ne jamais le perdre de vûe. C'est de l'accord qui règne entre les qualités primitives & les modes accidentels d'un même caractère, que résultera l'ensemble du dessein, l'illusion de la peinture, la vérité de l'imitation.

Un article auſſi important que les convenances eſt celui de l'intérêt. Le Poëme épique, comme la Tragédie, peut être conſtitué de manière que le perſonnage intéreſſant ait une bonté de mœurs ſans mélange, qu'il ſoit innocent, vertueux, digne à tous égards d'admiration & d'amour ; & alors le Poëte doit écarter du caractère de ſon héros tout ce qui peut diminuer les ſentimens qu'il veut qu'il inſpire.

Mais l'Epopée, comme la Tragédie, admet dans les perſonnages, même intéreſſans, un certain mélange de bonnes & de mauvaiſes qualités, analogues entre elles; & c'eſt au Poëte à ne leur donner que de ces foibleſſes ou de ces paſſions auxquelles il eſt naturel de pardonner & de compâtir.

Comme on a voulu exclure l'amour de la Tragédie, on a voulu l'exclure de l'Epopée. Mais ſi j'ai fait voir qu'il eſt digne de l'une, il eſt inutile de prouver qu'il n'eſt pas indigne de l'autre.

Je ne prétens pas, comme le Tasse, qu'Homère n'a pas moins chanté l'amour d'Achille pour Patrocle (*a*), que sa colère contre Agamemnon; mais je pense que l'amour est aussi compatible que la colère avec les vertus d'un héros; que dans tous les pays & dans tous les âges, il a influé sur le sort des plus grands hommes & des états les plus puissans; & que par conséquent la peinture de ses dangers est une leçon que les Poëtes ne doivent jamais se lasser de donner au monde.

Du reste, que ce soit l'amour, la colère, l'ambition, la tendresse filiale, le zele pour la Religion ou pour la Patrie; il est très-essentiel à l'Epopée, comme à la Tragédie, d'être animée par quelque passion; & plus elle aura de chaleur, plus l'action sera vive & rapide. On a distingué, assez mal-à-propos ce me semble, le Poëme épique mo-

---

(*a*) *Et amore fù quello d'Achille & di Patroclo come parue a Platone: la onde nell'stesso poema non solamente e descrita l'ira d'Achille contra Agamemnone è contra Hettore e gli altri Troïani, ma l'amor suo verso Patroclo.*

ral, du Poëme épique passionné; car le Poëme moral n'est intéressant qu'autant qu'il est passionné lui-même. Supposons, par exemple, qu'Homère eût donné à Ulysse l'inquiétude & l'impatience naturelles à un bon pere, à un bon époux, à un bon Roi, qui loin de ses états & de sa famille, a sans cesse présens les maux que son absence a pu causer; supposons dans le Poëme de Télémaque, ce jeune Prince plus occupé de l'état d'oppression & de douleur où il a laissé sa mere & sa patrie; leurs caractères plus passionnés n'en seroient que plus touchans : & lorsque Télémaque s'arrache au plaisir, on aimeroit encore mieux qu'il cédât aux mouvemens de la nature, qu'aux froids conseils de la sagesse. Si ce Poëme divin du côté de la morale, laisse desirer quelque chose, c'est plus de chaleur & de pathétique; & c'est aussi ce qui manque à l'Odyssée & à la plûpart des Poëmes connus.

Je ne prétens pas comparer en tous points le mérite d'un beau Roman avec celui

celui d'un beau Poëme; mais qu'il me soit permis de demander pourquoi certains Romans nous arrachent des larmes, nous émeuvent, nous troublent, nous attachent jusqu'à nous faire oublier (je n'exagère pas) la nourriture & le sommeil; tandis que nous lisons d'un œil sec, je dis plus, tandis que nous lisons à peine sans une espèce de langueur, les plus beaux Poëmes épiques? C'est que dans ces Romans le pathétique règne d'un bout à l'autre; au lieu que dans ces Poëmes il n'occupe que des intervalles, & qu'il y est souvent négligé. Les Romanciers en ont fait l'ame de leur intrigue; les Poëtes épiques ne l'ont presque jamais employé qu'en épisodes. Il semble qu'ils reservent toutes les forces de leur génie pour les tableaux & les descriptions, qui cependant ne font à l'Epopée que ce qu'est à la Tragédie le spectacle de l'action. Or le plus beau spectacle sans le secours du pathétique, seroit bientôt froid & languissant; & c'est ce qui arrive à l'Epopée quand la passion ne l'anime pas.

Tome II. X

En parlant du ſtyle poëtique en général & de ſes divers caractères, je crois avoir fait preſſentir quel doit être le ſtyle du Poëme héroïque, ſoit en action, ſoit en récit.

La partie dramatique & pathétique de l'Epopée doit pouvoir être tranſportée dans la Tragédie ſans changer de ſtyle & de ton. Qu'un Acteur paſſionné parle dans l'un ou dans l'autre Poëme, ſon langage doit être le même. Ce n'eſt qu'autant que l'Epopée admet des paſſions plus douces, des ſituations plus tranquilles, que le ſtyle en peut être moins ſévère & plus décoré.

Voyez les endroits de l'Andromaque où Racine a traduit en maître les vers de Virgile; ces tableaux ſont peints comme dans l'Epopée, & ils devoient l'être, par la raiſon que tous les détails en ſont intéreſſans, & que tout ce qui contribue à l'intérêt, c'eſt-à-dire à rendre plus vive la terreur ou la pitié, appartient à la Tragédie.

Adiſſon, dans l'expoſition de ſon Caton, fait dire à l'un des fils de ce héros: *L'aube eſt couverte, le tems s'appeſantit, &*

des nuages épais s'opposent à la naissance du jour, de ce jour qui doit décider du destin de Caton & de Rome. Cette description est vraiment tragique, parce qu'elle naît de la situation. Il est naturel que le fils de Caton à qui cette journée est redoutable, tire des présages de tout, & remarque les circonstances qui accompagnent la naissance de ce jour terrible. Si dans le Poëme épique le même Acteur étoit dans la même situation, il devroit s'exprimer de même ; & il seroit ridicule qu'il dît comme Homère : « L'aurore avec ses doigts de rose, ouvre aux » coursiers du soleil les portes de l'orient ».

La qualité d'homme inspiré qu'on attribue au Poëte dans l'Epopée, semble l'autoriser à prendre un ton plus haut, un style plus hardi que les personnages qu'on introduit sur la scène ; & dans cette partie, du moins le style du Poëme épique paroit devoir différer de celui de la Tragédie. Il en diffère, je l'avoue, 1°. en ce qu'il admet des détails & des ornemens qui conviennent au langage d'un homme tranquille,

X ij

& qui ne conviennent pas au langage d'un homme paſſionné : 2°. en ce que le Poëte peut employer, comme je l'ai dit, les images de tous les tems, de tous les climats, de toutes les conditions de la vie ;

> Contemporain de tous les âges,
> Et citoyen de tous les lieux.

Tandis que l'Acteur, quel qu'il ſoit, ne peut employer avec vraiſemblance que les images qui lui ſont familieres, & qu'il n'a pas beſoin de chercher. Mais, à cela près, qu'on me diſe pourquoi le ſtyle du Poëte dans l'Epopée ſeroit plus hardi, plus véhément, plus figuré que celui d'un perſonnage dramatique ?

Le Poëte eſt inſpiré, je le ſuppoſe ; mais un intérêt vif, une extrême ſenſibilité, une imagination échauffée par la grandeur de ſon objet, ne tiennent-ils pas lieu au perſonnage de la prétendue inſpiration du Poëte ? Tandis que le ſentiment conſerve ſa douceur naturelle, rien ne le peint mieux qu'une expreſſion ſimple ; mais lorſqu'il conçoit le degré de chaleur de la paſſion, rien ne lui convient mieux que le ftyle figuré. Il n'y a que les mouvemens retenus ou naturellement froids, comme ceux du dépit, de la fierté, du dédain, &c. qui exigent la gravité d'un ftyle ferme & laconique; & comme la nature eft la même foit en récit, foit en action, la règle eft commune aux deux genres. Que Priam aux pieds d'Achille, Achille avec Agamemnon, parlent dans l'Epopée ou dans la Tragédie, cela eft égal; leur langage eft celui de la nature, & la vérité relative en eft la même. Les adieux d'Hector & d'Andromaque, les regrets d'Evandre fur la mort de Pallas, les plaintes de Nifus fur la mort d'Euriale, & une infinité d'autres morceaux de fentiment & de paffion qui dans les Poëmes épiques font de très-belles fcènes de Tragédie, peuvent tous paffer au théâtre fans qu'il y ait un feul mot à changer. Ce qui fait donc que le ftyle grave & févère domine dans la Tragédie, c'eft que les Acteurs y font communément plus émus, plus préoccupés que n'eft le Poëte ou le personnage qui parle dans l'Epopée; & si quelquefois l'enthousiasme de l'admiration, l'ivresse de l'amour, celle de la joie, ou l'émotion tempérée d'une ame qui espère ou qui jouit, trouve place dans la Tragédie, alors le style en devient naturellement plus fleuri, plus brillant qu'il ne l'est dans des situations plus pénibles. Racine a merveilleusement observé ces nuances: de-là vient qu'il est à-la-fois si élégant & si naturel.

La qualité des personnages, soit dans la Tragédie, soit dans l'Epopée, décide aussi du plus ou moins de pompe & d'éclat que le style doit avoir. Le ton de Joad dans Athalie devoit être plus élevé que celui d'Abner. En général, le langage des Acteurs subalternes doit approcher du familier noble, & celui des héros être plus élevé. Mais il faut distinguer encore parmi les personnages subordonnés, ceux qui par état doivent s'exprimer avec plus ou moins de noblesse. Le style d'Oreste & celui de Pilade peuvent être le même; celui d'Orosmane doit être plus haut que celui de Corasmin : c'est la différence que met l'opinion entre un ami & un esclave.

Après la définition que j'ai donnée de la Poësie, après ce que j'ai dit de l'harmonie dont la prose est susceptible, il est presque inutile d'ajoûter, que je ne crois pas qu'il soit de l'essence du Poëme héroïque d'être écrit en vers.

Je n'en suis pas moins persuadé que c'est un mérite de plus quand on n'y perd rien du côté du naturel, de la chaleur, de l'énergie, du coloris, &c. je suis même, comme on a pû le voir, fort éloigné de croire qu'il y ait de l'impossibilité à donner du nombre à notre vers héroïque ; & tel qu'il est encore à présent, il y auroit, ce me semble, un moyen d'en rompre la monotonie, & d'en rendre, jusqu'à un certain point, l'harmonie imitative. Ce seroit d'y employer des vers de différente mesure, non pas mêlés au hasard, comme dans nos Poësies libres, mais appliqués aux différens genres auxquels leur cadence est le plus analogue: par exemple, le vers de dix syllabes, comme le plus simple, aux morceaux pathétiques; le vers de douze, aux morceaux tranquilles & majestueux; le vers de huit, aux harangues véhémentes; les vers de sept, de six, & de cinq, aux peintures les plus vives & les plus fortes.

Lorsque dans un Essai sur le Poëme épique je proposai, il y a quelques années, ce moyen d'en varier la marche, je n'en connoissois point d'exemple; mais il en existoit un précisément conforme à mon idée dans le porte-feuille d'un homme de lettres, digne d'être proposé pour modèle des graces du style & de l'harmonie des vers. C'est avec cette variété qu'il a décrit nos campagnes d'Italie en 1733 & 1734.

M. Berard.

Je n'en citerai pour exemple que la description des batailles de Parme & de Guastalle.

BATAILLE DE PARME.

Déja les deux partis s'avançoient en silence;
D'armes & d'étendarts les champs étoient cou-
    verts;
Et l'ange des combats, du haut des cieux ouverts,
Apportoit dans ses mains l'éternelle balance,
Où sont pesés des Rois les intérêts divers.

  Le cri de Bellone
  Nous a rassemblés;
  Le signal se donne;
  Les airs sont troublés
  Des coups redoublés
  Du bronze qui tonne.
  Par un feu roulant
  Le combat s'engage,
  Et l'airain brûlant
  Vomit le carnage.
  Les rangs sont ouverts,
  Les cieux sont couverts
  D'un affreux nuage.
  Par-tout le courage
  Tente un même effort,
  Et trouve au passage
  L'obstacle & la mort.
  Par-tout le ravage,
  L'aveugle fureur,

    La pâle terreur,
    La plainte & la rage
    Préfentent l'horreur
    De l'heure dernière;
    Quand tous les fléaux
    Rendront au cahos
    La Nature entière.

Coigny dans ce danger précipite fes pas,
Et bravant mille morts qui volent fur fa tête,
D'un front calme & ferein oppofe à la tempête
La majefté du Dieu qui préfide aux combats.

BATAILLE DE GUASTALLE.

Virtemberg qui couroit à fon heure fatale,
De la digue au rivage occupa l'intervalle,
Avec ces combattans, ces vaillans cuiraffiers,
La gloire de l'Empire & l'effroi des guerriers.
De leur front élevé l'armure étincellante,
Des monftres des forêts la dépouille effrayante
Rendoient plus redoutés ces Centaures du Nord,
Dont l'afpect annonçoit ou la fuite, ou la mort.

    Soudain l'élite guerriere
    De nos efcadrons brillans
    S'élance dans la carrière.
    Les vents portent leur bannière;
    Ils partent avec les vents.

L'airain des trompettes sonne,
L'acier sur l'acier resonne,
La mort croise tous ses traits.
Les rangs mêlés se confondent,
Les coups frappés se répondent,
Reçus, rendus de plus près.
On voit les coursiers rapides
Partir d'un élan fougueux,
Et leur instinct belliqueux
Les fait voler sous leurs guides,
Les fait combattre avec eux.
Tout cede enfin, tout succombe.
La voix du fort a parlé.
Et du colosse ébranlé
La masse chancelle & tombe.
Harcourt, Brissac, Chatillon,
Maîtres du sanglant rivage,
Chassent comme un tourbillon
Ce qui reste à leur passage.
Où sont ces audacieux ?
Leur front qui touchoit aux cieux
Est caché dans la poussière :
J'ai vû leur déroute entière ;
Et ce qui fuit devant nous
Précipité par la crainte,
D'un bois s'est fait une enceinte
Qui les dérobe à nos coups.

Cet art de changer de nombre, de croiser les vers, de varier les repos, d'arrondir la période poëtique, demande une oreille excellente ; mais aussi quel charme n'auroit pas un Poëme écrit avec soin d'après le modèle que je viens de citer ? & combien ce mélange de vers analogues aux mouvemens de l'ame & au caractère des objets, seroit supérieur à l'uniformité de nos distiques & de l'octave Italienne ! Je ne sais si jamais personne osera essayer en grand de varier ainsi les vers de l'Epopée (a) ; mais je crois du-moins être bien sûr qu'on en viendra aux rimes croisées, soit dans l'épique, soit dans le dramatique, comme au seul moyen d'éviter la monotonie de nos vers rimés deux-à-deux, & d'en adoucir la contrainte.

Je dois, avant de finir ce chapitre, combattre l'opinion de ceux qui regardent

___

(a) M. Watelet traduit actuellement en vers François la Jérusalem délivrée du Tasse ; l'essai que je propose seroit digne de lui.

l'Epopée comme interdite à nos Poëtes. Leur préjugé se fonde, 1°. sur ce qu'on doit prendre dans l'histoire de son pays le sujet que l'on veut chanter, & sur l'impossibilité qu'ils trouvent à faire entrer le merveilleux dans un sujet moderne; 2°. sur ce que toutes les ressources du Poëme épique sont épuisées, & qu'il n'y a rien de beau dans la Nature que la Poësie n'ait déjà moissonné.

Il y a sans doute un grand avantage à prendre le sujet que l'on veut célébrer dans les annales de son pays: la Henriade en est la preuve & l'exemple: l'action de ce Poëme, soit par elle-même, soit par son héros, est peut-être le plus heureux choix qu'ait jamais fait la Poësie. Mais si le même Poëte avoit traité sérieusement le sujet que Chapelain a rendu ridicule, nous aurions deux beaux Poëmes épiques au-lieu d'un. Du reste, lorsque l'Epopée sera une Tragédie en récit, qu'à l'importance de l'action, elle joindra l'intérêt de la terreur & de la pitié, que les grandes vertus, les grandes passions, les grands crimes en seront les ressorts, que les situations en seront théatrales, les tableaux variés & frappans, on ne demandera point pour s'y intéresser dans quel pays elle s'est passée. Mérope, Hermione, Burrhus, Zamore, Auguste, ne sont pas François, & chacun d'eux nous attache par le lien de l'humanité. La Nature ne connoît point les limites des Empires, ni les différences des tems : le malheur & la vertu ont des droits irrévocables & universels sur le cœur de l'homme.

A l'égard du merveilleux, j'ai déjà fait voir qu'il n'étoit pas le même pour tous les lieux & pour tous les tems; mais, 1°. je crois possible que les vertus & les passions humaines suffisent au merveilleux de l'Epopée comme à celui de la Tragédie : 2°. dans l'opinion de tous les âges & de tous les peuples, le principe du mal est admis, & c'est-là le grand mobile de ce merveilleux terrible & touchant qui convient au Poëme héroïque. Le Tasse n'a presque jamais eu recours à l'entremife des efprits céleftes ; mais il foulève les enfers, & ce merveilleux paffionné lui fuffit pour opérer tous fes prodiges.

La difficulté de trouver dans la Nature de nouvelles beautés à décrire, de nouveaux tableaux à former, eft plus férieufe & plus importante.

Pope compare le génie d'Homère à un aftre qui attire en fon tourbillon tout ce qu'il trouve à la portée de fes mouvemens : & en effet, Homère eft de tous les Poëtes celui qui a le plus enrichi la Poëfie des connoiffances de fon fiècle. Mais s'il revenoit aujourd'hui avec ce feu divin, quelles couleurs, quelles images ne tireroit-il pas des grands effets de la Nature fi favamment développés, des grands effets de l'induftrie humaine que l'expérience & l'intérêt ont portée fi loin depuis trois mille ans! La gravitation des corps, la végétation des plantes, l'inftinct des animaux, les développemens du feu, l'action de l'air, &c. les Méchaniques, l'Aftronomie, la Navigation, &c. voilà des mines à peine ouvertes où le génie peut s'enrichir. C'est de-là qu'il peut tirer des peintures dignes de remplir les intervalles d'une action héroïque; encore doit-il être avare de l'espace qu'elles occupent, & ne perdre jamais de vûe un spectateur impatient qui veut être délassé sans être refroidi, & dont la curiosité se rebute par une longue attente, surtout lorsqu'il s'apperçoit qu'on le distrait hors de propos. C'est ce qui ne manqueroit pas d'arriver si, par exemple, dans l'un des intervalles de l'action l'on employoit mille vers à ne décrire que des jeux (Ænéide L. V.). Le grand art de ménager les descriptions épisodiques est donc de les présenter dans le cours de l'action principale, comme les passages les plus naturels, ou comme les moyens les plus simples; & la règle du Poëte dans cette partie, est de se souvenir sans cesse qu'il n'est que le décorateur du théâtre où son action doit se passer.

CHAPITRE

CHAPITRE XIV.

De l'Opéra.

LE caractère de l'Epopée est de transporter la scène de la Tragédie dans l'imagination du lecteur. Là, profitant de l'étendue de son théâtre, elle aggrandit & varie ses tableaux, se répand dans la fiction, & manie à son gré tous les ressorts du merveilleux. Dans l'Opéra, la Muse tragique à son tour, jalouse des avantages que la Muse épique a sur elle, essaye de marcher son égale, ou plûtôt de la surpasser, en réalisant, du-moins pour les sens, ce que l'autre ne peint qu'en idée. Pour bien concevoir ces deux révolutions, supposez qu'on eût vû sur le théâtre une Reine de Phénicie, qui par ses graces & sa beauté eût attendri, intéressé pour elle les chefs les plus vaillans de l'armée de Godefroi, en eût même attiré quelques-uns dans sa cour, y eût donné asyle au fier Renaud dans sa disgrace, l'eût aimé, eût tout fait pour lui, & l'eût vu s'arracher aux plaisirs pour suivre les pas de la gloire ; voilà le sujet d'Armide en Tragédie. Le Poëte épique s'en empare ; & au lieu d'une Reine tout naturellement belle, sensible, intéressante, il en fait une enchanteresse : dès-lors, dans une action simple, tout devient magique & surnaturel. Dans Armide, le don de plaire est un prestige ; dans Renaud, l'amour est un enchantement : les plaisirs qui les environnent, les lieux mêmes qu'ils habitent, ce qu'on y voit, ce qu'on y entend, la volupté qu'on y respire, tout n'est qu'illusion ; & c'est le plus charmant des songes. Telle est Armide embellie des mains de la Muse héroïque. La Muse du théâtre la reclame & la reproduit sur la scène, avec toute la pompe du merveilleux. Elle demande pour varier & pour embellir ce brillant spectacle, les mêmes licences que la Muse épique s'est données ; & appellant à son secours la musique, la danse, la peinture, elle nous fait voir, par une magie nouvelle, les prodiges que sa rivale ne nous a fait qu'imaginer. Voilà Armide sur le théâtre lyrique ; & voilà l'idée qu'on peut se former d'un spectacle qui réunit le prestige de tous les Arts :

Où les beaux vers, la Danse, la Musique, *Voltaire.*
L'art de tromper les yeux par les couleurs,
L'art plus heureux de séduire les cœurs,
De cent plaisirs font un plaisir unique.

Dans ce composé tout est mensonge, mais tout est d'accord ; & cet accord en fait la vérité. La musique y fait le charme du merveilleux, le merveilleux y fait la vraisemblance de la musique : on est dans un monde nouveau : c'est la nature dans l'enchantement, & visiblement animée par une foule d'intelligences, dont les volontés sont ses loix. Que l'austère vérité s'empare de ce théâtre, elle en change tout le système ; & si du prestige qu'elle détruit on veut conserver quelque trace, l'accord, l'illusion n'y est plus. On en voit l'exemple dans l'Opera Italien. La premiere idée du vrai Poëme lyrique nous est venue d'Italie.

Nous l'avons saisie avidement, & les Italiens l'ont abandonnée. Au lieu des sujets fabuleux, où la fiction qu'ils autorisent met tout d'accord en exagérant tout, ils ont pris des sujets d'une vérité inaltérable où le fabuleux n'est admis pour rien ; & c'est à l'austérité de ces sujets, qu'ils ont entrepris d'allier le chant, le plus fabuleux de tous les langages. C'est-là le vice de l'Opera que les Italiens se sont fait : aussi avec d'excellens Poëtes & d'excellens Musiciens, n'auront-ils jamais qu'un spectacle imparfait, discordant, & ennuyeux pour eux-mêmes.

Sur un théâtre où tout est prodiges, il paroît tout simple que la façon de s'exprimer ait son charme comme tout le reste. Le chant est le merveilleux de la parole. Mais dans un spectacle où tout se passe comme dans la nature & selon la vérité de l'histoire, par quoi sommes-nous préparés à entendre Fabius, Regulus, Thémistocle, Titus, Adrien parler en chantant ? Que diroit-on si sur la scène Françoise on entendoit Auguste, Cornélie, Agrippine ou

Brutus s'exprimer ainsi ? Les Italiens y sont habitués, me direz-vous. Ils ne peuvent l'être au point de s'y plaire. Ils ont perdu leur Tragédie, & n'en ont point fait un bon Opera. Dans les sujets qu'ils ont pris, le merveilleux du chant ne tient à rien, n'est fondé sur rien. Mais il y a plus : ces sujets mêmes ne sont pas faits pour la musique. Le moyen de conduire, de nouer & de dénouer en chantant des intrigues aussi compliquées que celles d'Apostolo Zeno, qui quelquefois, comme dans l'Andromaque, enlace dans un seul nœud les incidens & les intérêts de deux de nos fables tragiques ? Le moyen de chanter avec agrément des conférences politiques, des harangues, &c ? Métastase est plus concis, plus rapide que Zeno ; mais tous les sacrifices qu'il lui en a coûté pour s'accommoder à la musique, n'ont pu changer la nature des choses. Rien de plus sublime, & rien de moins chantant que ces paroles de Titus.

Vendetta ! ah Tito ! e tu sarai capace
D'un sì basso desio, che rende eguale

L'offenso all'offensor! Merita in vero
Gran lode una vendetta, ove .. i costi
Piu che il volerla! Il torre altrui la vita,
E facolta comune
Al piu vil della terra; il darla è solo
De'numi e de', regnanti.

Auſſi quelque précifion que Métaſtaſe ait miſe dans la ſcène, on l'abrege encore; & c'eſt la mutiler.

Mais pour mieux entendre quel eſt le vrai genre de l'Opera, confidéré ſeulement comme un Poëme deſtiné à être mis en muſique, il faut, ſelon notre méthode, remonter à l'eſſence des choſes.

Un Poëme eſt plus ou moins analogue à la muſique, ſelon qu'elle a plus ou moins la facilité d'exprimer ce qu'il lui préſente.

La muſique a d'abord les ſignes naturels de tout ce qui affecte le ſens de l'ouie, ſavoir le mouvement, le bruit, & le ſon. Il eſt vrai qu'en imitant le bruit ſimple elle le rend harmonieux; mais c'eſt embellir la nature. Pour les objets des autres ſens, elle n'a rien qui leur reſſemble; mais au lieu de l'objet même, elle peint le caractère de la senfation qu'il nous caufe : par exemple, dans ces vers de Renaud,

Plus j'obferve ces lieux & plus je les admire.
 Ce fleuve coule lentement ;
Il s'éloigne à regret d'un féjour fi charmant.
Les plus aimables fleurs & le plus doux zéphire
 Parfument l'air qu'on y refpire.

la mufique ne peut exprimer ni le parfum, ni l'éclat des fleurs ; mais elle peint la volupté où l'ame, qui reçoit ces douces impreffions, languit amollie & comme enchantée.

Dans ces vers de Caftor & Pollux,

Triftes aprêts, pâles flambeaux,
Jour plus affreux que les ténèbres !

la mufique ne pouvoit jamais rendre l'effet des lampes fépulcrales ; mais elle a exprimé la douleur profonde qu'imprime au cœur de Thélaïre la vûe du tombeau de Caftor. Il y a d'un fens à l'autre une analogie que la mufique obferve & faifit, lorfqu'elle veut réveiller par l'organe de l'o-

Y iiij

reille la réminiscence des impressions faites sur tel ou tel autre sens. C'est donc aussi cette analogie que la Poësie doit consulter dans les tableaux qu'elle lui donne à peindre.

Quant aux affections & aux mouvemens de l'ame, la musique ne les exprime qu'en imitant l'accent naturel. L'art du Musicien est de donner à la mélodie des inflexions qui répondent à celles du langage; & l'art du Poëte est de donner au Musicien des tours & des mouvemens susceptibles de ces inflexions variées, d'où résulte la beauté du chant.

Un Poëme peut donc être, ou n'être pas lyrique, soit par le fond du sujet, soit par les détails & le style.

Tout ce qui n'est qu'esprit & raison est inaccessible pour la musique. Elle veut de la Poësie toute pure, des images & des sentimens. Tout ce qui exige des discussions, des développemens, des gradations, n'est pas fait pour elle. Faut-il donc mutiler le dialogue, brusquer les passages, précipiter les situations, accumuler les incidens sans les préparer, sans les lier l'un avec l'autre, ôter aux détails & à l'ensemble d'un Poëme cet air d'aisance & de vérité d'où dépend l'illusion théâtrale, & ne présenter sur la scène que le squelette de l'action? C'est l'excès où l'on donne, & qu'on peut éviter en prenant un sujet analogue au genre lyrique, où tout soit simple, clair & précis, en action & en sentiment.

L'opera Italien a des morceaux du caractère le plus tendre ; il en a aussi du plus passionné : c'est-là sa partie vraiment lyrique. Du milieu de ces scènes dont le récit noté n'a jamais ni la délicatesse, ni la chaleur, ni la grace de la simple déclamation, parce que les inflexions de la parole sont inappréciables, que dans aucune langue on ne peut les écrire (*a*), & que le chanteur

---

(*a*) Voyez dans l'Encyclopédie l'article Déclamation des Anciens, où M. Duclos a détruit sans réplique l'opinion de quelques savans, que la Mélopée des Anciens étoit notée.

le plus habile ne peut jamais les faire paſſer dans ſa modulation ; du milieu de ces ſcènes ſortent quelquefois des morceaux paſſionnés, auxquels la muſique donne une expreſſion plus animée & plus ſenſible que l'expreſſion même de la nature. Le premier mérite en eſt au Poëte qui a ſû rendre ces morceaux ſuſceptibles d'une mélodie expreſſive. Voyez dans l'Iphigénie d'Apoſtolo Zeno, imitée de Racine, combien ces paroles de Clitemneſtre ſont dociles à recevoir l'accent de la douleur & du reproche.

Prepari a ſvenar e figlia e madre,
  Conſorte e padre,
  Ma ſenſa amore
  Senſa pietà.
   Sí, sí,
  L'amor ſi perverti,
  E nel tuo cuore
  Entro col faſto
  La crudelta.

Dans l'Andromaque du même Poëte, lorſqu'entre deux enfans qu'on préſente à Ulyſſe, réduit au même choix que Pho-

cas, il ne fait lequel eſt ſon fils Télémaque, ni lequel eſt le fils d'Hector ; les paroles de Léontine dans la bouche d'Andromaque ſont d'une mere plus ſenſible, &
ont quelque choſe de plus animé dans l'I-
talien que dans le François.

Guarda pur. O quello, o queſto
E tua prole, è ſangue mio.
Tu nol ſai ; ma il ſo ben io ;
Ne a te, perfido, il dirò.
Chi di voi le vol per padre ?
Vi arretrate ! Ah, voi tacendo
Sento dir : tu mi ſei madre ;
Ne colui mi generò.

Dans l'olympiade de Métaſtaſe, lorſque Megaclès cède ſa maîtreſſe à ſon ami,
& la laiſſe évanouie de douleur ; quoi de
plus favorable au pathétique du chant,
que ces paroles :

Se cerca, ſe dice :
L'amico dov'è ?
L'amico infelice,
Riſpondi, morì.
Ah no : ſi gran duolo
Non dar le per me ;
Riſpondi ma ſolo :

Piangendo parti.
Che abiffo di pene!
Lafciare il fuo bene!
Lafciare per fempre!
Lafciar lo cofi!

Dans le Démophoon du même Poëte, imité d'Inès de Caſtro, combien les adieux de Pèdre & d'Inès ſont plus animés, plus touchans dans ce dialogue de Timante & de Dircé !

TIMANTE.

La deſtra ti chiedo,
Mio dolce foſtegno,
Per ultimo pegno
D'amore e di fè.

DIRCÉ.

Ah! queſto fu il ſegno
Del noſtro contento;
Ma ſento che adeſſo
L'iſteſſo non è.

TIMANTE.

Mia vita, ben mio.

DIRCÉ.

Addio, ſpoſo amato.

Enſemble.

Che barbaro addio!

Che fato crudel!
Che attendono i rei
Dagli astri funesti,
Se i premi son questi
D'un alma fedel?

C'est-là que triomphe la musique Italienne; & dans l'expression qu'elle y met, on ne sait lequel admirer le plus, ou des accens, ou des accords. Mais on auroit beau multiplier ces morceaux pathétiques, ils ont toujours la couleur sombre du sujet dont ils dépendent; & pour y répandre de la variété, l'on est obligé d'avoir recours à un moyen qui seul doit démontrer combien l'on a forcé nature. Je parle de ces sentences, de ces comparaisons, que les Poëtes ont eu la complaisance de mettre dans la bouche des personnages les plus graves, dans les situations, même les plus douloureuses; de ces airs sur lesquels une voix efféminée, qui quelquefois est celle d'un héros, vient badiner à contre-sens. En vain les Poëtes ont mis tout leur soin à faire de ces vers détachés, des peintures vives &

nobles ; il y a dequoi éteindre le feu de l'action la plus animée. Celui qui chante peut flatter l'oreille, mais il est sûr de glacer tous les cœurs. Que devient, par exemple, l'intérêt de la scène lorsque Arbace, dans la plus cruelle situation, où la vertu, l'amour, l'amitié, la nature, puissent jamais être réduits, s'amuse à chanter ces beaux vers ?

Vo solcando un mar crudele
 Sensa vele
 E sensa sarte.
Freme l'onda, il ciel s'imbruma,
Cresce il vento e manca l'arte,
E il voler della fortuna
Son costreto a seguitar.
Infelice in questo stato
Son da tutti abandonato ;
Meco sola e l'Innocenza
Che mi porta a naufragar.

Il faut avouer que les Poetes cèdent le moins qu'il est possible à cette tyrannie de l'usage ; mais pour s'en affranchir, il eût fallu, je crois, travailler sur des sujets plus variés & plus dociles, où le mélange des situations douloureuses & des situations consolantes, des momens de trouble & de crainte, & des momens de calme & d'espoir, eût donné lieu tour-à-tour au caractère du chant pathétique, & à celui du chant gracieux & léger.

Une intrigue nette & facile à nouer & à dénouer; des caractères simples; des incidens qui naissent d'eux-mêmes; des tableaux sans cesse variés par le moyen du clair obscur; des passions douces, quelquefois violentes, mais dont l'accès est passager; un intérêt vif & touchant, mais qui par intervalles laisse respirer l'ame: voilà les sujets que chérit la Poësie lyrique, & dont Quinaut a fait un si beau choix.

La passion qu'il a préférée est de toutes la plus féconde en images & en sentimens; celle où se succèdent avec le plus de naturel toutes les nuances de la Poësie, & qui réunit le plus de tableaux rians & sombres tour-à-tour.

Les sujets de Quinaut sont simples, faciles à expofer, noués & dénoués fans peine. Voyez celui de Roland: ce héros a tout quitté pour Angélique; Angélique le trahit & l'abandonne pour Médor. Voilà l'intrigue de fon Poeme: un anneau magique en fait le merveilleux; une fête de village en amène le dénouement. Il n'y a pas dix vers qui ne foient en fentimens ou en images. Le fujet d'Armide eft encore plus fimple.

La double intrigue d'Atys & celle de Théfée ne font pas moins faciles à démêler; & telle eft en général la fimplicité des plans de ce Poëte, qu'on peut les expofer en deux mots. A l'égard des détails & du ftyle, on voit Quinault fans ceffe occupé à faciliter au Muficien un récit à la fois naturel & mélodieux. Le moyen, par exemple, de ne pas chanter avec agrément ces vers des premières fcènes d'Ifis? C'eft Hiérax qui fe plaint d'Io:

Depuis qu'une Nymphe inconftante
A trahi mon amour & m'a manqué de foi,

Ces

Ces lieux jadis si beaux n'ont plus rien qui m'enchante.
Ce que j'aime a changé, tout a changé pour moi.
L'inconstante n'a plus l'empressement extrême
De cet amour naissant qui répondoit au mien :
Son changement paroît en dépit d'elle-même :
 Je ne le connois que trop bien.
Sa bouche quelquefois dit encor qu'elle m'aime ;
Mais son cœur ni ses yeux ne m'en disent plus rien.

Ce fut dans ces vallons, où par mille détours,
Inachus prend plaisir à prolonger son cours ;
 Ce fut sur son charmant rivage
  Que sa fille volage
 Me promit de m'aimer toûjours.
Le Zéphir fut témoin, l'onde fut attentive ;
Quand la Nymphe jura de ne changer jamais ;
Mais le Zéphir léger & l'onde fugitive
Ont enfin emporté les sermens qu'elle a faits.

Et en parlant à la Nymphe elle-même, écoutez comme ses paroles semblent solliciter le chant.

Vous juriez autrefois que cette onde rebelle
Se feroit vers sa source une route nouvelle,
Plûtôt qu'on ne verroit votre cœur dégagé ;

Tome II.

Voyez couler ces flots dans cette vaste plaine :
C'est le même penchant qui toûjours les entraîne;
Leur cours ne change point & vous avez changé.
Io.
Non, je vous aime encor.
Hiérax.
Quelle froideur extrême !
Inconstante, est-ce ainsi qu'on doit dire qu'on aime ?
Io.
C'est à tort que vous m'accusez.
Vous avez vû toûjours vos rivaux méprisés.
Hiérax.
Le mal de mes rivaux n'égale point ma peine.
La douce illusion d'une espérance vaine
Ne les fait point tomber du faîte du bonheur :
Aucuns d'eux comme moi n'a perdu votre cœur.

On voit un exemple encore plus sensible de la vivacité, de l'aisance & du naturel du dialogue lyrique, dans la scène de Cadmus :

Je vais partir, belle Hermione.

Mais un modèle parfait dans ce genre est la scène du cinquieme acte d'Armide :

Armide, vous m'allez quitter, &c.

Je n'en citerai que la fin.

RENAUD.

D'une vaine terreur pouvez-vous être atteinte,
Vous qui faites trembler le ténébreux féjour !

ARMIDE.

Vous m'apprenez à connoître l'amour ;
L'amour m'apprend à connoître la crainte.
Vous brûliez pour la gloire avant que de m'aimer :
Vous la cherchiez par-tout d'une ardeur fans égale.
La gloire eft une rivale
Qui doit toûjours m'allarmer.

RENAUD.

Que j'étois infenfé de croire
Qu'un vain laurier donné par la victoire,
De tous les biens fût le plus précieux !
Tout l'éclat dont brille la gloire,
Vaut-il un regard de vos yeux ?
Eft-il un bien fi charmant & fi rare
Que celui dont l'amour veut combler mon efpoir ?

ARMIDE.

La févère raifon & le devoir barbare
Sur les héros n'ont que trop de pouvoir.

RENAUD.

Je fuis plus amoureux, plus la raifon m'éclaire.

Vous aimer, belle Armide, est mon premier
devoir :
Je fais ma gloire de vous plaire,
Et tout mon bonheur de vous voir.

C'est en étudiant ces modèles, qu'on sentira ce que je ne puis définir : le tour élégant & facile, la précision, l'aisance, le naturel, la clarté d'un style arrondi, cadencé, mélodieux, tel enfin qu'il semble que le Poëte ait lui-même écrit en chantant. Et ce n'est pas seulement dans les choses tendres & voluptueuses que son vers est doux & harmonieux; il sait réunir quand il le faut l'élégance avec l'énergie, & même avec la sublimité. Prenons pour exemple le début de Pluton dans l'Opéra de Proserpine :

Les efforts d'un géant qu'on croyoit accablé,
Ont fait encor gémir le ciel, la terre & l'onde.
  Mon empire s'en est troublé.
  Jusqu'au centre du monde
  Mon trône en a tremblé.
  L'affreux Tiphée, avec sa vaine rage,
Trébuche enfin dans des gouffres sans fonds.
L'éclat du jour ne s'ouvre aucun passage

Pour pénétrer les royaumes profonds
  Qui me sont échûs en partage.
Le ciel ne craindra plus que ses fiers ennemis
Se relèvent jamais de leur chûte mortelle,
Et du monde ébranlé par leur fureur rebelle,
  Les fondemens sont affermis.

Il étoit impossible, je crois, d'imaginer un plus digne intérêt pour amener Pluton sur la terre, & de l'exprimer en de plus beaux vers.

Si l'amour est la passion favorite de Quinaut, ce n'est pas la seule qu'il ait exprimée en vers lyriques, c'est-à-dire, en vers pleins d'ame & de mouvement. Ecoutez Cerès au desespoir après avoir perdu sa fille, & la flamme à la main embrasant les moissons :

J'ai fait le bien de tous. Ma fille est innocente,
Et pour toucher les dieux mes vœux sont im-
      puissans;
J'entendrai sans pitié les cris des innocens.
  Que tout se ressente
  De la fureur que je ressens.

Écoutez Méduse dans l'Opéra de Persée.

Pallas, la barbare Pallas
Fut jalouse de mes appas;
Et me rendit affreuse autant que j'étois belle;
Mais l'excès étonnant de la difformité
Dont me punit sa cruauté,
Fera connoître, en dépit d'elle,
Quel fut l'excès de ma beauté.
Je ne puis trop montrer sa vengeance cruelle,
Ma tête est fière encor d'avoir pour ornement,
Des serpens dont le sifflement
Excite une frayeur mortelle.
Je porte l'épouvante & la mort en tous lieux;
Tout se change en rocher à mon aspect horrible.
Les traits que Jupiter lance du haut des cieux,
N'ont rien de si terrible
Qu'un regard de mes yeux.
Les plus grands dieux du ciel, de la terre & de
l'onde,
Du soin de se venger se reposent sur moi.
Si je perds la douceur d'être l'amour du monde,
J'ai le plaisir nouveau d'en devenir l'effroi.

Quelle force! quelle harmonie! quelle incroyable facilité! Que ceux qui refusent à la langue Françoise d'être nombreuse & sonore lisent ce Poëte, & qu'ils décident. Personne n'a croisé les vers & arrondi la période poëtique avec tant d'intelligence & de goût. Mais ce qui lui manque peut-être dans les morceaux d'un mouvement rapide & paſſionné, c'eſt cette égalité de nombre & de cadence qu'obſervent les Poëtes Italiens, & qui ſemble donnée par la muſique même. Ce qui lui manque, ce ſont ces morceaux où le vers ne fait qu'exprimer les mouvemens de l'ame, l'accent de la douleur, le cri du deſeſpoir, & dont les Italiens font leurs airs pathétiques : c'eſt en cela qu'il faut les imiter.

L'inégalité des vers ne nuit pas au ſimple récit dont la modulation eſt plus libre; mais l'on doit y éviter le double excès d'un ſtyle ou trop diffus, ou trop concis. Les vers dont le ſtyle eſt diffus, ſont lents, pénibles à chanter, & d'une expreſſion monotone ; les vers d'un ſtyle coupé par des repos fréquens, obligent le Muſicien à briſer de même ſon ſtyle. Cela eſt reſervé au tumulte des paſſions ; car alors la chaîne des idées eſt rompue, & à chaque instant il s'éleve dans l'ame un mouvement subit & nouveau. L'Italien excelle encore dans ces morceaux de récitatif pathétique. Quant au récit tranquille ou modéré, l'on y exige avec raison une modulation agréable à l'oreille; & c'est au Poëte à faciliter au Musicien, par la modulation naturelle du style, le moyen de concilier l'expression avec le chant, accord souvent trop négligé.

Un style qui change à tout propos de mouvement & de caractère, n'est pas celui du Poëte lyrique. Si vous accumulez, ou les tableaux, ou les sentimens, le Musicien se trouve à la gêne, il manque d'espace; il veut tout peindre, il ne peint rien. C'est dans le vague qu'il se plaît: donnez-lui des masses, il développera ce que vous lui aurez indiqué. Mais laissez-lui des intervalles. Dans les beaux vers du début des élémens, voyez comme chaque tableau est détaché par un silence: c'est dans ces silences de la voix que l'harmonie va se faire entendre.

FRANÇOISE. 351

Les tems font arrivés. Ceffez trifte cahos.
Paroiffez élémens. Dieux, allez leur prefcrire
 Le mouvement & le repos.
Tenez-les renfermés chacun dans fon empire.
Coulez, ondes, coulez. Volez rapides feux.
Voile afuré des airs embraffez la nature.
Terre enfante des fruits, couvre toi de verdure.
Naiffez, mortels, pour obéir aux dieux.

Si au contraire les fentimens ou les images que l'on peint font deftinées à former un air d'un deffein continu & fimple, l'unité de couleur & de ton eft effentielle au fujet même ; & c'eft le vague dont j'ai parlé qui facilitéra le chant. Dans le Démophoon de Métaftafe, Timante qui frémit de fe trouver le frere de fon fils, n'exprime fa pitié pour le malheur de cet enfant, qu'en termes vagues ; mais la mufique y fait bien fuppléer.

 Mifero pargoletto,
 Il tuo deftin non fai.
 Ah! non gli dite mai
 Qual'erà il genitor.
 Come in un ponto, o dio!
 Tutto cangiò d'afpetto!

Voi foste il mio diletto,
Voi siete il mio terror.

Pour que l'intelligence fût plus parfaite, on sent bien qu'il seroit à souhaiter que le Poëte fût Musicien lui-même. Mais s'il ne réunit pas les deux talens, au-moins doit-il avoir celui de pressentir les effets de la musique; de voir quelle route elle aimeroit à suivre, si elle étoit livrée à elle-même; dans quels momens elle presseroit ou ralentiroit ses mouvemens; quels nombres & quelles inflexions elle employeroit à exprimer tel sentiment ou telle image; quelle est de telle ou de telle émotion de l'ame celle qui lui donneroit une plus belle modulation; quel cercle elle peut parcourir dans l'étendue de tel ou de tel mode, & dans quel instant elle en doit changer. Tout cela demande une oreille exercée, & de plus un commerce intime, une communication habituelle du Poëte avec le Musicien. Mais peut-être aussi la nature a-t-elle mis une intelligence secrete entre le génie de l'un & le génie de l'autre; & que c'est au défaut de cette sympathie, que nos Poëtes les plus célèbres n'ont pas réussi dans le genre lyrique. Il est vrai du-moins qu'en voyant la Poësie médiatrice entre la nature & l'art, obligée d'imiter l'une & de favoriser l'autre, de prendre le langage qui convient le mieux à celui-ci, & qui peint le mieux celle-là, de leur ménager en un mot tous les moyens de se rapprocher & de s'embellir mutuellement, le talent du Poëte lyrique, au plus haut degré, doit paroître un prodige. Que sera-ce donc si l'on considère l'Opera François comme un Poëme où la danse, la peinture & la méchanique doivent concourir avec la Poësie & la Musique à charmer l'oreille & les yeux? Or telle est l'idée hardie qu'en avoit conçue le fondateur de notre théâtre lyrique; & l'on peut dire qu'en la concevant, il a eu la gloire de la remplir.

La danse ne peut avoir lieu décemment que dans des fêtes : elle est donc essentiellement exclue de l'Opera Italien, grave & tragique d'un bout à l'autre. Aussi les ballets qu'on y a introduits dans les entre-actes, font-ils abfolument détachés du fujet, fouvent même d'un genre contraire; & ce n'eft alors qu'un bifarre ornement.

Dans l'opera François, les fêtes doivent tenir à l'action, comme incidens au-moins vrai-femblables; & il eft égal qu'elles viennent au commencement, au milieu, ou à la fin de l'acte, pourvu que ce foit à propos. Il y en a dans le merveilleux; il y en a dans la fimple nature. Il y a des plaifirs céleftes où préfide la volupté; il y en a de moins brillans, mais d'auffi doux, deftinés aux ombres heureufes. Chaque divinité a fa cour, & fon caractère dècide du goût des fêtes qu'on y donne. Quelquefois la danfe exprime une action qui fe paffe entre les dieux. Il eft naturel que les plaifirs, les amours & les graces préfentent en danfant à Enée les armes dont Venus lui fait don; il eft naturel que les démons formant un complot funefte au repos du monde, expriment leur joie par des danfes. La magie les emploie de même dans les évocations & les enchantemens. Parmi les hommes, il y a des danses de culte, & il y en a de réjouissance. Les unes sont graves, mystérieuses; les autres sont analogues aux mœurs. Il faut distinguer en général la danse qui n'est que danse, & celle qui peint une action. L'une est florissante sur notre théâtre; mais l'autre, qui peut avoir lieu quelquefois, n'a pas été assez cultivée; & il existe en Europe un homme de génie qui lui fait exprimer des tableaux ravissans.

Nous avons sur le théâtre mille exemples de fêtes ingénieusement amenées; mais nous en avons mille aussi de fêtes placées mal-à-propos. Ce n'est pas seulement sur la scène, c'est dans l'ame des acteurs & des spectateurs qu'il faut trouver place à des réjouissances.

Dans l'Opéra de Callirhoé, la désolation règne dans les murs de Calidon :

Une noire fureur transporte les esprits;
Le fils infortuné s'arme contre le pere;

Le pere furieux perce le sein du fils ;
L'enfant est immolé dans les bras de sa mere.

Or c'est dans ce moment que les Satyres & les Driades viennent célébrer la fête du dieu Pan ; & la Reine pour consulter le dieu sur les malheurs de son peuple, attend que l'on ait bien dansé.

Dans l'acte suivant, Callirhoé vient d'annoncer qu'elle est la victime qui doit être immolée. Son amant au desespoir, la laisse & court lui-même à l'autel :

Le bucher brûle ; & moi, j'éteins sa flamme impie
Dans le sang du cruel qui veut vous immoler....
J'attaquerai vos dieux, je briserai leur temple,
Dût leur ruine m'accabler.

Dans ce moment, les bergers des côteaux voisins viennent danser & chanter dans la plaine ; & Callirhoé assiste à leurs jeux. Il est évident que si le spectateur est dans l'inquiétude & la crainte, ces fêtes doivent l'importuner ; & s'il s'en amuse, c'est qu'il n'est point ému. Cette difficulté de placer des fêtes, vient de ce que le tissu de l'action est trop serré. Il est de l'essence de la Tragédie, que l'action n'ait point de relâche, que tout y inspire la crainte ou la pitié, & que le danger ou le malheur des personnages intéressans, croisse & redouble de scène en scène. Au contraire, il est de l'essence de l'Opera que l'action n'en soit affligeante ou terrible que par intervalles, & que les passions qui l'animent ayent des momens de calme & de bonheur, comme on voit dans les jours d'orage des momens de sérénité. Il faut seulement prendre soin que tout se passe comme dans la nature, que l'espoir succède à la crainte, la peine au plaisir, le plaisir à la peine, avec la même facilité que dans le cours des choses de la vie.

Quinaut n'a presque pas une fable qu'on ne pût citer pour modèle de cette variété harmonieuse. Je me borne à l'exemple de l'Opera d'Alceste : on y va voir réduite en pratique la théorie que je viens d'exposer. Le théâtre s'ouvre par les noces d'Alceste

& d'Admete, & l'allégresse publique règne autour de ces heureux époux. Lycomède, roi de Scyros, desespéré de voir Alceste au pouvoir de son rival, feint de leur donner une fête ; il attire Alceste sur son vaisseau, & l'enlève aux yeux d'Admete & d'Alcide. Le trouble & la douleur prennent la place de la joie. Alcide s'embarque avec Admete, pour aller délivrer Alceste, & punir son ravisseur. Lycomède assiégé dans Scyros, résiste & refuse de rendre sa captive : l'effroi règne durant l'assaut. Alcide enfin brise les portes, la ville est prise, Alceste est délivrée, & la joie reparoît avec elle. Mais à l'instant la douleur lui succède : on ramène Admete mortellement blessé ; il est expirant dans les bras d'Alceste. Alors Apollon descend des cieux, & lui annonce que si quelqu'un veut se dévouer à la mort pour lui, les destins consentent qu'il vive. Ainsi la douce espérance vient de nouveau suspendre la douleur. Cependant nul ne se présente pour mourir à la place d'Admete,

mete, & l'on voit l'inftant où il va expirer. Tout-à-coup il paroît environné de fon peuple, qui célèbre fon retour à la vie. Apollon a promis que les Arts éleveroient un monument à la gloire de la victime qui s'immoleroit pour lui ; ce monument s'élève ; & dans l'image de celle qui s'eft immolée, Admete reconnoît fon époufe : tout le palais retentit de ce cri de douleur : *Alcefte eft morte !* L'allégreffe fe change en deuil, & Admete lui-même ne peut fouffrir la vie que le ciel lui rend à ce prix. Mais vient Alcide qui lui déclare l'amour qu'il avoit pour Alcefte fa femme, & lui propofe, s'il veut la lui céder, d'aller forcer l'enfer à la rendre. Admete y confent, pourvu qu'elle vive; & l'efpoir de revoir Alcefte fufpend les regrets de fa mort. Pluton touché du courage & de l'amour d'Alcide, lui permet de ramener Alcefte à la lumiere , & ce triomphe répand la joie dans tous les cœurs. Mais à peine Admete a-t-il revu fon époufe, qu'il fe voit obligé de la céder, & leurs adieux sont mêlés de larmes. Alceste tend la main à son libérateur; Admete s'éloigne; Alcide l'arrête, & refuse le prix qu'il avoit demandé :

<blockquote>
Non, non, vous ne devez pas croire
Qu'un vainqueur des tyrans soit tyran à son tour.
Sur l'enfer, sur la mort j'emporte la victoire;
Il ne manquoit plus à ma gloire
Que de triompher de l'amour.
</blockquote>

Lorsque la fable d'un Poëme est ainsi formée, il n'est pas difficile d'y amener des fêtes. Toutefois il faut en éviter l'excès ; & pour cela il est un moyen bien simple, c'est de s'affranchir de la règle, ou plûtôt de l'usage de diviser l'Opera en cinq actes. C'est assez de quatre, c'est même assez de trois. Les Italiens nous ont donné l'exemple. La plûpart de leurs Tragédies lyriques n'ont que trois actes ; imitons les. Il seroit à souhaiter qu'Armide n'en eût que quatre. Le Poëte séduit par son imagination, a trop présumé des secours de la musique, de la danse, de la peinture,

& de la méchanique, lorsqu'il a fait un acte des Chevaliers Danois. Isis ne demandoit peut-être guère plus d'étendue que le nouvel Opera de Psiché; car la différence des climats où la malheureuse Io se voit traînée, ne change pas sa situation. Si l'Opera est coupé en trois actes, que l'un des trois actes présente un grand & magnifique tableau, que chacun des deux autres soit orné d'une fête, l'intérêt de l'action ne sera suspendu que deux fois par la danse; on y employera les talens d'élite; les ressources de l'art ne s'y épuiseront pas, & le public applaudira lui-même au soin qu'on prendra d'économiser ses plaisirs. Le rassasier de ce qu'il aime, ce n'est pas vouloir l'amuser long-tems.

Les décorations de l'Opera font une partie essentielle des plaisirs de la vûe; & l'on sent combien les sujets pris dans le merveilleux sont plus favorables au décorateur & au machiniste, que les sujets pris de l'Histoire. Le changement de lieu que les Poëtes Italiens se sont permis, non-seulement d'un acte à l'autre, mais de scène en scène & à tout propos, occasionne des décorations, où l'architecture, la peinture & la perspective peuvent éclater avec magnificence ; & la grandeur des théâtres d'Italie donne un champ libre & vaste au génie des décorateurs. Mais des sujets où tout s'exécute naturellement, ne sont guères susceptibles du merveilleux des machines ; & le passage d'un lieu à un autre, réduit à la possibilité physique, retrécit le cercle des décorations.

Dans un Poëme, quel qu'il soit, si les évènemens sont conduits par des moyens naturels, le lieu ne peut changer que par ces moyens mêmes. Or dans la nature, le tems, l'espace & la vîtesse ont des rapports immuables. On peut donner quelque chose à la vîtesse ; on peut aussi étendre un peu le tems fictif au-delà du réel ; mais à cela près, le changement de lieu n'est permis qu'autant qu'il est possible dans les intervalles donnés. Pourquoi le Poëme épique a-t-il la liberté de franchir l'espace? Parce qu'il a celle de franchir la durée, & de raconter en un vers ce qui s'est passé en dix ans.

Fracti bello, fatisque repulsi,
Ductores Danaum, tot jam labentibus annis.

Il n'en est pas de même du Poëte dramatique : le tems lui mesure l'espace, & la nature le mouvement. Un char, un vaisseau peut aller un peu plus ou un peu moins vîte; le tems fictif qu'on lui donne, peut être un peu plus ou un peu moins long ; mais cela se borne à peu de chose. Ainsi, par exemple, si le premier acte du Régulus de Métastase se passoit à Carthage & le second à Rome, ce Poëme auroit beau être lyrique ; cette licence choqueroit le bon sens.

Mais dans un spectacle où le merveilleux règne, il y a deux moyens de changer de lieu qui ne sont pas dans la nature. Le premier est un changement passif: c'est le lieu même qui se transforme. Que le palais d'Armide s'embrase & s'écroule, c'est un changement qui peut être naturel,

& l'on donne le même spectacle dans l'Opera de Didon; mais qu'à la place du palais & des jardins d'Armide, paroissent tout-à-coup un desert, des torrens, des précipices, voilà ce qui ne peut s'opérer fans le fecours du merveilleux. Le fecond changement eſt actif, & c'eſt dans la vîteſſe du paſſage qu'eſt le prodige. On ne demande pas quel tems le char de Cybelle emploie à paſſer de Sicile en Phrygie, & de Phrygie en Sicile; ni s'il eſt poſſible que les dragons d'Armide traverſent en un inſtant les airs. Leur vîteſſe n'a d'autre règle que la penſée qui les fuit.

Quinaut en formant le projet de réunir tous les moyens d'enchanter les yeux & l'oreille, ſentit donc bien qu'il devoit prendre ſes ſujets dans le ſyſtême de la fable, ou dans celui de la magie. Par-là il rendit ſon théâtre fécond en prodiges; il ſe facilita le paſſage de la terre aux cieux, & des cieux aux enfers; ſe ſoumit la nature & la fiction; ouvrit à la Tragédie la carriere de l'Épopée, & réunit les avantages de l'un & de l'autre Poëme en un seul.

Je ne dis pas que le Poëme lyrique ait toute la liberté de l'Epopée : il est gêné par l'unité de tems. Mais tout ce qui dans le tems donné se passeroit en récit, se passe en action sur le théâtre. Du reste, pour juger du genre qu'a pris notre Poëte, il ne faut pas se borner à ce qu'il a fait : aucun des Arts qui devoient le seconder, n'étoit au même degré que le sien ; il a été obligé de remplir souvent avec de froids épisodes, un tems qu'il eût mieux employé, s'il avoit eu plus de secours. Il ne faut pas même le juger tel que nous le voyons au théâtre ; & sans parler de la musique, il seroit ridicule de borner l'idée qu'on doit avoir du spectacle de Persée & de Phaëton, à ce qu'on peut exécuter dans un espace aussi étroit, & avec aussi peu de moyens. Mais qu'on suppose la musique, la danse, la décoration, les machines, le talent des Acteurs, soit pour le chant, soit pour l'action, au même degré que la partie essentielle des Poëmes d'Atys, de

Théfée & d'Armide, on aura l'idée de ce fpectacle tel que je le conçois, & tel qu'il doit être pour remplir l'idée que Quinaut lui-même en avoit conçue. Depuis ce Poëte, on a fuivi fes traces; & le Poëme de Jephté, celui de Dardanus, celui même d'Iffé, quoique paftoral, peuvent être cités après les fiens; mais à une grande diftance: je ne vois que Caftor & Pollux qui fe foutienne à côté des Poëmes de Quinaut.

On a imaginé depuis un genre d'Opera plus facile, & qui plaît furtout par fa variété: ce font des actes détachés & réunis fous un titre commun. La Motte en a été l'inventeur. L'Europe Galante en fut l'effai, & mérita d'en être le modèle. L'avantage de ces petits Poëmes lyriques, eft de n'exiger qu'une action très-fimple, qui donne un tableau, qui amène une fête, & qui, par le peu d'efpace qu'elle occupe, permet de raffembler dans un même fpectacle trois Opera de genres différens. L'acte de Coronis, celui de Pigmalion, celui de Zélindor, font des chefs-d'œuvre en ce genre. On peut citer auſſi comme modèles l'acte de la Vûe dans le ballet des Sens, & dans les Elémens celui de la Veſtale. Le choix des ſujets dans ces petits Opera, ſe décide par les mêmes qualités que dans les grands: des tableaux, des ſentimens, des images. C'eſt-là que ſeroient inſoutenables les détails qui ne ſont pas faits pour le chant. Les épiſodes ſur-tout n'y doivent jamais avoir lieu. Ce Poëme, à raiſon du peu d'eſpace qu'il occupe, exige moins de diverſité dans les incidens & dans les peintures; mais le plus petit tableau doit avoir un certain mélange d'ombre & de lumière. L'intrigue la plus ſimple a ſes gradations; les détails mêmes ont des nuances qui les font valoir l'un par l'autre; & en petit comme en grand, il faut concilier pour plaire, l'enſemble & la variété.

L'Opéra ne s'eſt pas borné aux ſujets tragiques & merveilleux. La galanterie noble, la paſtorale, la bergerie, le comique, le boufon même, ſont embellis par la musique, & chacun de ces genres a ses agrémens. Mais l'on sent bien qu'ils ne sont faits que pour occuper un instant la scène. Les plus animés sont les plus favorables : le comique sur-tout, par ses mouvemens, ses saillies, ses traits naïfs, ses peintures vivantes, donne à la musique un jeu & un essor que les Italiens nous ont fait connoître, & dont avant la *Serva Padrona* l'on ne se doutoit point à Paris. Mais les Arts connoissent-ils la différence des climats? Leur patrie est par-tout où l'on sait les goûter. Les beautés de l'Opéra Italien seront celle du nôtre quand il nous plaira. Laissons aux voix brillantes & légères que l'Italie admire, les ariettes badines qui déparent les scènes touchantes ; mais tâchons d'imiter ces accens si vrais, si sensibles, ces accords si simples & si fort expressifs, ces modulations dont le dessein est si pur, si facile & si beau, enfin ce chant que je ne conçois pas, mais qui avec un clavecin & une mauvaise voix, a le pouvoir de m'arracher des larmes.

Nos Muficiens, profonds dans leur art, avec du goût & du génie, n'attendent, difent-ils, que des Poëtes. N'ont-ils pas Quinaut fous les yeux ? Quelle malheureufe honte les empêche d'imiter ceux d'Italie ? Métaftafe eft leur Poëte commun. C'eft en s'exerçant les uns à l'envi des autres, & avec une noble & fière émulation, à mettre cinquante fois le même Poëme en mufique, qu'ils fe font éclairés fur les reffources inépuifables de leur art. Ce n'eft que par-là qu'on apprend à étudier la Nature, & à tenter tous les moyens de la faifir & de l'exprimer. La Mufique, j'ofe le prédire, ne fera parmi nous des progrès rapides, que lorfque les talens obftinés à fe furpaffer l'un l'autre fur les mêmes chofes, éclairés par leur jaloufie, & animés par la voix du public, fe rendront réciproquement plus difficiles, plus laborieux, plus ardens, plus féconds en reffources. La concurrence eft gênante ; mais cette gêne eft précifément ce qui donne du reffort au génie ; & l'ufage qui défend à un Muſicien de toucher à un Poëme déjà mis en muſique, reſſemble à ces priviléges qui favoriſent les Artiſtes & qui font dépérir les Arts.

CHAPITRE XV.

De la Comédie.

LA malignité, naturelle aux hommes, eſt le principe de la Comédie. Nous voyons les défauts de nos ſemblables avec une complaiſance mêlée de mépris, lorſque ces défauts ne ſont ni aſſez affligeans pour exciter la compaſſion, ni aſſez révoltans pour donner de la haine, ni aſſez dangereux pour inſpirer de l'effroi. Ces images nous font ſourire, ſi elles ſont peintes avec fineſſe : elles nous font rire, ſi les traits de cette maligne joie, auſſi frappans qu'inattendus, ſont aiguiſés par la ſurpriſe. De cette diſpoſition à ſaiſir le ridicule, la Comédie tire ſa force & ſes moyens. Il eût été ſans doute plus avantageux de changer en nous cette complaifance vicieufe en une pitié philofophique; mais on a trouvé plus facile & plus sûr de faire fervir la malice humaine à corriger les autres vices de l'humanité, à peu près comme on employe les pointes du diamant à polir le diamant même: c'eft-là l'objet ou la fin de la Comédie.

Mal-à-propos l'a-t-on diftinguée de la Tragédie par la qualité des perfonnages: le Roi de Thèbes & Jupiter lui-même font des perfonnages comiques dans l'Amphitrion; & Spartacus, de la même condition que Sofie, eft un perfonnage tragique à la tête de fes conjurés. Le degré de paffion ne diftingue pas mieux la Comédie de la Tragédie. Le defefpoir de l'avare, lorfqu'il a perdu fa caffette, ne le cede en rien au defefpoir de Philoctète, à qui on enlève les flêches d'Hercule. Des malheurs, des périls, des fentimens extraordinaires, conftituent la Tragédie; des intérêts & des caractères familiers, conftituent la Comédie. L'une peint les hommes comme ils ont été quelquefois ; l'autre comme ils ont coûtume d'être. La Tragédie est un tableau d'histoire ; la Comédie est un portrait : non le portrait d'un seul homme, comme la satyre, mais d'une espèce d'hommes répandus dans la société, dont les traits les plus marqués sont réunis dans une même figure. Enfin, le vice n'appartient à la Comédie qu'autant qu'il est ridicule & méprisable. Dès que le vice est odieux, il est du ressort de la Tragédie. C'est ainsi que Moliere a fait de l'Imposteur un personnage comique dans Tartuffe; au-lieu que Shakespear en a fait un personnage tragique dans Glocestre. Si Moliere a rendu Tartuffe odieux au cinquième acte, c'est, comme Rousseau le remarque, *Par la nécessité de donner le dernier coup de pinceau à son personnage.*

Le ridicule est l'objet de la Comédie, & le ridicule est d'opinion. Ce qui est comique pour tel peuple, pour telle société, pour tel homme, peut ne pas l'être pour tel autre. L'effet du comique résulte de la comparaifon qu'on fait, même fans s'en appercevoir, de fes mœurs avec celles qu'on voit tourner en ridicule, & fuppofe entre le fpectateur & le perfonnage repréfenté une différence avantageufe pour le premier. Ce n'eft pas que le même homme ne puiffe rire de fa propre image, lors même qu'il s'y reconnoît: mais cela vient d'une duplicité de caractères, qui s'obferve encore plus fenfiblement dans le combat des paffions, où l'homme eft fans ceffe en oppofition avec lui-même. On fe juge, on fe condamne, on fe plaifante comme un tiers, & l'amour-propre y trouve fon compte.

Le Comique n'étant qu'une relation, il doit perdre à être tranfplanté; mais il perd plus ou moins en raifon de fa beauté effentielle. S'il eft peint avec force & vérité, il aura toujours, comme les portraits de Vandeyk & de la Tour, le mérite de la Peinture, lors même qu'on ne fera plus en état de juger de la reffemblance; & les connoiffeurs y appercevront cette ame & cette vie, qu'on ne rend jamais qu'en imitant la nature. D'ailleurs, si le Comique porte sur des caractères généraux & sur quelque vice radical de l'humanité, il ne sera que trop ressemblant dans tous les pays & dans tous les siècles. L'Avocat Patelin semble peint de nos jours. L'Avare de Plaute a ses originaux à Paris. Le Misantrope de Molière eût trouvé les siens à Rome. Tels sont malheureusement chez tous les hommes le contraste & le mélange de l'amour-propre & de la raison, que la théorie des bonnes mœurs & la pratique des mauvaises sont presque toujours & par-tout les mêmes. L'avarice, cette avidité insatiable qui fait qu'on se prive de tout pour ne manquer de rien. L'envie, ce mélange d'estime & de haine pour les avantages qu'on n'a pas. L'hypocrisie, ce masque du vice déguisé en vertu. La flatterie, ce commerce infame entre la bassesse & la vanité, tous ces vices, & une infinité d'autres, existeront par-tout où il y aura des hommes, & par-tout ils seront regardés

comme

comme des vices. Chaque homme méprisera dans son semblable le vice qui n'est pas le sien, & prendra un plaisir malin à le voir humilié : ce qui assure à jamais le succès du Comique qui attaque les mœurs générales.

Il n'en est pas ainsi du Comique local & momentané : il est borné pour les lieux & pour les tems au cercle du ridicule qu'il attaque ; mais il n'en est souvent que plus louable, attendu que c'est lui qui empêche le ridicule de se perpétuer & de se répandre en détruisant ses propres modèles, & que s'il ne ressemble plus à personne, c'est que personne n'ose lui ressembler. Menage, qui a dit tant de mots, & qui en a dit si peu de bons, avoit pourtant raison de s'écrier à la première représentation des *Précieuses Ridicules* : » Courage, Molière, » voilà le bon Comique». Observons à-propos de cette Pièce, qu'il y a quelquefois un grand art à charger les portraits. La méprise des deux Provinciales, leur empressement pour deux valets travestis, les coups de bâton qui font le dénouement, exagèrent sans doute le mépris attaché aux airs & aux tons précieux; mais Molière, pour arrêter la contagion, a usé du plus violent remède. C'est ainsi que dans un dénouement qui a essuyé tant de critiques & qui mérite les plus grands éloges, il a osé envoyer l'Hypocrite à la Grève. Son exemple doit apprendre à ses imitateurs à ne pas ménager le vice, & à traiter un méchant homme sur le théâtre comme il doit l'être dans la société. Par exemple, il n'y a qu'une façon de renvoyer de dessus la scène un scélérat qui fait gloire de séduire une femme pour la deshonorer. Ceux qui lui ressemblent, trouveront mauvais le dénouement; tant mieux pour l'Auteur & pour l'ouvrage.

Comme presque toutes les régles du Poëme dramatique concourent à rapprocher par la vraisemblance la fiction de la réalité, l'action de la Comédie nous étant plus familière que celle de la Tragédie, & le défaut de vraisemblance plus facile à remarquer, les règles y doivent être plus rigoureusement observées. De-là cette unité, cette continuité de caractère, cette aisance, cette simplicité dans le tissu de l'intrigue, ce naturel dans le dialogue, cette vérité dans le sentiment, cet art de cacher l'art même dans l'enchaînement des situations, d'où résulte l'illusion théâtrale.

Si l'on considère le nombre de traits qui caractérisent un personnage comique, on peut dire que la Comédie est une imitation exagérée. Il est bien difficile en effet, qu'il échappe en un jour à un seul homme autant de traits d'avarice, que Molière en a rassemblés dans Harpagon ; mais cette exagération rentre dans sa vraisemblance, lorsque les traits sont multipliés par des circonstances ménagées avec art. Quant à la force de chaque trait, la vraisemblance a des bornes.

L'Avare de Plaute examinant les mains de son valet, lui dit, *Voyons la troisième*, ce qui est choquant. Molière a traduit l'*autre*, ce qui est naturel, attendu que la précipitation de l'Avare a pu lui faire oublier qu'il a déjà examiné deux mains, & prendre celle-ci pour la seconde. Les *autres* est une faute du Comédien qui s'est glissée dans l'impression.

Il est vrai que la perspective du théâtre exige un coloris fort, & de grandes touches, mais dans de justes proportions, c'est-à-dire, telles que l'œil du Spectateur les réduise sans peine à la vérité de la nature. Le *Bourgeois Gentilhomme* paie les titres que lui donne un Complaisant mercenaire, c'est ce qu'on voit tous les jours; mais il avoue qu'il les paie, *voilà pour le Monseigneur:* c'est en quoi il renchérit sur ses modèles. Molière tire d'un sot l'aveu de ce ridicule, pour le mieux faire appercevoir dans ceux qui ont l'esprit de le dissimuler. Cette espèce d'exagération demande une grande justesse de raison & de goût. Le théâtre a son optique, & le tableau est manqué dès que le Spectateur s'apperçoit qu'on a outré la nature.

Par la même raison, il ne suffit pas pour

rendre l'intrigue & le dialogue vraisemblables, d'en exclure ces *à parte* que tout le monde entend, excepté l'Interlocuteur, & ces méprises fondées sur une ressemblance ou un déguisement prétendu ; supposition que tous les yeux démentent, hors ceux du personnage qu'on a dessein de tromper. Il faut encore que tout ce qui se passe & se dit sur la scène soit une peinture si naïve de la société, qu'on oublie qu'on est au spectacle. Un tableau est mal peint, si au premier coup-d'œil on pense à la toile, & si l'on remarque le mélange des couleurs avant que de voir des contours, des reliefs & des lointains. Le prestige de l'art, c'est de le faire disparoître au point que non-seulement l'illusion précède la réflexion, mais qu'elle la repousse & l'écarte. Telle devoit être l'illusion des Grecs & des Romains aux Comédies de Ménandre & de Térence, non à celles d'Aristophane & de Plaute. Observons cependant, à-propos de Térence, que le possible qui suffit à la vraisemblance d'un caractère ou d'un évènement tragique, ne suffit pas à la vérité des mœurs de la Comédie. Ce n'est point un pere comme il peut y en avoir, mais un pere comme il y en a ; ce n'est point un individu, mais une espèce qu'il faut prendre pour modèle. Contre cette règle peche le caractère unique du bourreau de lui-même.

Ce n'est point une combinaison possible à la rigueur, c'est une suite naturelle d'évènemens familiers qui doit former l'intrigue de la Comédie : principe qui condamne l'intrigue de l'Hecyre, si toutefois Térence a eu dessein de faire une Comédie d'une action toute pathétique, & d'où il écarte jusqu'à la fin, avec une précaution marquée, le seul personnage qui pouvoit être plaisant.

D'après ces règles que nous allons avoir occasion de développer & d'appliquer, on peut juger des progrès de la Comédie, ou plûtôt de ses révolutions.

Sur le chariot de Thespis, la Comédie

n'étoit qu'un tiffu d'injures adreffées aux paffans par des vendangeurs barbouillés de lie. Cratès, à l'exemple d'Epicharmus & de Phormis, Poëtes Siciliens, l'éleva fur un théâtre plus décent, & dans un ordre plus régulier. Alors la Comédie prit pour modèle la Tragédie inventée par Efchyle, ou plûtôt l'une & l'autre fe formèrent fur les Poëfies d'Homère : l'une fur l'Iliade & l'Odyffée ; l'autre fur le Margitès, Poëme fatyrique du même Auteur ; & c'eft-là proprement l'époque de la naiffance de la Comédie grecque.

On la divife en *ancienne*, *moyenne*, & *nouvelle*, moins par fes âges que par les différentes modifications qu'on y obferva fucceffivement dans la peinture des mœurs. D'abord on ofa mettre fur le théâtre d'Athènes des Satyres en action, c'eft-à-dire, des perfonnages connus & nommés, dont on imitoit les ridicules & les vices : telle fut la Comédie ancienne. Les loix, pour réprimer cette licence, défendirent de nommer. La malignité des Poëtes ni celle des Spectateurs ne perdit rien à cette défense : la reſſemblance des maſques, des vêtemens, de l'action, déſignerent ſi bien les perſonnages, qu'on les nommoit en les voyant: telle fut la Comédie moyenne, où le Poëte n'ayant plus à craindre le reproche de la perſonnalité, n'en étoit que plus hardi dans ſes inſultes ; d'autant plus ſûr d'ailleurs d'être applaudi, qu'en repaiſſant la malice des Spectateurs par la noirceur de ſes portraits, il ménageoit encore à leur vanité le plaiſir de deviner les modèles. C'eſt dans ces deux genres qu'Ariſtophane triompha tant de fois à la honte des Athéniens.

La Comédie ſatyrique préſentoit d'abord une face avantageuſe. Il eſt des vices contre leſquels les loix n'ont point ſervi : l'ingratitude, l'infidélité au ſecret & à ſa parole, l'uſurpation tacite & artificieuſe du mérite d'autrui, l'intérêt perſonnel dans les affaires publiques, échappent à la ſévérité des lois; la Comédie ſatyrique y attachoit une peine d'autant plus terrible, qu'il falloit la subir en plein théâtre; le coupable y étoit traduit, & le public se faisoit justice. C'étoit sans doute pour entretenir une terreur si salutaire, que non-seulement les Poëtes satyriques furent tolérés, mais gagés d'abord par les magistrats comme censeurs de la République. Platon lui-même s'étoit laissé séduire à cet avantage apparent, lorsqu'il admit Aristophane dans son banquet, si toutefois l'Aristophane comique est l'Aristophane du banquet : ce qu'on peut au-moins révoquer en doute. Il est vrai que Platon conseilloit à Denis la lecture des Comédies de ce Poëte, pour connoître les mœurs de la République d'Athènes ; mais c'étoit lui indiquer un bon délateur, un espion adroit, qu'il n'en estimoit pas davantage.

Quant aux suffrages des Athéniens, un peuple ennemi de toute domination, devoit craindre sur-tout la supériorité du mérite. La plus sanglante satyre étoit donc sûre de plaire à ce peuple jaloux, lorsqu'elle tomboit sur l'objet de sa jalousie. Il est deux choses que les hommes vains ne trouvent jamais trop fortes, la flatterie pour eux-mêmes, & la médisance contre les autres : ainsi tout concourut d'abord à favoriser la Comédie satyrique. On ne fut pas long-tems à s'appercevoir que le talent de censurer le vice, pour être utile, devoit être dirigé par la vertu, & que la liberté de la satyre accordée à un mal-honnête homme, étoit un poignard dans les mains d'un furieux ; mais ce furieux consoloit l'envie. Voilà pourquoi dans Athènes, comme ailleurs, les méchans ont trouvé tant d'indulgence, & les bons tant de sévérité. Témoin la Comédie des Nuées, exemple mémorable de la scélératesse des envieux, & des combats que doit se préparer à soutenir celui qui ose être plus sage & plus vertueux que son siècle.

La sagesse & la vertu de Socrate étoient parvenues à un si haut point de sublimité, qu'il ne falloit pas moins qu'un opprobre solemnel pour en consoler sa patrie. Aristophane fut chargé de l'infame emploi de calomnier Socrate en plein théâtre; & ce peuple qui proscrivoit un juste par la seule raison qu'il se lassoit de l'entendre appeller *juste*, courut en foule à ce spectacle. Socrate y assista debout.

Telle étoit la Comédie à Athènes, dans le même tems que Sophocle & Euripide s'y disputoient la gloire de rendre la vertu intéressante, & le crime odieux, par des tableaux touchans ou terribles. Comment se pouvoit-il que les mêmes spectateurs applaudissent à des mœurs si opposées? Les héros célébrés par Sophocle & par Euripide, étoient morts; le sage calomnié par Aristophane, étoit vivant: on loue les grands hommes d'avoir été; on ne leur pardonne pas d'être.

Mais ce qui est inconcevable, c'est qu'un Comique grossier, rampant, & obscène, sans goût, sans mœurs, sans vrai-semblance, ait trouvé des enthousiastes dans le siècle de Molière. Il ne faut que lire ce qui nous reste d'Aristophane, pour juger comme Plutarque, « que c'est moins pour

» les honnêtes gens qu'il a écrit, que pour
» la vile populace, pour des hommes per-
» dus d'envie, de noirceur & de débau-
» che ». Qu'on life après cela l'éloge qu'en
fait Madame Dacier : « Jamais homme n'a
» eu plus de finesse, ni un tour plus ingé-
» nieux ; le style d'Aristophane est aussi
» agréable que son esprit ; si on n'a pas lû
» Aristophane, on ne connoît pas encore
» tous les charmes & toutes les beautés
» du Grec, &c.

Les Magistrats s'apperçurent, mais trop tard, que dans la Comédie appellée moyenne, les Poëtes n'avoient fait qu'éluder la loi qui défendoit de nommer : ils en porterent une seconde, qui bannissant du théâtre toute imitation personnelle, borna la Comédie à la peinture générale des mœurs.

C'est alors que la Comédie nouvelle cessa d'être une satyre, & prit la forme honnête & décente, qu'elle a conservée depuis. C'est dans ce genre que fleurit Ménandre, Poëte aussi pur, aussi

élégant, auſſi naturel, auſſi ſimple qu'Ariſtophane l'étoit peu. On ne peut, ſans regretter ſenſiblement les ouvrages de ce
Poëte, lire l'éloge qu'en a fait Plutarque,
d'accord avec toute l'antiquité : « C'eſt
» une prairie émaillée de fleurs, où l'on
» aime à reſpirer un air pur.... La muſe
» d'Ariſtophane reſſemble à une femme
» perdue ; celle de Ménandre à une hon-
» nête femme.

Mais comme il eſt plus aiſé d'imiter le
groſſier & le bas, que le délicat & le noble, les premiers Poëtes Latins, enhardis
par la liberté & la jalouſie républicaine,
ſuivirent les traces d'Ariſtophane. De ce
nombre fut Plaute lui-même ; ſa muſe eſt,
comme celle d'Ariſtophane, de l'aveu
non-ſuſpect de l'un de leurs Apologiſtes,
» une bacchante, pour ne rien dire de pis,
» dont la langue eſt détrempée de fiel ».

Térence qui ſuivit Plaute, comme Ménandre Ariſtophane, imita Ménandre ſans
l'égaler. Céſar l'appelloit un *demi-Ménan-
dre*, & lui reprochoit de n'avoir pas la

force comique ; expreſſion que les Commentateurs ont interprétée à leur façon, mais qui doit s'entendre de ces grands traits qui approfondiſſent les caractères, & qui vont chercher le vice juſques dans les replis de l'ame, pour l'expoſer en plein théâtre au mépris des ſpectateurs.

Plaute eſt plus vif, plus gai, plus fort, plus varié ; Térence, plus fin, plus vrai, plus pur, plus élégant : l'un a l'avantage que donne l'imagination qui n'eſt captivée ni par les règles de l'art, ni par celles des mœurs, ſur le talent aſſujetti à toutes ces règles ; l'autre a le mérite d'avoir concilié l'agrément & la décence, la politeſſe & la plaiſanterie, l'exactitude & la facilité. Plaute toujours varié, n'a pas toujours l'art de plaire ; Térence, trop ſemblable à lui-même, a le don de paroître toujours nouveau. On ſouhaiteroit à Plaute l'ame de Térence; à Térence l'eſprit de Plaute.

Les révolutions que la Comédie a éprouvées dans ſes premiers âges, & les différences qu'on y obſerve encore aujourd'hui, prennent leur source dans le génie des peuples, & dans la forme des gouvernemens. L'administration des affaires publiques, & par conséquent la conduite des chefs étant l'objet principal de l'envie & de la censure dans un état démocratique, le peuple d'Athènes, toujours inquiet & mécontent, devoit se plaire à voir exposer sur la scène, non-seulement les vices des particuliers, mais l'intérieur du gouvernement, les prévarications des Magistrats, les fautes des Généraux, & sa propre facilité à se laisser corrompre ou séduire. C'est ainsi qu'il a couronné les Satyres politiques d'Aristophane.

Cette licence devoit être réprimée à mesure que le gouvernement devenoit moins populaire; & l'on s'apperçoit de cette modération dans les dernieres Comédies du même Auteur, mais plus encore dans l'idée qui nous reste de celle de Ménandre, où l'état fut toujours respecté, & où les intrigues privées prirent la place des affaires publiques.

Les Romains sous les Consuls, aussi jaloux de leur liberté que les Athéniens, mais plus jaloux de la dignité de leur gouvernement, n'auroient jamais permis que la République fût exposée aux traits insultans de leurs Poëtes. Ainsi les premiers Comiques Latins hasarderent la satyre personnelle, mais jamais la satyre politique.

Dès que l'abondance & le luxe eurent adouci les mœurs de Rome, la Comédie elle-même changea son aprêté en douceur; & comme les vices des Grecs avoient passé chez les Romains, Térence pour les imiter, ne fit que copier Ménandre.

Le même rapport de convenance a déterminé le caractère de la Comédie sur tous les théâtres de l'Europe, depuis la renaissance des Lettres.

Un peuple qui affectoit autrefois dans ses mœurs une gravité superbe, & dans ses sentimens une enflûre romanesque, a dû servir de modèle à des intrigues pleines d'incidens & de caractères hyperboliques. Tel est le théâtre Espagnol; c'est-là seulement

feulement que feroit vrai-femblable le caractère de cet amant. (*Villa Mediana.*)
Qui brûla fa maifon pour embraffer fa dame,
L'emportant à travers la flamme.

Mais ni ces exagérations forcées, ni une licence d'imagination qui viole toutes les règles, ni un rafinement de plaifanterie fouvent puérile, n'ont pu faire refufer à Lopès de Vega une des premieres places parmi les Poëtes comiques modernes. Il joint en effet à la plus heureufe fagacité dans le choix des caractères, une force d'imagination que le grand Corneille admiroit lui-même. C'eft de Lopès de Vega qu'il a emprunté le caractère du *Menteur*, dont il difoit avec tant de modeftie & fi peu de raifon, qu'il donneroit deux de fes meilleures pièces pour l'avoir imaginé.

Un peuple qui a mis long-tems fon honneur dans la fidélité des femmes, & dans une vengeance cruelle de l'affront d'être trahi en amour, a dû fournir des intrigues périlleufes pour les amans, & capables d'exercer la fourberie des valets : ce peu-

Tome II. C c

ple d'ailleurs pantomime, a donné lieu à ce jeu muet, qui quelquefois par une expreſſion vive & plaiſante, & ſouvent par des grimaces qui rapprochent l'homme du ſinge, ſoutient ſeul une intrigue dépourvûe d'art, de ſens, d'eſprit & de goût. Tel eſt le Comique Italien, auſſi chargé d'incidens, mais moins bien intrigué que le Comique Eſpagnol.

Ce qui caractériſe encore plus le Comique Italien, eſt ce mélange de mœurs nationales, que la communication & la jalouſie mutuelle des petits Etats d'Italie a fait imaginer à leurs Poëtes. On voit dans une même intrigue un Bolonois, un Vénitien, un Napolitain, & un Bergamaſque, chacun avec le ridicule dominant de ſa patrie. Ce mélange biſarre ne pouvoit manquer de réuſſir dans ſa nouveauté. Les Italiens en firent une règle eſſentielle de leur théâtre, & la Comédie s'y vit par-là condamnée à la groſſière uniformité qu'elle avoit eue dans ſon origine. Auſſi dans le recueil immenſe de leurs pièces anciennes, n'en trouve-t-on pas une feule dont un homme de goût foutienne la lecture. Les Italiens ont eux-mêmes reconnu la fupériorité du Comique François. Goldoni l'a pris pour modèle; & s'il n'a pas toujours affez bien choifi la nature, au-moins l'a-t-il exprimée avec beaucoup de vérité. Florence a profcrit & chaffé les Hiftrions; elle a fubftitué à leurs farces les meilleures Comédies de Molière, traduites en Italien. A l'exemple de Florence, Rome & Naples admirent fur leur théâtre les chefs-d'œuvre du nôtre. Venife fe défend encore de la révolution; mais elle cédera bientôt au torrent de l'exemple & à l'attrait du plaifir. Paris feul ne verra-t-il plus jouer Molière?

Un Etat où chaque Citoyen fe fait gloire de penfer avec indépendance, a dû fournir un grand nombre d'originaux à peindre. L'affectation de ne reffembler à perfonne, fait fouvent qu'on ne reffemble pas à foi-même, & qu'on outre fon propre caractère, de peur de fe plier au caractère d'autrui. Là ce ne font point des ridicules courans; ce font des fingularités perfonnelles qui donnent prife à la plaifanterie, & le vice dominant de la fociété eft de n'être pas fociable. Telle eft la fource du Comique Anglois, d'ailleurs plus fimple, plus naturel, plus philofophique que les deux autres, & dans lequel la vrai-femblance eft rigoureufement obfervée aux dépens même de la pudeur.

Mais une Nation douce & polie, où chacun fe fait un devoir de conformer fes fentimens & fes idées aux mœurs de la fociété, où les préjugés font des principes, où les ufages font des loix, où l'on eft condamné à vivre feul dès qu'on veut vivre pour foi-même ; cette Nation ne doit préfenter que des caractères adoucis par les égards, & que des vices palliés par les bienféances. Tel eft le Comique François, dont le théâtre Anglois s'eft enrichi autant que l'oppofition des mœurs a pu le permettre.

Le Comique François fe divife, fuivant les mœurs qu'il peint, en haut Comique, ou comique noble, en Comique bourgeois, & en Comique bas.

Le Comique noble, ou le haut Comique, peint les mœurs des grands ; & celles-ci different des mœurs du peuple & de la bourgeoisie, moins par le fond que par la forme. Les vices des grands sont moins grossiers ; leurs ridicules moins choquans : ils sont même pour la plûpart si bien colorés par la politesse, qu'ils entrent dans le caractère de l'homme aimable. Ce sont des poisons assaisonnés que le Spéculateur décompose ; mais peu de personnes sont à portée de les étudier, moins encore en état de les saisir. On s'amuse à recopier le Petit-Maître, sur lequel tous les traits du ridicule sont épuisés, & dont la peinture n'est plus qu'une école pour les jeunes gens qui ont quelque disposition à le devenir. Cependant on laisse en paix l'intrigant, le bas orgueilleux, le prôneur de lui-même, & une infinité d'autres dont le monde est rempli. Il est vrai qu'il ne faut pas moins de courage que de talent pour toucher à ces caractères; & les Auteurs du Faux-sincere & du Glorieux ont eu besoin de l'un & de l'autre : mais aussi ce n'est pas sans effort qu'on peut marcher sur les pas de l'intrépide Auteur du Tartufe.

Boileau racontoit que Molière, après lui avoir lu le *Misantrope*, lui avoit dit : *Vous verrez bien autre chose*. Qu'auroit-il donc fait si la mort ne l'avoit surpris, cet homme qui voyoit quelque chose au-delà du Misantrope ? Ce problême qui confondoit Boileau, devroit être pour les Auteurs Comiques un objet continuel d'émulation & de recherches; & ne fût-ce pour eux que la pierre philosophale, ils feroient du-moins en la cherchant inutilement, mille autres découvertes utiles.

Indépendamment de l'étude réfléchie des mœurs du grand monde, sans laquelle on ne sauroit faire un pas dans la carriere du haut Comique, ce genre présente un obstacle qui lui est propre, & dont un Auteur est d'abord effrayé. La plûpart des ridicules des grands sont si bien compofés, qu'ils font à peine visibles. Leurs vices sur-tout ont je ne sai quoi d'imposant qui se refuse à la plaisanterie ; mais les situations les mettent en jeu. Quoi de plus sérieux en soi que le Misantrope ? Molière le rend amoureux d'une coquette; il est comique. Le Tartufe est un chef-d'œuvre plus surprenant encore dans l'art des contrastes : dans cette intrigue si comique, aucun des principaux personnages ne le seroit, pris séparément : ils le deviennent tous par leur opposition. En général, les caractères ne se développent que par leur mélange.

Les prétentions déplacées & les faux airs font l'objet principal du Comique bourgeois. Les progrès de la politesse & du luxe l'ont rapproché du Comique noble, mais ne les ont point confondus. La vanité qui a pris dans la bourgeoisie un ton plus haut qu'autrefois, traite de grossier tout ce qui n'a pas l'air du beau monde. C'est un ridicule de plus, qui ne doit pas empêcher un Auteur de peindre les

Bourgeois avec les mœurs bourgeoises. Qu'il laisse mettre au rang des farces *George Dandin*, le *Malade Imaginaire*, les *Fourberies de Scapin*, le *Bourgeois Gentilhomme*, & qu'il tâche de les imiter. La farce est l'insipide exagération, ou l'imitation grossière d'une nature indigne d'être présentée aux yeux des honnêtes gens. Le choix des objets & la vérité de la peinture, caractérisent la bonne Comédie. Le *Malade Imaginaire*, auquel les Medecins doivent plus qu'ils ne pensent, est un tableau aussi frappant & aussi moral qu'il y en ait au théâtre. *Georges Dandin*, où sont peintes avec tant de sagesse les mœurs les plus licentieuses, est un chef-d'œuvre de naturel & d'intrigue ; & ce n'est pas la faute de Molière si le sot orgueil plus fort que ses leçons, perpétue encore l'alliance des Dandins avec les Sotenvilles. Si dans ces modèles on trouve quelques traits qui ne peuvent amuser que le peuple ; en revanche, combien de scènes dignes des connoisseurs les plus délicats?

Boileau a eu tort, s'il n'a pas reconnu l'Auteur du Misantrope dans l'éloquence de Scapin avec le pere de son maître; dans l'avarice de ce vieillard; dans la scène des deux peres; dans l'amour des deux fils, tableaux dignes de Térence; dans la confession de Scapin, qui se croit convaincu; dans son insolence dès qu'il sent que son maître a besoin de lui. Boileau a eu raison s'il n'a regardé comme indigne de Molière que le sac où le vieillard est enveloppé; encore eût-il mieux fait d'en faire la critique à son ami vivant, que d'attendre qu'il fût mort pour lui en faire le reproche.

Pourceaugnac est la seule piece de Molière qu'on puisse mettre au rang des farces; & dans cette farce même on trouve des caractères tels que celui de Sbrigani, & des situations comme celle de Pourceaugnac entre les deux Medecins, qui décelent le grand-maître.

Le Comique bas, ainsi nommé parce qu'il imite les mœurs du bas peuple, peut avoir, comme les tableaux flamands, le mérite du coloris, de la vérité & de la gayeté. Il a aussi sa finesse & ses graces, & il ne faut pas le confondre avec le Comique grossier : celui-ci consiste dans la maniere ; ce n'est point un genre à part, c'est un défaut de tous les genres. Les amours d'une Bourgeoise & l'ivresse d'un Marquis, peuvent être du Comique grossier, comme tout ce qui blesse le goût & les mœurs. Le Comique bas au contraire est susceptible de délicatesse & d'honnêteté ; il donne même une nouvelle force au Comique bourgeois & au Comique noble, lorsqu'il contraste avec eux. Molière en fournit mille exemples. Voyez dans le Dépit amoureux la brouillerie & la reconnoissance entre Mathurine & Gros-René, où sont peints dans la simplicité villageoise les mêmes mouvemens de dépit, & les mêmes retours de tendresse qui viennent de se passer dans la scène des deux amans. Molière, à la vérité, mêle quelquefois le comique grossier avec le bascomique. Dans la scène que je viens de citer, *Voilà ton demi-cent d'épingles de Paris*, est du Comique bas. *Je voudrois bien aussi te rendre ton potage*, est du Comique grossier. La paille rompue est un trait de génie.

Ces sortes de scènes sont comme des miroirs où la Nature, ailleurs peinte avec le coloris de l'Art, se répète dans toute sa simplicité. Le secret de ces miroirs seroit-il perdu depuis Molière ? Il a tiré des contrastes encore plus forts du mélange des comiques. C'est ainsi que dans le *Festin de Pierre* il nous peint la crédulité de deux petites Villageoises, & leur facilité à se laisser séduire par un scélérat dont la magnificence les éblouit. C'est ainsi que dans le *Bourgeois-Gentilhomme* la grossièreté de Nicole jette un nouveau ridicule sur les prétentions impertinentes & l'éducation forcée de M. Jourdain. C'est ainsi que dans l'*École des Femmes* l'imbécillité d'Alain & de Georgette si bien nuancée avec l'ingénuité d'Agnès, concourt à faire réussir les entreprises de l'amant, & à faire échouer les précautions du jaloux.

Mais une division plus essentielle se tire de la différence des objets que la Comédie se propose. Ou elle peint le vice qu'elle rend méprisable, comme la Tragédie rend le crime odieux, de-là le comique de caractère: ou elle fait des hommes le jouet des évènemens, de-là le comique de situation: ou elle présente les vertus communes avec des traits qui les font aimer, & dans des périls ou des malheurs qui les rendent intéressans, de-là le comique attendrissant.

De ces trois genres, le premier est le plus utile aux mœurs, le plus fort, le plus difficile, & par conséquent le plus rare : le plus utile aux mœurs, en ce qu'il remonte à la source des vices, & les attaque dans leur principe; le plus fort, en ce qu'il présente le miroir aux hommes, & les fait rougir de leur propre image; le plus difficile & le plus rare, en ce qu'il suppose dans son

Auteur une étude confommée des mœurs de fon fiècle, un difcernement jufte & prompt, & une force d'imagination qui réuniffe fous un feul point de vûe les traits que fa pénétration n'a pû faifir qu'en détail. Ce qui manque à la plûpart des peintres de caractère, & ce que Moliere, ce grand modèle en tout genre, poffédoit éminemment, c'eft ce coup d'œil philofophique, qui faifit non-feulement les extrêmes, mais le milieu des chofes : entre l'hypocrite fcélérat, & le dévot crédule, on voit l'homme de bien qui démafque la fcélérateffe de l'un, & qui plaint la crédulité de l'autre. Moliere met en oppofition les mœurs corrompues de la fociété, & la probité farouche du Mifantrope; entre ces deux excès paroît la modération d'un honnête homme. Quel fonds de philofophie ne faut-il point pour faifir ainfi le point fixe de la vérité ! C'eft à cette précifion qu'on reconnoit Moliere, bien mieux qu'un peintre de l'antiquité ne reconnut fon rival au trait de pinceau qu'il avoit tracé fur la toile.

Si l'on me demande pourquoi le comique de situation nous excite à rire, même sans le concours du comique de caractère, je demanderai à mon tour d'où vient qu'on rit de la chûte imprévûe d'un passant? C'est de ce genre de plaisanterie que Hensius a eû raison de dire : *plebis aucupium est & abusus.*

Il n'en est pas ainsi du comique attendrissant; peut-être même est-il plus utile aux mœurs que la Tragédie, vû qu'il nous intéresse de plus près, & qu'ainsi les exemples qu'il nous propose nous touchent plus sensiblement : c'est du moins l'opinion de Corneille. Mais comme ce genre ne peut être soutenu par la grandeur des objets, ni animé par la force des situations, & qu'il doit être à la fois familier & intéressant, il est difficile d'y éviter le double écueil d'être froid ou romanesque : c'est la simple nature qu'il faut saisir, & c'est le dernier effort de l'art d'imiter la simple nature. Quant à l'origine du comique attendrissant, il faut n'avoir jamais lû les Anciens pour en attribuer l'invention à notre siècle ; on ne conçoit même pas que cette erreur ait pû subsister un instant chez une nation accoûtumée à voir jouer l'Andrienne de Térence, où l'on pleure dès le premier acte.

Tels sont les trois genres de comique, parmi lesquels je n'ai compté ni le comique de mots si fort en usage dans la société, foible ressource des esprits sans talens, sans étude, & sans goût : ni ce comique obscène, qui n'est plus souffert sur notre théâtre que par une sorte de prescription, & auquel les honnêtes gens ne peuvent rire sans rougir; ni cette espèce de travestissement, où le parodiste se traîne après l'original pour avilir par une imitation burlesque, l'action la plus noble & la plus touchante : genre méprisable, dont Aristophane est l'auteur.

Mais un genre supérieur à tous les autres, est celui qui réunit le comique de situation & le comique de caractère, c'est-à-dire, dans lequel les personnages sont engagés par les vices du cœur, ou par les travers de l'esprit, dans des circonstances humiliantes qui les exposent à la risée & au mépris des spectateurs. Telle est, dans l'Avare de Moliere, la rencontre d'Arpagon avec son fils, lorsque sans se connoître ils viennent traiter ensemble, l'un comme usurier, l'autre comme dissipateur.

Il est des caractères trop peu marqués pour fournir une action soutenue : les habiles peintres les ont groupés avec des caractères dominans : c'est l'art de Moliere ; ou ils ont fait contraster plusieurs de ces petits caractères entre eux ; c'est la manière de Dufreny, qui quoique moins heureux dans l'œconomie de l'intrigue, est celui de nos Auteurs comiques, après Moliere, qui a le mieux saisi la nature ; avec cette différence que nous croyons tous avoir apperçu les traits que nous peint Moliere, & que nous nous étonnons de n'avoir pas remarqué ceux que Dufreny nous fait appercevoir.

Mais

Mais combien Moliere n'est-il pas au-dessus de tous ceux qui l'ont précédé, ou qui l'ont suivi ? qu'on lise le parallele qu'en a fait avec Térence l'Auteur du siècle de Louis XIV. le plus digne de les juger, Labruyere. « Il n'a, dit-il, manqué à Térence » que d'être moins froid : quelle pureté ! » quelle exactitude ! quelle politesse ! quelle » élégance ! quels caractères ! Il n'a man-» qué à Moliere que d'éviter le jargon, & » d'écrire purement : quel feu ! quelle naï-» veté ! quelle source de la bonne plaisan-» terie ! quelle imitation des mœurs ! & » quel fléau du ridicule ! mais quel homme » on auroit pû faire de ces deux comi-» ques ! »

La difficulté de saisir comme eux les ridicules & les vices, a fait dire qu'il n'étoit plus possible de faire de Comédies de caractères. On prétend que les grands traits ont été rendus, & qu'il ne reste plus que des nuances imperceptibles : c'est avoir bien peu étudié les mœurs du siècle, que de n'y voir aucun nouveau caractère à peindre.

L'hypocrifie de la vertu eft-elle moins facile à démafquer que l'hypocrifie de la dévotion ? Le mifantrope par air eft-il moins ridicule que le mifantrope par principes ? Le fat modefte, le petit feigneur, le faux magnifique, le défiant, l'ami de cour, & tant d'autres, viennent s'offrir en foule à qui aura le talent & le courage de les traiter. La politeffe gafe les vices ; mais, c'eft une efpèce de draperie légère, à travers laquelle les grands maîtres favent bien deffiner le nud.

Quant à l'utilité de la Comédie morale & décente, comme elle l'eft aujourd'hui fur notre théâtre, la révoquer en doute, c'eft prétendre que les hommes foient infenfibles au mépris & à la honte ; c'eft fuppofer ou qu'ils ne peuvent rougir, ou qu'ils ne peuvent fe corriger des défauts dont ils rougiffent ; c'eft rendre les caractères indépendans de l'amour-propre qui en eft l'ame, & nous mettre au-deffus de l'opinion publique, dont la foiblesse & l'orgueil sont les esclaves, & dont la vertu même a tant de peine à s'affranchir.

Les hommes, dit-on, ne se reconnoissent pas à leur image : c'est ce qu'on peut nier hardiment. On croit tromper les autres, mais on ne se trompe jamais ; & tel prétend à l'estime publique, qui n'oseroit se montrer, s'il croyoit être connu comme il se connoît lui-même.

Personne ne se corrige, dit-on encore : malheur à ceux pour qui ce principe est une vérité de sentiment ; mais si en effet le fond du naturel est incorrigible, du moins le dehors ne l'est pas. Les hommes ne se touchent que par la surface, & tout seroit dans l'ordre, si on pouvoit réduire ceux qui sont nés vicieux, ridicules, ou méchans, à ne l'être qu'au dedans d'eux-mêmes. C'est le but que se propose la Comédie ; & le théâtre est pour le vice & le ridicule, ce que sont pour le crime les tribunaux où il est jugé, & les échafauts où il est puni.

CHAPITRE XVI.

De l'Ode.

L'ODE étoit l'hymne, le cantique, & la chanson des Anciens. Elle embrasse tous les genres depuis le sublime jusqu'au familier noble : c'est le sujet qui lui donne le ton ; & son caractère est pris dans la nature.

Il est naturel à l'homme de chanter : voilà le genre de l'Ode établi. Quand, comment, & d'où lui vient cette envie de chanter ? Voilà ce qui caractérise l'Ode.

Le chant nous est inspiré par la nature, ou dans l'enthousiasme de l'admiration, ou dans le délire de la joie, ou dans l'ivresse de l'amour, ou dans la douce rêverie d'une ame qui s'abandonne aux sentimens qu'excite en elle l'émotion legère des sens.

Ainsi quels que soient le sujet & le ton de ce Poëme, le principe en est invariable. Toutes les règles en sont prises dans la situation de celui qui chante, & dans les règles mêmes du chant. Il est donc bien aisé de distinguer quels sont les sujets qui conviennent essentiellement à l'Ode. Tout ce qui agite l'ame & l'élève au-dessus d'elle-même, tout ce qui l'émeut voluptueusement, tout ce qui la plonge dans une douce langueur, dans une tendre mélancolie; les songes intéressans dont l'imagination l'occupe, les tableaux variés qu'elle lui retrace, en un mot tous les sentimens qu'elle aime à recevoir, & qu'elle se plaît à répandre, sont favorables à ce Poëme.

On chante pour charmer ses ennuis, comme pour exhaler sa joie; & quoique dans une douleur profonde il semble qu'on ait plus de répugnance que d'inclination pour le chant, c'est quelquefois un soulagement que se donne la nature. Orphée se consoloit, dit-on, en exprimant ses regrets sur sa lyre:

Te dulcis conjux, te solo in littore secum,
Te veniente die, te descendente canebat.
Géorg. IV.

La même opinion a donné une vraisemblance poëtique à l'Ode, dans les sujets les plus graves. On croit que la lyre de Tirthée apprivoisoit les peuples féroces, & rendoit le courage aux peuples abattus. La sagesse, la vertu même n'a donc pas dédaigné le secours de la lyre : elle a plié ses leçons aux règles du nombre & de la cadence ; elle a même permis à la voix d'y mêler l'artifice du chant, soit pour les graver plus avant dans nos ames, soit pour en tempérer la rigueur par le charme des accords, soit pour exercer sur les hommes le double empire de l'éloquence & de l'harmonie, de la raison & du sentiment. Ainsi le genre de l'Ode s'est étendu, élevé, ennobli ; mais on voit que le principe en est toujours & par-tout le même. Pour chanter, il faut être ému. Il s'ensuit que l'Ode est dramatique, c'est-à-dire que ses personnages sont en action. Le Poëte même est Acteur dans l'Ode ; & s'il n'est pas affecté des sentimens qu'il exprime, l'Ode sera froide & sans ame. Elle n'est pas toujours également passionnée, mais elle n'est jamais, comme l'Epopée, le récit d'un simple témoin. Dans Anacréon j'oublie le Poëte; je ne vois que l'homme voluptueux. De même, si l'Ode s'élève au ton sublime de l'inspiration, je veux croire entendre un homme inspiré; si elle fait l'éloge de la vertu, ou si elle en défend la cause, ce doit être avec l'éloquence d'un zele ardent & généreux. Il en est des tableaux que l'Ode peint, comme des sentimens qu'elle exprime: le Poëte en doit être affecté, comme il veut m'en affecter moi-même. La Mothe a connu toutes les règles de l'Ode, excepté celle-ci: de-là vient qu'il a mis dans les siennes tant d'esprit, & si peu de chaleur. C'est de tous les Poëtes lyriques, celui qui annonce le plus d'enthousiasme, & qui en a le moins. Le sentiment & le génie ont des mouvemens qui ne s'imitent pas.

Boileau a dit, en parlant de l'Ode:

Son style impétueux souvent marche au hasard :
Chez elle un beau desordre est un effet de l'art.

On ne sauroit croire combien ces deux vers mal-entendus, ont fait faire d'extravagances. On s'est persuadé que l'Ode appellée *Pindarique*, ne devoit aller qu'en bondissant : de-là tous ces mouvemens qui ne sont qu'au bout de la plume, & ces formules de transports, *Qu'entends-je ? Que vois-je ? Où suis-je ?* qui ne se terminent à rien.

Qu'Horace, dans une chanson à boire, se dise inspiré par le dieu du vin & de la vérité pour chanter les louanges d'Auguste, c'est une flatterie ingénieuse déguisée sous l'air de l'ivresse : le période est court, le mouvement rapide, le feu soutenu, & l'illusion complette. Mais à ce début,

Quo me, Bacche, rapis, tui
Plenum ?

Comparez celui de l'Ode sur la prise de Namur :

Quelle docte & sainte yvresse
Aujourd'hui me fait la loi ?

Cette *docte & sainte ivresse* n'est point le

langage d'un homme enivré. Suppofez même que le ftyle en fût auffi véhément, auffi naturel que dans la verfion latine :

Quis me furor ebrium rapit
Impotens ?

Ce début feroit déplacé. Ce n'eft point là le premier mouvement d'un Poëte qui a devant les yeux l'image fanglante d'un fiége.

Celui des modernes qui a le mieux pris le ton de l'Ode, fur-tout lorfque David le lui a donné, Rouffeau, dans l'Ode à M. du Luc, commence par fe comparer au Miniftre d'Apollon, poffédé du dieu qui l'infpire.

Ce n'eft plus un mortel, c'eft Apollon lui-même
 Qui parle par ma voix.

Ce début me femble bien haut, pour un Poëme dont le ftyle finit par être l'expreffion douce & touchante du fentiment le plus tempéré.

Pindare, en un fujet pareil, a pris un ton beaucoup plus humble. « Je voudrois

» voir revivre Chiron, ce Centaure ami
» des hommes, qui nourrit Efculape, &
» qui l'inftruifit dans l'art divin de guérir
» nos maux..... Ah! s'il habitoit encore fa
» caverne, & fi mes chants pouvoient l'at-
» tendrir, j'irois moi-même l'engager à
» prendre foin des jours des héros, & j'ap-
» porterois à celui qui tient fous fes loix
» les campagnes de l'Ætna & les bords de
» l'Aréthufe, deux préfens qui lui feroient
» chers, la fanté, plus précieufe que l'or,
» & un hymne fur fon triomphe ».

Rien de plus impofant, de plus majeftueux que ce début prophétique du Poëte
François que je viens de citer.

Qu'aux accens de ma voix la terre fe réveille.
Rois, foyez attentifs, peuples, prêtez l'oreille.
Que l'Univers fe taife & m'écoute parler.
Mes chants vont feconder les accords de ma lyre.
L'efprit faint me pénètre, il m'échauffe &
      m'infpire
Les grandes vérités que je vais révéler.

Mais quelles font ces vérités inouïes ?
« Que vainement l'homme fe fonde fur

» ses grandeurs & sur ses richesses; que
» nous sommes tous mortels, & que Dieu
» nous jugera tous ». Voilà le précis de
cette Ode.

Horace débute comme Rousseau, dans
les leçons qu'il donne à la jeunesse Romaine, sur l'inégalité apparente, & sur
l'égalité réelle entre les hommes.

> *Carmina non prius*
> *Audita, Musarum Sacerdos,*
> *Virginibus puerisque canto.*

Mais voyez comme il se soutient. C'est
peu de cette vérité que Rousseau a développée.

> *Æquâ lege necessitas*
> *Sortitur insignes & imos.*

Horace oppose les terreurs de la tyrannie, les inquiétudes de l'avarice, les dégoûts, les sombres ennuis de la fastueuse
opulence, au repos, au doux sommeil de
l'humble médiocrité. C'est de-là qu'est
prise cette grande maxime, qui passe encore de bouche en bouche :

Regum timendorum in proprios greges,
Reges in ipsos imperium est Jovis,
 Clari giganteo triumpho,
 Cuncta supercilio moventis.

Et ce tableau si vrai, si terrible de la condition des tyrans :

Districtus ensis cui super impiâ
Cervice pendet, non Siculæ dapes
 Dulcem elaborabunt saporem ;
Non avium citharæque cantus
 Somnum reducent.

Et celui que Boileau a si heureusement rendu, quoique dans un genre moins noble :

Sed timor & minæ
Scandunt eodem quo Dominus, neque
 Decedit æratâ triremi, &
Post equitem sedet atra cura.

Si ces vérités ne sont pas nouvelles, au-moins sont elles présentées avec une force inouie ; & cependant l'on reproche au Poëte le ton imposant qu'il a pris : tant il est vrai qu'il faut avoir de grandes leçons à donner au monde, pour être en droit de demander silence. *Favete linguis.*

Lamotte prétend que ce début, condamné dans un Poëme épique,

Je chante le vainqueur des vainqueurs de la terre.

feroit placé dans une Ode. Oui s'il étoit foutenu; « Cependant (dit-il) dans l'Epo- » pée comme dans l'Ode, le Poëte fe » donne pour infpiré »; & de-là il conclut que le ftyle de l'Ode eft le même que celui de l'Epopée. Cette équivoque eft de conféquence, mais il eft facile de la lever. Dans l'Epopée on fuppofe le Poëte infpiré, aulieu qu'on le croit poffédé dans l'Ode.

Mufe, dis-moi la colère d'Achille.

La Mufe raconte & le Poëte écrit: voilà l'infpiration tranquille.

Eft-ce l'efprit divin qui s'empare de moi ?
C'eft lui-même.

Voilà l'infpiration prophétique. Mais il faut bien fe confulter avant que de prendre un fi rapide effor: par exemple, il ne convient pas à celui qui va décrire un cabinet de médailles; & après avoir dit comme Lamotte,

Docte fureur, divine ivresse,
En quels lieux m'as tu transporté !

l'on ne doit pas tomber dans de froides réflexions sur l'incertitude & l'obscurité des inscriptions & des emblêmes.

Le haut ton séduit les jeunes gens, parce qu'il marque l'enthousiasme ; mais le difficile est de le soutenir ; & plus l'essor est présomptueux, plus la chûte sera risible.

L'air du délire est encore un ridicule que les Poëtes se donnent, faute d'avoir réfléchi sur la nature de l'Ode. Il est vrai qu'elle a le choix entre toutes les progressions naturelles des sentimens & des idées, avec la liberté de franchir les intervalles que la réflexion peut remplir ; mais cette liberté a des bornes, & celui qui prend un délire insensé pour l'enthousiasme, ne le connoît pas.

L'enthousiasme est, comme je l'ai dit, la pleine illusion où se plonge l'ame du Poëte. Si la situation est violente l'enthousiasme est passionné : si la situation est voluptueuse, c'est un sentiment doux & calme.

Ainsi, dans l'Ode l'ame s'abandonne ou à l'imagination ou au sentiment. Mais la marche du sentiment est donnée par la Nature ; & si l'imagination est plus libre, c'est un nouveau motif pour lui laisser un guide qui l'éclaire dans ses écarts.

On ne doit jamais écrire sans dessein, & ce dessein doit être bien conçu avant que l'on prenne la plume, afin que la réflexion ne vienne pas ralentir la chaleur du génie. Entendez un Musicien habile préluder sur des touches harmonieuses : il semble voltiger en liberté d'un mode à l'autre ; mais il ne sort point du cercle qui lui est prescrit par la nature. L'art se cache, mais il le conduit ; & dans ce desordre tout est régulier. Rien ne ressemble mieux à la marche de l'Ode.

Gravina en donne une idée encore plus grande, en parlant de Pindare, dont il semble avoir pris le style pour le louer plus magnifiquement. « Pindare (dit-il) pousse
» son vaisseau sur le sein de la mer : il dé-
» ploie toutes les voiles, il affronte la tem-

» pête & les écueils : les flots se soulèvent
» & sont prêts à l'engloutir ; déjà il a dif-
» paru à la vûe du spectateur, lorsque tout-
» à-coup il s'élance du milieu des eaux, &
» arrive heureusement au rivage ».

Cette allégorie, en déguisant le défaut essentiel de Pindare, ne laisse pas de caractériser l'Ode, dont l'artifice consiste à cacher une marche réguliere sous l'air de l'égarement, comme l'artifice de l'apologue consiste à cacher un dessein rempli de sagesse sous l'air de la naïveté. Mais ces idées vagues dans les préceptes, sont plus sensibles dans les exemples. Etudions l'art du Poëte dans ces belles Odes d'Horace: *Justum & tenacem*, &c. *Descende cœlo*, &c. *Cœlo tonantem*, &c.

Dans l'une, Horace vouloit combattre le dessein proposé de relever les murs de Troie, & d'y transférer le siege de l'Empire. Voyez le détour qu'il a pris. Il commence par louer la constance dans le bien. C'est par-là, dit-il, que Pollux, Hercule, Romulus lui-même s'est élevé au rang des
Dieux ;

Dieux. Mais quand il fallut y admettre le Fondateur de Rome, Junon parla dans le confeil des immortels & dit, qu'elle vouloit bien oublier que Romulus fût le fang des Troyens, & confentir à voir dans leurs neveux les vainqueurs & les maîtres du monde; pourvu que Troïe ne fortît jamais de fes ruines, & que Rome en fût féparée par l'immenfité des mers. Cette Ode eſt pour la fageſſe du deſſein un modèle peut-être unique; mais ce qu'elle a de prodigieux, c'eſt qu'à mefure que le Poëte approche de fon but, il femble qu'il s'en écarte & qu'il a rempli fon objet lorfqu'on le croit tout-à-fait égaré.

Dans l'autre, il veut faire fentir à Auguſte l'obligation qu'il a aux Mufes, non-feulement d'avoir embelli fon repos, mais de lui avoir appris à bien ufer de fa fortune & de fa puiſſance. Rien n'étoit plus délicat, plus difficile à manier. Que fait le Poëte ? D'abord il s'annonce comme le protégé des Mufes. Elles ont pris foin de fa vie dès le berceau; elles l'ont fauvé de tous les périls; il est sous la garde de ces divinités tutélaires; & en action de grace il chante leurs louanges. Dès-lors il lui est permis de leur attribuer tout le bien qu'il imagine, & en particulier la gloire de présider aux conseils d'Auguste, de lui inspirer la douceur, la générosité, la clémence:

> *Vos lene concilium & datis, & dato*
> *Gaudetis almæ.*

Mais de peur que la vanité de son héros n'en soit blessée, il ajoute qu'elles n'ont pas été moins utiles à Jupiter lui-même dans la guerre contre les Titans; & sous le nom de Jupiter & des divinités célestes qui président aux Arts & aux Lettres, il représente Auguste environné d'hommes sages, humains, pacifiques, qui modèrent dans ses mains l'usage de la force, de la force, dit le Poëte, l'instigatrice de tous les forfaits:

> *Vires omne nefas animo moventes.*

Dans la troisieme, veut-il louer les triomphes d'Auguste & l'influence de son génie sur la discipline des armées Romaines; il fait voir le soldat fidèle, vaillant, invincible sous ses drapeaux, il le fait voir sous Crassus, lâche deserteur de sa patrie & de ses dieux, s'alliant avec les Parthes, & servant sous leurs étendards. Il va plus loin, il remonte aux beaux jours de la République; & dans un discours plein d'héroïsme qu'il met dans la bouche de Régulus, il représente les anciens Romains posant les armes & recevant des chaînes de la main des Carthaginois, en opposition avec les Romains du tems d'Auguste vainqueurs des Parthes, & qui vont, dit-il, subjuguer les Bretons.

Cet art de flatter est comme imperceptible : le Poëte n'a pas même l'air de s'appercevoir du parallèle qu'il présente. On le prendroit pour un homme qui s'abandonne à son imagination, & qui oublie les triomphes présens pour s'occuper des malheurs passés. Tel est le prestige de l'Ode. C'est là qu'un beau desordre est un effet de l'art.

En réfléchissant sur ces exemples, on voit que l'imagination, qui semble égarer le Poëte, pouvoit prendre mille autres routes; au lieu que dans l'Ode où le sentiment domine, la liberté du génie est réglée par les loix que la nature a prescrites aux mouvemens du cœur humain.

Ce n'est pas qu'un sentiment n'ait qu'une branche; mais il en est de sa génération comme de la génération harmonique : les passages doivent être dans l'ordre de la nature, & quels que soient les intervalles, les rapports doivent être sentis. L'ame a son tact comme l'oreille, elle a sa méthode comme la raison : or chaque son a un générateur, chaque conséquence un principe ; de même chaque mouvement de l'ame a une force qui le produit, une impression qui le détermine. Le desordre de l'Ode pathétique ne consiste donc pas dans le renversement de cette succession, ni dans l'interruption totale de la chaîne; mais dans le choix de celle des progressions naturelles qui est la moins familiere, la plus inattendue, & s'il se peut en même tems, la plus favorable à la Poësie. J'en vais donner un exemple pris du même Poëte Latin.

Virgile s'embarque pour Athènes. Horace fait des vœux pour son ami, & recommande à tous les dieux favorables aux matelots, ce navire où il a déposé la plus chere moitié de lui-même. Mais tout-à-coup le voyant en mer, il se peint les dangers qu'il court, & sa frayeur les exagère. Il ne peut concevoir l'audace de celui qui le premier osa s'abandonner sur un fragile bois, à cet élément orageux & perfide. Les dieux avoient séparé les divers climats de la terre par le profond abîme des mers ; l'impiété des hommes a franchi cet obstacle : & voilà comme leur audace ose enfreindre toutes les loix. Que peut-il y avoir de sacré pour eux ? Ils ont dérobé le feu du ciel ; & de-là ce déluge de maux qui ont inondé la terre, & précipité les pas de la mort. N'a-t-on pas vû Dédale traverser les airs ? Hercule forcer les demeures sombres ? Il n'est rien de trop pénible, de trop périlleux pour les hommes. Dans notre folie nous attaquons le ciel ; & nos crimes ne donnent pas le tems à Jupiter de poser la foudre.

Quelle est la cause de cette indignation? Le danger qui menace les jours de Virgile: cette frayeur, ce tendre intérêt qui occupe l'ame du Poëte, est comme le ton fondamental de toutes les modulations de cette Ode, à mon gré le chef-d'œuvre d'Horace dans le genre passionné, qui est le premier de tous les genres.

J'ai dit que la situation du Poëte & la nature de son sujet déterminent le ton de l'Ode. Or sa situation peut être ou celle d'un homme inspiré, qui se livre à l'impulsion d'une cause surnaturelle, *velox mente novâ*; ou celle d'un homme que l'imagination ou le sentiment domine, & qui se livre à leurs mouvemens. Dans le premier cas, il doit soutenir le merveilleux de l'inspiration par la hardiesse des images & la sublimité des pensées: *nil mortale loquar*. On en voit des modèles divins dans les Prophêtes : tel est le Cantique de Moïse, que le sage Rolin a cité : tels sont quelques-uns des Pseaumes de David, que Rousseau a paraphrasés avec beaucoup d'harmonie & de pompe : telle est la Prophétie de Joad dans l'Athalie de l'illustre Racine, le plus beau morceau de Poësie lyrique qui soit sorti de la main des hommes, & auquel il ne manque, pour être une Ode parfaite, que la rondeur des périodes dans la contexture des vers.

Mais d'où vient que mon cœur frémit d'un saint effroi ?
Est-ce l'Esprit divin qui s'empare de moi ?
C'est lui-même : il m'échauffe, il parle, mes yeux s'ouvrent,
Et les siècles obscurs devant moi se découvrent.
Lévites, de vos sons prêtez-moi les accords,
Et de ses mouvemens secondez les transports.
Cieux, écoutez ma voix ; terre, prête l'oreille.
Ne dis plus, ô Jacob, que ton Seigneur sommeille.
Pécheurs, disparoissez, le Seigneur se réveille.
Comment en un plomb vil l'or pur (*a*) s'est-il changé ?
Quel est dans le lieu saint ce Pontife égorgé (*b*) ?

(*a*) Joas.
(*b*) Zacarie.

Pleure, Jérusalem, pleure, cité perfide,
Des Prophêtes divins malheureuse homicide.
De son amour pour toi ton Dieu s'est dépouillé :
Ton encens à ses yeux est un encens souillé.

 Où menez-vous ces enfans & ces femmes (*a*) ?
Le Seigneur a détruit la reine des cités :
Ses Prêtres sont captifs, ses Rois sont rejettés.
Dieu ne veut plus qu'on vienne à ses solemnités.
Temple, renverse toi; cèdres, jettez des flam-
   mes.

 Jérusalem, objet de ma douleur,
Quelle main en ce jour t'a ravi tous tes charmes?
Qui changera mes yeux en deux sources de
   larmes,
 Pour pleurer ton malheur?

 Quelle Jérusalem nouvelle,
Sort du fond du désert, brillante de clarté,
Et porte sur le front une marque immortelle?
 Peuples de la terre, chantez :
Jérusalem renaît plus charmante & plus belle.

 D'où lui viennent de tous côtés
Ces enfans qu'en son sein elle n'a point portés?
Lève, Jérusalem, lève ta tête altière;
Regarde tous ces Rois de ta gloire étonnés.
Les Rois des nations devant toi prosternés,

(*a*) Captivité de Babylone.

De tes pieds baisent la poussière ;
Le peuples à l'envi, marchent à ta lumière.
Heureux qui pour Sion d'une sainte ferveur
Sentira son ame embrasée !
Cieux, répandez votre rosée,
Et que la terre enfante son Sauveur.

Dans cette inspiration l'ordre des idées est le même que dans un simple récit : c'est la chaleur, la véhémence, l'élévation, le pathétique, en un mot, c'est le mouvement de l'ame du Prophête qui rend comme naturel dans l'enthousiasme de Joad la rapidité des passages ; & voilà dans son essor le plus hardi, le plus sublime, le seul égarement qui soit permis à l'Ode.

A plus forte raison dans l'enthousiasme purement poëtique, le délire de l'imagination & du sentiment doit-il cacher, comme je l'ai dit, un dessein régulier & sage, où l'unité se concilie avec la grandeur & la variété. C'est peu de la plénitude, de l'abondance & de l'impétuosité qu'Horace attribue à Pindare, lorsqu'il le compare à un fleuve qui tombe des montagnes, & qui, enflé par les pluies, traverse des campagnes célèbres :

Fervet, immensusque ruit profundo Pindarus ore.

Il faut, s'il m'est permis de suivre l'image, que les torrens qui viennent grossir le fleuve se perdent dans son sein; au-lieu que dans la plûpart des Odes qui nous restent de Pindare, ses sujets sont de foibles ruisseaux qui se perdent dans de grands fleuves. Pindare, il est vrai, mêle à ses récits de grandes idées & de belles images ; c'est d'ailleurs un modèle dans l'art de raconter & de peindre en touches rapides. Mais pour le dessein de ses Odes, il a beau dire qu'il rassemble une multitude de choses, afin de prévenir le goût de la satiété ; il néglige trop l'unité & l'ensemble : lui-même il ne sait quelquefois comment revenir à son héros, & il l'avoue de bonne foi. Il est facile, sans doute, de l'excuser par les circonstances ; mais si la nécessité d'enrichir des sujets stériles & toûjours les mêmes, par des épisodes intéressans & variés; si la gêne où devoit être son génie dans ces Poëmes de commande; si les beautés qui résultent de ses écarts suffisent à son apologie; au-moins n'autorisent-elles personne à l'imiter: c'est ce que j'ai voulu faire entendre.

Du reste, ceux qui ne connoissent Pindare que par tradition, s'imaginent qu'il est sans cesse dans le transport; & rien ne lui ressemble moins: son style n'est presque jamais passionné. Il y a lieu de croire que dans celles de ses Poësies où son génie étoit en liberté, il avoit plus de véhémence; mais dans ce que nous avons de lui, c'est de tous les Poëtes lyriques le plus tranquille & le plus égal. Quant à ce qu'il devoit être en chantant les héros & les dieux, lorsqu'un sujet sublime & fécond lui donnoit lieu d'exercer son génie, le précis d'une de ses Odes en va donner une idée: c'est la première des Pythiques adressée à Hiéron, tyran de Siracuse, vainqueur dans la course des chars.

« Lyre d'Apollon, dit le Poëte, c'est toi

» qui donnes le signal de la joie, c'est toi
» qui préludes aux concerts des Muses. Dès
» que tes sons se font entendre la foudre
» s'éteint, l'aigle s'endort sous le sceptre
» de Jupiter ; ses aîles rapides s'abaissent
» des deux côtés relâchées par le sommeil ;
» une sombre vapeur se répand sur le bec
» recourbé du roi des oiseaux, & appesan-
» tit ses paupières ; son dos s'élève & son
» plumage s'enfle au doux frémissement
» qu'excitent en lui tes accords. Mars, l'im-
» placable Mars laisse tomber sa lance, &
» livre son cœur à la volupté. Les dieux
» mêmes sont sensibles au charme des vers
» inspirés par le sage Apollon, & émanés
» du sein profond des Muses. Mais tout ce
» que Jupiter n'aime pas ne peut souffrir
» ces chants divins. Tel est ce géant à cent
» têtes, ce Typhée accablé sous le poids
» de l'Ætna, de l'Ætna, cette colonne du
» ciel qui nourrit des neiges éternelles, &
» des flancs duquel jaillissent à pleines
» sources des fleuves d'un feu rapide &
» brillant. Il vomit le plus souvent des tour-

» billons d'une fumée ardente ; mais la nuit
» des vagues enflammées coulent de son
» sein, & roulent des rochers avec un bruit
» horrible jusques dans l'abîme des mers.
» C'est ce monstre rampant qui exhale ces
» torrens de feu : prodige incroyable pour
» ceux qui entendent raconter aux voya-
» geurs, comment enchaîné dans les gouf-
» fres profonds de l'Ætna, le dos courbé
» de ce géant ébranle & soulève sa prison,
» dont le poids l'écrase sans cesse ».

De-là Pindare passe à l'éloge de la Sicile & d'Hiéron, fait des vœux pour l'un & pour l'autre, & finit par exhorter son héros à fonder son règne sur la justice & sur la vertu.

Il n'est guère possible de rassembler de plus belles images ; & la foible esquisse que j'en ai donnée suffit, je crois, pour le persuader. Mais comment sont-elles amenées ? Typhée & l'Ætna à propos des vers & du chant ; l'éloge d'Hiéron à propos de l'Ætna & de Typhée : voilà la marche de Pindare. Ses liaisons le plus souvent ne font que dans les mots, & dans la rencontre accidentelle & fortuite des idées. Ses ailes, pour me fervir de l'image d'Horace, font attachées avec de la cire ; & quiconque voudra l'imiter, éprouvera le deftin d'Icare. Auffi voyez dans l'Ode à la louange de Drufus, *qualem Miniſtrum*, &c. avec quelle précaution, quelle fageffe le Poëte Latin fuit les traces du Poëte Grec.

« Tel que le gardien de la foudre, l'ai-
» gle à qui le roi des dieux a donné l'em-
» pire des airs, l'aigle eft d'abord chaffé
» de fon nid par l'ardeur de la jeuneffe &
» la vigueur de fon naturel. Il ne connoit
» point encore l'ufage de fes forces ; mais
» déjà les vents lui ont appris à fe balancer
» fur fes aîles timides ; bientôt d'un vol
» impétueux il fond fur les bergeries ; enfin
» le defir impatient de la proie & des com-
» bats le lance contre les dragons, qui en-
» levés dans les airs fe débattent fous fes
» griffes tranchantes. Ou tel qu'une biche
» ocupée au pâturage voit tout-à-coup pa-

» roître un jeune lion que fa mere a écarté
» de fa mamelle, & qui vient effayer au
» carnage une dent nouvelle encore ; tels
» les habitans des Alpes ont vû dans la
» guerre le jeune Drufus. Ces peuples
» long-tems & par-tout vainqueurs, ces
» peuples vaincus à leur tour par l'habi-
» leté prématurée de ce héros, ont recon-
» nu ce que peut un naturel formé fous de
» divins aufpices, & l'influence de l'ame
» d'Augufte fur les neveux des Nérons.
» Des grands hommes naiffent les grands
» hommes. Les taureaux, les courfiers hé-
» ritent de la vigueur de leurs peres. L'ai-
» gle audacieux n'engendre point la timide
» colombe. Mais dans l'homme c'eft à l'inf-
» truction à faire éclorre le germe des ver-
» tus naturelles, & c'eft à la culture à leur
» donner des forces. Sans l'habitude des
» bonnes mœurs la nature eft bientôt dé-
» gradée. O Rome! que ne dois-tu pas aux
» Nérons? Témoin le fleuve Métaure &
» Afdrubal vaincu fur fes bords, & l'Italie,
» dont ce beau jour, ce jour ferein diffipa

» les ténèbres. Jufqu'alors le cruel Affri-
» cain fe répandoit dans nos villes comme
» la flamme dans les forêts, ou le vent
» d'Orient fur les mers de Sicile. Mais de-
» puis la jeuneffe Romaine marcha de
» victoire en victoire, & lestem ples facca-
» gés par la fureur impie des Carthaginois
» virent leurs autels relevés. Le perfide
» Annibal dit enfin : Nous fommes des
» cerfs timides en proie à des loups ravif-
» fans. Nous les pourfuivons, nous dont le
» plus beau triomphe eft de pouvoir leur
» échapper. Ce peuple qui fuyant Troïe
» enflammée à travers les flots, apporta
» dans les villes d'Aufonie fes dieux, fes
» enfans, fes vieillards ; femblable aux fo-
» rêts qui renaiffent fous la hache qui les
» dépouille, ce peuple fe reproduit au mi-
» lieu des débris & du carnage, & reçoit
» du fer même qui le frappe une force, une
» vigueur nouvelle. L'hydre mutilée renaif-
» foit moins obftinément fous les coups
» d'Hercule, indigné de fe voir vaincu.
» Thèbes & Colchos n'ont jamais vû de
» monftre

» monſtre plus terrible. Vous le ſubmer-
» gez, il reparoît plus beau ; vous luttez
» contre lui, il ſe relève de ſa chûte ; il ter-
» raſſera ſon vainqueur, ſans ſe donner mê-
» me le tems de l'affoiblir. Non, je n'enver-
» rai plus à Carthage les nouvelles de mes
» triomphes : tout eſt perdu, tout eſt deſeſ-
» péré par la défaite d'Aſdrubal ».

Il faut avouer qu'Horace doit à Pindare cet art d'agrandir ſes ſujets ; mais les éloges qu'il donne à ſon maître ne l'ont pas aveuglé ſur le manque de liaiſon & d'enſemble, défaut dont il avoit à ſe garantir en l'imitant.

Nous avons peu de ces exemples d'un délire naturel & vrai : Je vois preſque partout le Poëte qui compoſe, & c'eſt-là ce qu'on doit oublier : *unus idemque omnium* Scalig. *finis perſuaſio* : je le répeterai ſans ceſſe.

L'air de vérité fait le charme des Poëſies de Chaulieu ; on voit qu'il penſe comme il écrit, & qu'il eſt tel qu'il ſe peint lui-même. On ne s'attend pas à le voir citer à côté de Pindare & d'Horace ; je ne connois cependant aucune Ode Françoise qui remplisse mieux l'idée d'un beau délire que ce morceau de son Épître au Chevalier de Bouillon :

Heureux qui se livrant à la Philosophie,
A trouvé dans son sein un asyle assuré.

jusqu'à ces vers :

Je sais mettre, en dépit de l'âge qui me glace,
  Mes souvenirs à la place
  De l'ardeur de mes plaisirs.

Passons lui les négligences, les longueurs, le défaut d'harmonie ; quelle marche libre & naturelle ! quels mouvemens ! quels tableaux ! L'heureux enchaînement, le beau cercle d'idées ! l'aimable & touchante Poësie ! Celui qui est sensible aux beautés de l'art est saisi de joie, & celui qui est sensible aux mouvemens de la nature, est saisi d'attendrissement en lisant ce morceau, comparable aux plus belles Odes d'Horace.

Nous avons toujours droit d'exiger du Poëte qu'il nous parle le langage de la nature, & qu'il nous mène par les routes du sentiment & de la raison. Il vaut cependant mieux s'égarer quelquefois, que d'y marcher d'un pas trop craintif, comme on a fait le plus souvent dans ce genre tempéré, qu'on appelle l'Ode philosophique. Son mouvement naturel est celui de l'éloquence véhémente, c'est-à-dire du sentiment & de l'imagination, animés par de grands objets. Par exemple, Tirthée appellant aux combats les Spartiates, & Démosthène les Athéniens, doivent parler le même langage; à cela près que l'expression du Poëte doit être encore plus hardie & plus impétueuse que celle de l'Orateur.

Une Ode froidement raisonnée est le plus mauvais de tous les Poëmes : ce n'est pas le fond du raisonnement qu'il en faut bannir, mais la forme dialectique. « Cet » enchaînement de discours qui n'est lié » que par le sens », & que la Bruyere attribue au style des femmes, est celui qui convient ici à l'Ode. Les pensées y doivent être en images ou en sentimens; les expofés, en peintures; les preuves en exemples. Raimond de Saint-Marc a eu quelque raison de reprocher à Rousseau une marche trop didactique. Mais il donne à Lamotte sur Rousseau une préférence évidemment injuste. La premiere qualité d'un Poëme est la Poësie, c'est-à-dire la chaleur, l'harmonie, & le coloris. Il y en a dans les Odes de Rousseau; il n'y en a point dans celles de Lamotte. Il manquoit à Rousseau d'être philosophe & sensible; son génie (s'il en est sans beaucoup d'ame) étoit dans son imagination ; mais avec cette faculté imitative, il s'est élevé au ton de David, & personne depuis Malherbe n'a mieux senti que Rousseau la coupe de notre vers lyrique. Lamotte pense davantage; mais il ne peint presque jamais, & la dureté de ses vers est un supplice pour l'oreille. On ne conçoit pas comment l'Auteur d'Inès a si peu de chaleur dans ses Odes. Il étoit persuadé sans doute qu'il n'y falloit que de l'esprit; & le succès incompréhensible de ses premieres Odes ne fit que l'engager plus avant dans l'opinion qui l'égaroit.

Comment un Ecrivain auſſi judicieux, en étudiant Pindare, Horace, Anacréon, ne s'eſt-il pas détrompé de la fauſſe idée qu'il avoit priſe du genre dont ils ſont les modèles ? Comment s'eſt-il mépris au caractère même de ces Poëtes, en tâchant de les imiter ? Il fait de Pindare un extravagant qui parle ſans ceſſe de lui ; il fait d'Horace, qui eſt tout images & ſentimens, un froid & ſubtile moraliſte ; il fait du voluptueux, du naïf, du leger Anacréon, un bel eſprit qui s'étudie à dire des gentilleſſes.

Si Lamotte eſt didactique, il l'eſt plus que Rouſſeau, & il l'eſt avec moins d'agrément : s'il s'égare, c'eſt avec un ſang froid qui rend ſon enthouſiaſme riſible : les objets qu'il parcourt ne ſont liés que par des *que vois-je ? & que vois-je encore ?* C'eſt une galerie de tableaux, & qui pis eſt de tableaux mal peints. Ce n'eſt pas ainſi que l'imagination d'Horace voltigeoit ; ce n'eſt pas même ainsi que s'égaroit celle de Pindare. Si l'un ou l'autre abandonnoit son sujet principal, il s'attachoit du-moins à son épisode, & ne se jettoit point au hasard sur tout ce qui se présentoit à lui.

Lamotte n'est pas plus heureux lorsqu'il imite Anacréon ; il avoue lui-même qu'il a été obligé de se feindre un amour chimérique, & d'adopter des mœurs qui n'étoient pas les siennes : ce n'étoit pas le moyen d'imiter celui de tous les Poëtes anciens qui avoit le plus de naturel.

Mais avant de passer à l'Ode anacréontique, rendons justice à Malherbe. C'est à lui que l'Ode est redevable des progrès qu'elle a faits parmi nous. Non-seulement il nous a fait sentir le premier de quelle cadence & de quelle harmonie les vers françois étoient susceptibles ; mais ce qui me semble plus précieux encore, il nous a donné des modèles dans l'art de varier & de soutenir les mouvemens de l'Ode, d'y répandre la chaleur d'une éloquence véhémente, & ce desordre apparent des sentimens & des idées qui fait le style passionné. Lisez les premieres stances de l'Ode qui commence par ces vers :

> Que direz-vous, races futures,
> Si quelquefois un vrai discours
> Vous récite les aventures
> De nos abominables jours ?

Le style en a vieilli sans doute ; mais pour les mouvemens de l'ame, il y a peu de choses en notre langue de plus naturel & de plus éloquent.

On a raison de citer avec éloge son Ode à Louis XIII. Pleine de verve, riche en images, variée dans ses mouvemens, elle a cette marche libre & fière qui convient à l'Ode héroïque. Seulement, je n'aime pas à voir un Poëte animer son Roi à la vengeance contre ses sujets. Les Muses sont des divinités bienfaisantes & conciliatrices ; il leur appartient d'apprivoiser les tigres, & non pas de rendre les hommes cruels.

Ce n'est pas que l'Ode ne soit quelquefois guerriere ; mais c'est la valeur qu'elle inspire, c'est le mépris de la mort, c'est l'amour de la patrie, de la liberté, de la gloire ; & dans ce genre les chants Prussiens sont à-la-fois des modèles d'enthousiasme & de discipline. Le Poëte éloquent qui les a faits, & le héros qui prend soin qu'on les chante, ont également bien connu l'art de mouvoir les esprits.

Si l'on savoit diriger ainsi tous les genres de Poësies vers leur objet politique, ce don de séduire & de plaire, d'instruire & de persuader, d'exalter l'imagination, d'attendrir & d'élever l'ame, de dominer enfin les hommes par l'illusion & le plaisir, ne seroit rien moins qu'un frivole jeu.

Je viens de considérer l'Ode dans toute son étendue ; mais quelquefois réduite à un seul mouvement de l'ame, elle n'exprime qu'un tableau. Telles sont les Odes voluptueuses & bacchiques dont Anacréon & Sapho nous ont laissé des modèles parfaits.

La naïveté fait l'essence de ce genre ; &

celui qui a dit d'Anacréon que la persuasion l'accompagne, *suada Anacreontem se-
quitur*, a peint le caractère du Poëte &
du Poëme en même tems.

Après Lafontaine, celui de tous les Poëtes qui est le mieux dans sa situation, &
qui communique le plus l'illusion qu'il se
fait à lui-même, c'est à mon gré Anacréon.
Tout ce qu'il peint, il le voit; il le voit,
dis-je, des yeux de l'ame; & l'image qu'il
fait éclore est plus vive que son objet. Dans
sa tasse a-t-on représenté Venus fendant
les eaux à la nage; le Poëte enchanté de
ce tableau, l'anime; son imagination donne
au bas-relief la couleur & le mouvement:

Trahit ante corpus undam;
Secat indè fluctus ingens
Roscis deæ quod unum
Supereminet papillis,
Tenero subestque collo:
Medio deinde sulco,
Quasi lilium implicatum
Violis, renidet illa
Placidum maris per æquor.

Horace, le digne émule de Pindare & d'Anacréon, a fait le partage des genres de l'Ode. Il attribue à la lyre de Pindare les louanges des Dieux & des Héros; & à celle d'Anacréon, le charme des plaisirs, les artifices de l'amour, ses jaloux transports, & ses tendres alarmes.

Et fide Teïa
Dices laborantem in uno
Penelopen vitreamque Circen.

L'Ode anacréontique rejette ce que la passion a de sinistre. On peut l'y peindre dans toute sa violence, mais avec les couleurs de la volupté. L'Ode de Sapho que Longin a citée, & que Boileau a si bien traduite, est le modèle presque inimitable d'un amour à-la-fois voluptueux & brûlant.

Du reste, les tableaux les plus rians de la nature, les mouvemens les plus ingénus du cœur humain, l'enjouement, le plaisir, la mollesse, la négligence de l'avenir, le doux emploi du présent, les délices d'une vie dégagée d'inquiétudes, l'homme enfin ramené par la philosophie aux jeux de son enfance ; voilà les sujets que choisit la Muse d'Anacréon. Le caractère & le génie du François lui sont favorables : aussi a-t-elle daigné nous sourire.

Nous avons peu d'Odes anacréontiques dans le genre voluptueux, encore moins dans le genre passionné ; mais beaucoup dans le genre galant, délicat, ingénieux & tendre. Tout le monde sait par cœur celles de M. Bernard.

Tendres fruits des pleurs de l'Aurore, &c.

En voici une du même Auteur, qui n'est pas aussi connue, & qu'on peut citer à côté de celles d'Anacréon.

Jupiter, prête-moi ta foudre,
S'écria Licoris un jour:
Donne, que je réduise en poudre
Le temple où j'ai connu l'amour.

Alcide, que ne suis-je armée
De ta massue & de tes traits,
Pour venger la terre allarmée
Et punir un dieu que je hais !

Médée, enseigne moi l'usage
De tes plus noirs enchantemens:
Formons pour lui quelque breuvage
Égal au poison des amans.

Ah! si dans ma fureur extrême
Je tenois ce monstre odieux!......
Le voilà, lui dit l'amour même,
Qui soudain parut à ses yeux.

Venge toi, punis, si tu l'oses.
Interdite à ce prompt retour,
Elle prit un bouquet de roses
Pour donner le fouet à l'amour.

On dit même que la bergère
Dans ses bras n'osant le presser,
Et frappant d'une main légère,
Craignoit encor de le blesser.

Le sentiment, la naïveté, l'air de la négligence, & une certaine mollesse voluptueuse dans le style, font le charme de l'Ode anacréontique; & Chaulieu dans ce genre auroit peut-être effacé Anacréon lui-même, si, avec ces graces qui lui étoient naturelles, il eût voulu se donner le soin d'être moins diffus & plus châtié. Quoi de plus doux, de plus élégant que ces vers à M. de la Fare !

O toi qui de mon ame es la chère moitié;
  Toi qui joins la délicatesse
  Des sentimens d'une maîtresse
  A la solidité d'une sûre amitié;
La Fare, il faut bientôt que la parque cruelle
  Vienne rompre de si doux nœuds;
  Et malgré nos cris & nos vœux,
Bientôt nous essuierons une absence éternelle.
  Chaque jour je sens qu'à grands pas
J'entre dans ce sentier obscur & difficile
  Qui me va conduire là bas
  Rejoindre Catule & Virgile.
  Là sont des berceaux toûjours verds.
  Assis à côté de Lesbie,
  Je leur parlerai de tes vers
  Et de ton aimable génie;
  Je leur raconterai comment
  Tu recueillis si galamment
  La Muse qu'ils avoient laissée,
  Et comme elle fut sagement,
  Par la paresse autorisée,
  Préférer avec agrément

Au tour brillant de la pensée
La vérité du sentiment.

M. de Voltaire a joint à ce beau naturel de Chaulieu, plus de correction & de coloris ; & ses Poësies familieres, dont je parlerai dans la suite, sont pour la plûpart d'excellens modèles de la gayete noble & de la liberté qui doivent régner dans l'Ode anacréontique.

Le tems de l'Ode bacchique est passé. C'étoit autrefois la mode de chanter à table. Les Poëtes composoient le verre à la main, & leur ivresse n'étoit pas simulée. Cet heureux délire a produit des chansons pleines de verve & d'enthousiasme. J'en citerai quelques exemples dans l'article de la chanson. En attendant, en voici deux qu'Anacréon n'eût pas désavouées.

Je ne changerois pas pour la coupe des Rois,
 Le petit verre que tu vois:
Ami, c'est qu'il est fait de la même fougère,
 Sur laquelle cent fois
 Reposa ma bergère.

FRANÇOISE. 451

L'autre roule fur la même idée; mais le même fentiment n'y eft pas.

Vous n'avez pas, humble fougère
L'éclat des fleurs qui parent le printems;
Mais leurs beautés ne durent guère,
Les vôtres plaifent en tout tems.
Vous offrez des fecours charmans
Aux plaifirs les plus doux qu'on goûte fur la terre :
Vous fervez de lit aux amans,
Aux buveurs vous fervez de verre.

Dans tous les genres que je viens de parcourir, non-feulement l'Ode eft dramatique dans la bouche du Poëte; il eft encore permis au Poëte d'y céder la parole à un perfonnage qu'il introduit, & l'on en voit des exemples dans Pindare, dans Anacréon, dans Sapho, dans Horace, &c. Mais celui-ci eft, je crois, le premier qui ait mis l'Ode en dialogue ; & l'exemple qu'il en a laiffé, eft un modèle de délicateffe. C'eft l'Ode, *Donec gratus eram tibi*, que M. Rouffeau de Genève a imitée en homme de goût dans le *Devin de Village*,

& dont M. le D. de N. nous a donné une imitation plus fidèle encore.

HORACE ET LYDIE.

HORACE.

Plus heureux qu'un Monarque au faîte des grandeurs,
    J'ai vû mes jours dignes d'envie :
Tranquilles, ils couloient au gré de nos ardeurs ;
    Vous m'aimiez, charmante Lydie.

LYDIE.

Que mes jours étoient beaux quand des soins les plus doux
    Vous payiez ma flamme sincère !
Vénus me regardoit avec des yeux jaloux :
    Chloé n'avoit pas sçu vous plaire.

HORACE.

Par son luth, par sa voix organe des amours,
    Chloé seule me paroît belle :
Si le destin jaloux veut épargner ses jours,
    Je donnerai les miens pour elle.

LYDIE.

Le jeune Calaïs, plus beau que les amours,
    Plaît seul à mon ame ravie ;
Si le destin jaloux veut épargner ses jours,
    Je donnerai deux fois ma vie.

HORACE.

HORACE.

Quoi, si mes premiers feux ranimant leur ardeur
    Étouffoient une amour fatale,
Si perdant pour jamais tous ses droits sur mon
        cœur,
    Chloé vous laissoit sans rivale....
        LYDIE.
Calaïs est charmant; mais je n'aime que vous:
    Ingrat, mon cœur vous justifie.
Heureuse également, en des liens si doux,
    De perdre ou de passer la vie!

CHAPITRE XVII.
De la Fable.

L'APOLOGUE ou la Fable est un petit Poëme, où, avec l'air d'une simplicité crédule, on présente une vérité morale sous le voile d'un conte ingénu. L'opinion commune donne la gloire de l'invention de ce Poëme à Ésope. Quelques-uns l'attribuent à Hésiode. Il y en a qui prétendent que les Fables connues sous le nom d'Ésope, ont été composées par Socrate. Ces opinions à discuter sont plus curieuses, qu'utiles; c'est l'essence de l'art, & non pas sa naissance qu'il nous importe de rechercher.

On a fait consister l'artifice de la Fable à citer les hommes au tribunal des animaux. C'est comme si on prétendoit en général, que la Comédie citât les Spectateurs au tribunal de ses personnages; les hypocrites au tribunal de Tartufe; les avares au tribunal d'Arpagon, &c. Dans l'Apologue, les animaux sont quelquefois les précepteurs des hommes, Lafontaine l'a dit; mais ce n'est que dans le cas où ils sont représentés meilleurs & plus sages que nous.

Dans le discours que Lamotte a mis à la tête de ses Fables, il démêle en philosophe l'artifice caché dans ce genre de fiction : il en a bien vû le principe & la fin; les moyens seuls lui ont échappé. Il traite, en bon Critique, de la justesse & de l'unité de l'allégorie, de la vraissemblance des mœurs & des caractères, du choix de la moralité & des images qui s'enveloppent. Mais toutes ces qualités réunies ne font qu'une Fable régulière; & un Poëme qui n'eſt que régulier, eſt bien loin d'être un bon Poëme.

C'eſt peu que dans la Fable, une vérité utile & peu commune ſe déguiſe ſous le voile d'une allégorie ingénieuſe; que cette allégorie, par la juſteſſe & l'unité de ſes rapports, conduiſe directement au ſens moral qu'elle ſe propoſe; que les perſonnages qu'on y emploie, rempliſſent l'idée qu'on a d'eux. Lamotte a obſervé toutes ces règles dans quelques-unes de ſes Fables; il reproche, avec raiſon, à Lafontaine de les avoir négligées dans quelques-unes des ſiennes; d'où vient donc que les plus défectueuſes de Lafontaine ont un charme & un intérêt que n'ont pas les plus régulières de Lamotte?

Ce charme & cet intérêt prennent leur ſource non-ſeulement dans le tour naturel & facile des vers, dans le coloris de l'imagination, dans le contraſte & la vérité des caractères, dans la juſteſſe & la préciſion du dialogue, dans la variété, la force & la rapidité des peintures; en un mot dans le génie poëtique, don précieux & rare auquel tout l'excellent esprit de Lamotte n'a jamais pû suppléer; mais encore dans la naïveté du récit & du style, caractère dominant du génie de Lafontaine.

On a dit: *le style de la Fable doit être simple, familier, riant, gracieux, naturel, & même naïf.* Il falloit dire, *& sur-tout naïf.* Essayons de rendre sensible l'idée que nous attachons à ce mot *naïveté*, qu'on a si souvent employé sans l'entendre.

Lamotte distingue le naïf du naturel; mais il fait consister le naïf dans l'expression fidele & non réfléchie de ce qu'on sent; & d'après cette idée vague, il appelle naïf le *qu'il mourût* du vieil Horace. Il me semble qu'il faut aller plus loin pour trouver le vrai caractère de naïveté qui est essentiel & propre à la Fable.

La vérité de caractère a plusieurs nuances qui la distinguent d'elle-même : ou elle observe les ménagemens qu'on se doit & qu'on doit aux autres, & on l'appelle *fin-*

cérité: ou elle franchit dès qu'on la presse, la barriere des égards, & on la nomme franchise: ou elle n'attend pas même pour se montrer à découvert que les circonstances l'y engagent, & que les décences l'y autorisent, & elle devient imprudence, indiscrétion, témérité, suivant qu'elle est plus ou moins offensante ou dangereuse. Si elle découle de l'ame par un penchant naturel & non réfléchi, elle est simplicité; si la simplicité prend sa source dans cette pureté de mœurs qui n'a rien à dissimuler ni à feindre, elle est candeur; si à la candeur se joint une innocence peu éclairée, qui croit que tout ce qui est naturel est bien, c'est l'ingénuité; si l'ingénuité se caractérise par des traits qu'on auroit eu soi-même intérêt à déguiser, & qui nous donnent quelque avantage sur celui auquel ils échappent, on la nomme naïveté, ou ingénuité naïve. Ainsi la simplicité ingénue est un caractère absolu & indépendant des circonstances; au lieu que la naïveté est relative.

> Hors les puces qui m'ont la nuit inquiettée,

Ne feroit dans Agnès qu'un trait de simplicité, si elle parloit à ses compagnes.

> Jamais je ne m'ennuie,

Ne feroit qu'ingénu, si elle ne faisoit pas cet aveu à un homme qui doit s'en offenser. Il en est même de

> L'argent qu'en ont reçu notre Alain & Georgette, &c.

Par conséquent ce qui est compatible avec le caractère naïf dans tel lieu, dans tel état, ne le feroit pas dans tel autre. Georgette est naïve autrement qu'Agnès, autrement que ne doit l'être une jeune fille élevée à la cour, ou dans le monde. Celle-ci peut dire & penser ingénuement des choses que l'éducation lui a rendu familieres, & qui paroîtroient réfléchies & recherchées dans la premiere. Cela posé, voyons ce qui constitue la naïveté dans la Fable, & l'effet qu'elle y produit.

Lamotte a observé que le succès constant & universel de la Fable venoit de ce que l'allégorie y ménageoit & flattoit l'amour-propre. Rien n'eſt plus vrai ni mieux ſenti ; mais cet art de ménager & de flatter l'amour-propre, au lieu de le bleſſer, n'eſt autre choſe que l'éloquence naïve, l'éloquence d'Eſope chez les Anciens, & de Lafontaine chez les Modernes.

De toutes les prétentions des hommes, la plus générale & la plus décidée regarde la ſageſſe & les mœurs. Rien n'eſt donc plus capable de les indiſpoſer, que des préceptes de morale & de ſageſſe préſentés directement. Je ne parle point de la Satyre ; le ſuccès en eſt aſſuré : ſi elle en bleſſe un, elle en flatte mille. Je parle d'une philoſophie ſévère, mais honnête, ſans amertume & ſans poiſon, qui n'inſulte perſonne & qui s'adreſſe à tous : c'eſt préciſément de celle-là qu'on s'offenſe. Les Poëtes l'ont préſentée au théâtre & dans l'Epopée, en exemple & comme ſans deſſein ; ce ménagement l'a fait recevoir ſans révolte : mais toute verité ne peut pas avoir au théâtre ſon tableau particulier ; chaque pièce ne peut aboutir qu'à une moralité principale,

& les traits accessoires répandus dans le cours de l'action, passent trop rapidement pour ne pas s'effacer l'un l'autre : l'intérêt même les absorbe, & ne nous laisse pas la liberté d'y réfléchir.

D'ailleurs, l'instruction théâtrale exige un appareil qui n'est ni de tous les lieux, ni de tous les tems; c'est un miroir public qu'on n'élève qu'à grands frais & à force de machines. Il en est à-peu-près de même de l'Epopée. On a donc voulu nous donner des glaces portatives aussi fidèles, & plus commodes, où chaque vérité isolée eût son image distincte: & de-là l'invention des petits Poëmes allégoriques.

Dans ces tableaux, on pouvoit nous peindre à nos yeux sous trois symboles différens, ou sous les traits de nos semblables; comme dans la Fable du Savetier & du Financier, dans celle du Berger & du Roi, dans celle du Meunier & son fils, &c. ou sous le nom des êtres surnaturels & allégoriques; comme dans la Fable d'Apollon & Borée, dans celle de la Discorde, dans les contes Orientaux & dans nos contes de Fées ; ou fous la figure des animaux & des êtres matériels, que le Poëte fait agir & parler à notre maniere : c'eft le genre le plus étendu, & peut-être le feul vrai genre de la Fable, par la raifon même qu'il eft le plus dépourvû de vraifemblance à notre égard.

Il s'agit de ménager la répugnance que chacun fent à être corrigé par fon égal. On s'apprivoife aux leçons des morts, parce qu'on n'a rien à démêler avec eux, & qu'ils ne fe prévaudront jamais de l'avantage qu'on leur donne : on fe plie même aux maximes outrées des fanatiques & des enthoufiaftes, parce que l'imagination étonnée ou éblouie, en fait une efpèce d'hommes à part. Mais le fage qui vit fimplement & familièrement avec nous, & qui fans chaleur & fans violence ne nous parle que le langage de la vérité & de la vertu, nous laiffe toutes nos prétentions à l'égalité. C'eft donc à lui à nous perfuader par une illufion paffagère, qu'il eft, non pas au-deſſus de nous (il y auroit de l'imprudence à le tenter), mais au contraire ſi fort au-deſſous, qu'on ne daigne pas même ſe piquer d'émulation à ſon égard, & qu'on reçoive les vérités qui ſemblent lui échapper, comme autant de traits de naïveté ſans conſéquence.

Si cette obſervation eſt fondée, voilà le preſtige de la Fable rendu ſenſible, & l'art réduit à un point déterminé. Or nous allons voir que tout ce qui concourt à nous perſuader la ſimplicité & la crédulité du Poëte, rend la Fable plus intéreſſante; au-lieu que tout ce qui nous fait douter de la bonne-foi de ſon récit, en affoiblit l'intérêt.

Quintilien penſoit que les Fables avoient ſur-tout du pouvoir ſur les eſprits incultes & ignorans; il parloit ſans doute des Fables où la vérité ſe cache ſous une enveloppe groſſière; mais le goût, le ſentiment, les graces que Lafontaine y a répandues, en ont fait la nourriture & les délices des eſprits les plus délicats, les plus cultivés, & les plus profonds.

Or l'intérêt qu'ils y prennent n'eft certainement pas le vain plaifir d'en pénétrer le fens. La beauté de cette allégorie eft d'être fimple & tranfparente, & il n'y a guère que les fots qui puiffent s'applaudir d'en avoir percé le voile.

Le mérite de prévoir la moralité que Lamotte veut qu'on ménage aux lecteurs, parmi lefquels il compte les fages eux-mêmes, fe réduit à bien peu de chofe : auffi Lafontaine, à l'exemple des Anciens, ne s'eft-il guère mis en peine de la donner à deviner ; il l'a placée tantôt au commencement, tantôt à la fin de la Fable : ce qui ne lui auroit pas été indifférent s'il eût regardé la Fable comme une énigme.

Quelle eft donc l'efpèce d'illufion qui rend la Fable fi féduifante ? On croit entendre un homme affez fimple & affez crédule pour répéter férieufement les contes puériles qu'on lui a faits ; & c'eft dans cet air de bonne-foi que confifte la naïveté du récit & du ftyle.

On reconnoît la bonne foi d'un Hiftorien à l'attention qu'il a de saisir & de marquer les circonstances, aux réflexions qu'il y mêle, à l'éloquence qu'il employe à exprimer ce qu'il sent : c'est-là sur-tout ce qui met Lafontaine au-dessus de ses modèles. Ésope raconte simplement, mais en peu de mots; il semble répéter fidèlement ce qu'on lui a dit : Phèdre y met plus de délicatesse & d'élégance, mais aussi moins de vérité. On croiroit en effet que rien ne doit mieux caractériser la naïveté qu'un style dénué d'ornemens : cependant Lafontaine a répandu dans le sien tous les trésors de la Poësie, & il n'en est que plus naïf. Ces couleurs si variées & si brillantes sont elles-mêmes les traits dont la nature se peint dans les écrits de ce Poëte, avec une simplicité merveilleuse. Ce prestige de l'art paroît d'abord inconcevable; mais dès qu'on remonte à la cause, on n'est plus surpris de l'effet.

Non-seulement Lafontaine a oui dire ce qu'il raconte, mais il l'a vû; il croit le voir encore. Ce n'est pas un Poëte qui imagine, ce n'est pas un conteur qui plaisante, c'est un témoin présent à l'action, & qui veut vous y rendre présent vous-même. Son érudition, son éloquence, sa philosophie, sa politique, tout ce qu'il a d'imagination, de mémoire, & de sentiment, il met tout en œuvre de la meilleure foi du monde pour vous persuader, & ce font tous ces efforts, c'est le sérieux avec lequel il mêle les plus grandes choses avec les plus petites, c'est l'importance qu'il attache à des jeux d'enfans, c'est l'intérêt qu'il prend pour un lapin & une belette, qui font qu'on est tenté de s'écrier à chaque instant, *le bon homme!* On le disoit de lui dans la société, & son caractère n'a fait que passer dans ses Fables. C'est du fond de ce caractère que sont émanés ces tours si naturels, ces expressions si naïves, ces images si fidèles; & quand Lamotte a dit :

Du fond de sa cervelle un trait naïf s'arrache;

ce n'est certainement pas le travail de Lafontaine qu'il a peint.

S'il raconte la guerre des vautours, son génie s'élève.

Il plut du sang.

Cette image lui paroît encore foible. Il ajoûte pour exprimer la dépopulation :

> Et sur son roc Prométhée espéra
> De voir bientôt une fin à sa peine.

La querelle de deux coqs pour une poule, lui rappelle ce que l'amour a produit de plus funeste.

Amour, tu perdis Troie.

Deux chèvres se rencontrent sur un pont trop étroit pour y passer ensemble ; aucune des deux ne veut reculer : il s'imagine voir,

> Avec Louis-le-Grand,
> Philippe quatre qui s'avance
> Dans l'île de la Conférence.

Un renard est entré la nuit dans un poulailler.

> Les marques de sa cruauté
> Parurent avec l'aube. On vit un étalage
> De corps sanglans & de carnage ;
> Peu s'en fallut que le soleil

Ne rebrouſsât d'horreur vers le manoir liquide, &c.

Lamotte a fait, à mon avis, une étrange mépriſe, en employant à tout propos, pour avoir l'air naturel, des expreſſions populaires & proverbiales : tantôt c'eſt Morphée qui fait *litière de pavots;* tantô c'eſt la lune qui eſt *empêchée* par les charmes d'une Magicienne ; ici le lynx attendant le gibier, prépare ſes dents à *l'ouvrage;* là le jeune Achille *eſt fort bien moriginé* par Chiron. Lamotte avoit dit lui-même : *Mais prenons garde à la baſſeſſe trop voiſine du familier.* Qu'étoit-ce donc à ſon avis que *faire litière de pavots?* Lafontaine a toûjours le ſtyle de la choſe :

<blockquote>
Un mal qui répand la terreur,
Mal que le ciel en ſa fureur
Inventa pour punir les crimes de la terre.
</blockquote>

<blockquote>
Les tourterelles ſe fuyoient ;
Plus d'amour, partant plus de joie.
</blockquote>

Ce n'eſt jamais la qualité des perſonnages qui le décide. Jupiter n'eſt qu'un homme dans les chofes familières ; le moucheron eſt un héros lorſqu'il combat le lion : rien de plus philofophique & en même tems rien de plus naïf que ces contraſtes. Lafontaine eſt peut-être celui de tous les Poëtes qui paſſe d'un extrême à l'autre avec le plus de juſteſſe & de rapidité. Lamotte a pris ces paſſages pour de la gaieté philoſophique, & il les regarde comme une ſource du riant. Mais Lafontaine n'a pas deſſein qu'on imagine qu'il s'égaye à rapprocher le grand du petit ; il veut que l'on penſe, au contraire, que le ſérieux qu'il met aux petites choſes, les lui fait mêler & confondre de bonne foi avec les grandes ; & il réuſſit en effet à produire cette illuſion : par-là ſon ſtyle ne s'appeſantit jamais, ni dans le familier ni dans l'héroïque. Si ſes réflexions & ſes peintures l'emportent vers l'un, ſes ſujets le ramènent à l'autre, & toûjours ſi à propos, que le lecteur n'a pas le tems de deſirer qu'il prenne l'eſſor ou qu'il ſe modère. En lui chaque idée réveille ſoudain l'image & le

ſentiment

sentiment qui lui est propre : on le voit dans ses peintures, dans son dialogue, dans ses harangues. Qu'on life, pour les peintures, la Fable d'Apollon & de Borée, celle du Chêne & du Roseau ; pour le dialogue, celle de l'Agneau & du Loup, celle des Compagnons d'Ulysse ; pour les monologues & les harangues, celle du Loup & des Bergers, celle du Berger & du Roi, celle de l'Homme & de la Couleuvre : modèles à-la-fois de Philosophie & de Poësie. On a dit souvent que l'une nuisoit à l'autre ; qu'on nous cite ou parmi les Anciens, ou parmi les Modernes, quelque Poëte plus riant, plus fécond, plus varié, plus gracieux & plus sublime ; quelque Philosophe plus profond & plus sage.

Mais ni sa Philosophie ni sa Poësie ne nuisent à sa naïveté : au contraire, plus il met de l'une & de l'autre dans ses récits, dans ses réflexions, dans ses peintures, plus il semble persuadé, pénétré de ce qu'il raconte, & plus par conséquent il nous paroît simple & crédule.

Tome II.

Le premier soin du Fabuliste doit donc être de paroître perſuadé; le ſecond, de rendre ſa perſuaſion amuſante; le troiſième, de rendre cet amuſement utile.

Horat. *Pueris dant fruſtula blandi*
Doctores, elementa velint ut diſcere prima.

Nous venons de voir de quel artifice Lafontaine s'eſt ſervi pour paroître perſuadé; & je n'ai plus que quelques réflexions à ajoûter ſur ce qui détruit ou favoriſe cette eſpèce d'illuſion.

Tous les caractères d'eſprit ſe concilient avec la naïveté, hors la fineſſe & l'affectation. D'où vient que *Janot-Lapin*, *Robin-Mouton*, *Carpillon-Fretin*, *la gent trote-menu*, &c. ont tant de grace & de naturel? D'où vient que *Don Jugement*, *Dame Mémoire* & *Demoiſelle Imagination*, quoique très-bien caractériſés, ſont ſi déplacés dans la Fable? Ceux-là ſont du bon homme, ceux-ci de l'homme d'eſprit.

On peut ſuppoſer tel pays ou tel ſiècle dans lequel ces figures ſe concilieroient avec la naïveté: par exemple, ſi on avoit élévé des autels au Jugement, à l'Imagination, à la Mémoire, comme à la Paix, à la Sageſſe, à la Juſtice, &c. les attributs de ces divinités ſeroient des idées populaires, & il n'y auroit aucune fineſſe, aucune affectation à dire, le dieu Jugement, la déeſſe Mémoire, la nymphe Imagination ; mais le premir qui s'aviſe de réaliſer, de caractériſer ces abſtractions par des épithètes recherchées, paroît trop fin pour être naïf. Qu'on réfléchiſſe à ces dénominations, Don, Dame, Demoiſelle, il eſt certain que la première peint la lenteur, la gravité, le recueillement, la méditation, qui caractériſent le jugement: que la ſeconde exprime la pompe, le faſte & l'orgueil qu'aime à étaler la mémoire: que la troiſième réunit en un ſeul mot la vivacité, la légèreté, le coloris, les graces, & ſi l'on veut, le caprice & les écarts de l'imagination. Or peut-on ſe perſuader que ce ſoit un homme naïf, qui le premier ait vû & ſenti ces rapports & ces nuances ?

Si Lafontaine emploie des personnages allégoriques, ce n'est pas lui qui les invente : on est déjà familiarisé avec eux. La fortune, la mort, le tems, tout cela est reçu. Si quelquefois il en introduit de sa façon, c'est toujours en homme simple ; c'est *que-si-que-non*, frere de la Discorde ; c'est *tien-&-mien*, son pere, &c.

Lamothe au contraire met toute la finesse qu'il peut à personnifier des êtres moraux & métaphysiques. *Personnifions*, dit-il, *les vertus & les vices ; animons, selon nos besoins, tous les êtres ;* & d'après cette licence, il introduit la vertu, le talent, & la réputation, pour faire faire à celle-ci un jeu de mots à la fin de la Fable. C'est encore pis lorsque l'Ignorance, grosse d'enfant, accouche d'Admiration, de demoiselle Opinion, & qu'on fait venir l'Orgueil & la Paresse pour nommer l'enfant, qu'ils appellent la Vérité. Lamothe a beau dire qu'il se trace un nouveau chemin ; ce chemin l'éloigne du but.

Encore une fois, le Poëte doit jouer

dans la Fable le rôle d'un homme simple & crédule ; & celui qui personnifie des abstractions métaphysiques avec tant de subtilité, n'est pas le même qui nous dit sérieusement que Jean Lapin plaidant contre dame Belette, allégua la coutume & l'usage.

Mais comme la crédulité du Poëte n'est jamais plus naïve, ni par conséquent plus amusante que dans des sujets dépourvûs de vraissemblance à notre égard, ces sujets vont beaucoup plus droit au but de l'Apologue, que ceux qui sont naturels & dans l'ordre des possibles. Lamothe, après avoir dit,

Nous pouvons, s'il nous plaît, donner pour
   véritable
 Les chimères du tems passé,
Ajoûte :
 Mais quoi ? des vérités modernes
Ne pouvons-nous user aussi dans nos besoins ?
Qui peut le plus, ne peut-il pas le moins ?

Ce raisonnement du plus au moins n'est pas concevable dans un homme qui avoit l'esprit juste, & qui avoit long-tems réfléchi sur la nature de l'Apologue. La Fable des deux Amis., le Paysan du Danube, Philémon & Baucis, ont leur charme & leur intérêt particulier : mais qu'on y prenne garde, ce n'est-là ni le charme ni l'intérêt de l'Apologue. Ce n'est point ce doux soûrire, cette complaisance intérieure qu'excitent en nous Janot Lapin, la Mouche du Coche, &c. Dans les premieres, la simplicité du Poëte n'est qu'ingénue, & n'a rien de ridicule. Dans les dernieres, elle est naïve & nous amuse à ses dépens. C'est ce qui m'a fait avancer que les Fables, où les animaux, les plantes, les êtres inanimés, parlent & agissent à notre maniere, sont peut-être les seules qui méritent le nom de Fables.

Ce n'est pas que dans ces sujets mêmes il n'y ait une sorte de vraissemblance à garder, mais elle est relative au Poëte. Son caractère de naïveté une fois établi, nous devons trouver possible qu'il ajoute foi à ce qu'il raconte ; & de-là vient la règle de suivre les mœurs ou réelles ou supposées. Son dessein n'est pas de nous persuader que le lion, l'âne & le renard ont parlé, mais d'en paroître persuadé lui-même ; & pour cela, il faut qu'il observe les convenances, c'est-à-dire, qu'il fasse parler & agir le lion, l'âne & le renard, chacun suivant le caractère & les intérêts qu'il est supposé leur attribuer. Ainsi la règle de suivre les mœurs dans la Fable, est une suite de ce principe, que tout y doit concourir à nous persuader la crédulité du Poëte. Mais il faut que cette crédulité soit amusante ; & c'est encore un des points où Lamothe s'est trompé. On voit que dans ses Fables il vise à être plaisant, & rien n'est si contraire au génie de ce Poëme :

Un homme avoit perdu sa femme,
Il veut avoir un perroquet.
Se console qui peut. Plein de la bonne dame,
Il veut du-moins chez lui remplacer son caquet.

Lafontaine évite avec soin tout ce qui a l'air de la plaisanterie ; s'il lui en échappe quelque trait, il a grand soin de l'émouſſer :

> A ces mots l'animal pervers,
> C'eſt le ſerpent que je veux dire.

Voilà une excellente épigramme; & le Poëte s'en ſeroit tenu là, s'il avoit voulu être fin : mais il vouloit être, ou plutôt il étoit naïf. Il a donc achevé,

> C'eſt le ſerpent que je veux dire,
> Et non l'homme, on pourroit aiſément s'y tromper.

De même, dans ces vers qui terminent la Fable du Rat ſolitaire :

> Qui déſignai-je, à votre avis,
> Par ce rat ſi peu ſecourable ?
> Un Moine ? non ; mais un Dervis.

Il ajoute :

Je ſuppoſe qu'un Moine eſt toûjours charitable.

La fineſſe du ſtyle conſiſte à ſe laiſſer deviner; la naïveté, à dire tout ce qu'on penſe.

Lafontaine nous fait rire, mais à ſes dépens; & c'eſt ſur lui-même qu'il fait tomber le ridicule. Quand pour rendre raison de la maigreur d'une belette, il observe *qu'elle sortoit de maladie*: quand pour expliquer comment un cerf ignoroit une maxime de Salomon, il nous avertit que ce cerf n'avoit pas accoutumé de lire: quand pour nous prouver l'expérience d'un vieux rat, & les dangers qu'il avoit courus, il remarque qu'il avoit même perdu sa queue à la bataille: quand pour nous peindre la bonne intelligence des chiens & des chats, il nous dit:

Ces animaux vivoient entr'eux comme cousins;
Cette union si douce & presque fraternelle,
 Édifioit tous les voisins.

Nous rions, mais de la naïveté du Poëte; & c'est à ce piège si délicat que se prend notre vanité.

L'oracle de Delphes avoit, dit-on, conseillé à Esope de prouver des vérités importantes par des contes ridicules. Esope auroit mal entendu l'oracle, si au lieu d'être risible, il s'étoit piqué d'être plaisant.

Cependant comme ce n'est pas uniquement à nous amuser, mais sur-tout à nous instruire que la Fable est destinée, l'illusion doit se terminer au développement de quelque vérité utile. Je dis au développement, & non pas à la preuve; car il faut bien observer que la Fable ne prouve rien. Quelque bien adapté que soit l'exemple à la moralité, l'exemple est un fait particulier, la moralité une maxime générale; & l'on sait que du particulier au général, il n'y a rien à conclure. Il faut donc que la moralité soit une vérité connue par elle-même, & à laquelle on n'ait besoin que de réfléchir pour en être persuadé. L'exemple contenu dans la Fable en est l'indication, & non la preuve : son but est d'avertir, & non de convaincre ; de diriger l'attention, & non d'entraîner le consentement ; de rendre enfin sensible à l'imagination ce qui est évident à la raison. Mais pour cela il faut que l'exemple mène droit à la moralité, sans diversion, sans équivoque ; & c'est ce que les plus grands maîtres semblent avoir oublié quelquefois :

La vérité doit naître de la fable.

Lamotte l'a dit, & l'a pratiqué ; il ne le cède même à perſonne dans cette partie. Comme elle dépend de la juſteſſe & de la ſagacité de l'eſprit, & que Lamothe avoit ſupérieurement l'une & l'autre, le ſens moral de ſes Fables eſt preſque toujours bien ſaiſi, bien déduit, bien préparé. Nous en exceptons quelques-unes, comme celle de l'Eſtomac, celle de l'Araignée & du Pelican. L'Eſtomac pâtit de ſes fautes ; mais s'enſuit-il que chacun ſoit puni des ſiennes ? Le même Auteur a fait voir le contraire dans la Fable du Chat & du Rat. Entre le Pelican & l'Araignée, entre Codrus & Néron, l'alternative eſt-elle ſi preſſante, qu'héſiter ce fût choiſir ? Et à la queſtion, lequel des deux voulez-vous imiter ? n'eſt-on pas fondé à répondre : ni l'un ni l'autre ? Dans ces deux Fables, ſa moralité n'eſt vraie que par les circonſtances ; elle eſt fauſſe dès qu'on la donne pour un principe général.

Lafontaine s'eſt plus négligé que Lamotte sur le choix de la moralité ; il semble quelquefois la chercher, après avoir composé sa Fable, soit qu'il affecte cette incertitude pour cacher jusqu'au bout le dessein qu'il avoit d'instruire ; soit qu'en effet il se soit livré d'abord à l'attrait d'un tableau favorable à peindre, bien sûr que d'un sujet moral il est facile de tirer une réflexion morale.

Cependant sa conclusion n'est pas toujours également heureuse : le plus souvent profonde, lumineuse, intéressante & amenée par un chemin de fleurs ; mais quelquefois aussi commune, fausse, ou mal déduite. Par exemple, de ce qu'un gland, & non pas une citrouille, tombe sur le nez de Garo, s'ensuit-il que tout soit bien ?

Jupin pour chaque état mit deux tables au monde,
L'adroit, le vigilant, & le fort sont assis
 A la première, & les petits
 Mangent leur reste à la seconde.

Rien n'est plus vrai ; mais cela ne suit point de l'exemple de l'Araignée & de l'Hirondelle : car l'Araignée, quoiqu'adroite & vigilante, ne laisse pas de mourir de faim. Ne seroit-ce point pour déguiser ce défaut de justesse, que dans les vers que je viens de citer, Lafontaine n'oppose que les petits à l'adroit, au vigilant & au fort ? Si au lieu des *petits*, il eût dit *le foible, le négligent & le mal-adroit*, on eût senti que les deux dernieres de ces qualités ne convenoient point à l'Araignée. Dans la Fable des Poissons & du Berger, il conseille aux Rois d'user de violence. Dans celle du Loup déguisé en berger, il conclut:

Quiconque est loup, agisse en loup.

Si ce sont-là des vérités, elles ne sont rien moins qu'utiles aux mœurs. En général, le respect de Lafontaine pour les Anciens, ne lui a pas laissé la liberté du choix dans les sujets qu'il en a pris ; presque toutes ses beautés sont de lui, presque tous ses défauts sont des autres. Ajoutons que ses défauts sont rares, & tous faciles à éviter, & que ses beautés sans nombre sont peut-être inimitables.

Je ne puis trop exhorter les jeunes Poëtes à étudier fa verfification & fon ftyle, où les pédans n'ont sû relever que des négligences, & dont les beautés raviffent d'admiration les hommes de l'art les plus exercés, & les hommes de goût les plus délicats.

Du refte, fans aucun deffein de louer ni de critiquer, ayant à rendre fenfibles par des exemples les perfections & les défauts de l'art, je crois devoir puifer ces exemples dans les Auteurs les plus eftimables pour deux raifons, leur célébrité & leur autorité; fans toutefois manquer dans mes critiques aux égards que je leur dois; & ces égards confiftent à parler de leurs ouvrages avec une impartialité férieufe & décente, fans fiel & fans dérifion, méprifables recours des efprits vuides & des ames baffes. J'ai reconnu dans Lamotte une invention ingénieufe, une compofition régulière, beaucoup de jufteffe & de fagacité. J'ai profité de quelques-unes de ses réflexions sur la Fable, & je renvoie encore le lecteur à son discours, comme à un morceau de poëtique excellent à beaucoup d'égards. Mais avec la même sincérité, je me suis permis d'observer ses erreurs dans la théorie, & ses fautes dans la pratique, ou du-moins ce qui m'a paru tel. J'espère qu'on s'appercevra dans tout le cours de cet ouvrage, que je ne cherche que la vérité.

CHAPITRE XVIII.

De l'Eglogue.

CE Poëme est l'imitation des mœurs champêtres dans leur plus belle simplicité. On peut considérer les Bergers dans trois états: ou tels qu'ils ont été dans l'abondance & l'égalité du premier âge, avec la simplicité de la nature, la douceur de l'innocence, & la noblesse de la liberté : ou tels qu'ils sont devenus depuis que l'artifice & la force ont fait des esclaves & des maîtres; réduits à des travaux dégoûtans & pénibles, à des besoins douloureux & grossiers, à des idées basses & tristes : ou tels enfin qu'ils n'ont jamais été, mais tels qu'ils pouvoient être s'ils avoient conservé assez long-tems leur innocence & leur loisir pour se polir sans se corrompre, & pour étendre leurs idées sans multiplier leurs besoins. De ces trois états le premier est vraisemblable, le second est réel, le troisième est possible. Dans le premier, le soin des troupeaux, les fleurs, les fruits, le spectacle de la campagne, l'émulation dans les jeux, le charme de la beauté, l'attrait physique de l'amour, partagent toute l'attention & tout l'intérêt des Bergers : une imagination riante, mais timide, un sentiment délicat, mais ingénu, règnent dans tous leurs discours : rien de réfléchi, rien de rafiné ; la nature enfin, mais la nature dans sa fleur : telles sont les mœurs des Bergers pris dans l'état d'innocence.

Mais ce genre étoit peu vaste. Les Poëtes s'y trouvant à l'étroit se sont répandus, les uns, comme Théocrite, dans l'état de
grossièreté

grossièreté & de bassesse; les autres, comme quelques-uns des Modernes, dans l'état de culture & de rafinement : les uns & les autres ont manqué d'unité dans le dessein, & se sont éloignés de leur but.

L'objet de la Poësie pastorale a été jusqu'à présent de présenter aux hommes l'état le plus heureux dont il leur soit permis de jouir, & de les en faire jouir en idée par le charme de l'illusion. Or l'état de grossièreté & de bassesse n'est point cet heureux état. Personne, par exemple, n'est tenté d'envier le sort de deux Bergers qui se traitent de voleurs & d'infâmes (Virgile Egl. 3.) D'un autre côté, l'état de rafinemeut & de culture ne se concilie pas assez dans notre opinion avec l'état d'innocence, pour que le mélange nous en paroisse vraisemblable. Ainsi, plus la Poësie pastorale tient de la rusticité ou du rafinement, plus elle s'éloigne de son objet.

Virgile étoit fait pour l'orner de toutes les graces de la nature ; si au-lieu de mettre ses Bergers à sa place, il se fût mis lui-même à la place de ses Bergers. Mais comme presque toutes ses Eglogues sont allégoriques, le fond perce à travers le voile & en altère les couleurs. A l'ombre des hêtres on entend parler de calamités publiques, d'usurpation, de servitude: les idées de tranquillité, de liberté, d'innocence, d'égalité disparoissent; & avec elles s'évanouit cette douce illusion, qui dans le dessein du Poëte devoit faire le charme de ses Pastorales.

« Il imagina des Dialogues allégoriques » entre des Bergers, afin de rendre ses » Pastorales plus intéressantes », a dit l'un des Traducteurs de Virgile. Mais ne confondons pas l'intérêt relatif & passager des allusions, avec l'intérêt essentiel & durable de la chose. Il arrive quelquefois que ce qui a produit l'un pour un tems, nuit dans tous les tems à l'autre.

Rien de plus délicat, de plus ingénieux que les Eglogues de quelques-uns de nos Poëtes: l'esprit y est employé avec tout l'art qui peut le déguiser. On ne sait ce qui manque à leur style pour être ingénu, mais on sent bien qu'il ne l'est pas : cela vient de ce que leurs Bergers pensent au-lieu de sentir, & analysent au-lieu de peindre.

Tout l'esprit de l'Eglogue doit être en sentimens & en images : on ne veut voir dans les Bergers que des hommes bien organisés par la nature, & à qui l'art n'ait point appris à composer leurs idées. Ce n'est que par les sens qu'ils sont instruits & affectés, & leur langage doit être comme le miroir où ces impressions se retracent. C'est-là le mérite dominant des Eglogues de Virgile.

Fortunate senex, hîc inter flumina nota
Et fontes sacros, frigus captabis opacum.

« Comme on suppose ses acteurs (a dit
» Lamotte en parlant de l'Eglogue) dans
» cette première ingénuité que l'art & le
» rafinement n'avoient point encore alté-
» rée, ils sont d'autant plus touchans qu'ils
» sont plus émus, & qu'ils raisonnent moins.
» Mais qu'on y prenne garde : rien n'est
» souvent si ingénieux que le sentiment;

» non pas qu'il soit jamais recherché, mais
» parce qu'il supprime tout raisonnement».
Cette réflexion est très-fine & très-séduifante. Essayons d'y démêler le vrai. Le sentiment franchit le milieu des idées; mais il embrasse des rapports plus ou moins éloignés, suivant qu'ils sont plus ou moins connus : & ceci dépend de la réflexion & de la culture.

Quinault.
  Je viens de la voir : qu'elle est belle !....
  Vous ne sauriez trop la punir.

Ce passage est naturel dans le langage d'un Héros, il ne le seroit pas dans celui d'un Berger.

Un Berger ne doit appercevoir que ce qu'apperçoit l'homme le plus simple sans réflexion & sans effort. Il est éloigné de sa Bergère ; il voit préparer des jeux & il s'écrie :

Fontenelle Quel jour ! quel triste jour ! & l'on songe à des
    fêtes.

 Il croit toucher au moment où de barbares soldats vont arracher ses plants, & il se dit à lui-même :

Insere nunc, Melibæe, pyros; pone ordine vites. Virgile.

La naïveté n'exclut pas la délicatesse : celle-ci consiste dans la sagacité du sentiment, & la nature la donne. Un vif intérêt rend attentif aux plus petites choses :

Rien n'est indifférent à des cœurs bien épris. Fontenelle

Et comme les Bergers ne sont guère occupés que d'un objet, ils doivent naturellement s'y intéresser davantage. Ainsi, la délicatesse du sentiment est essentielle à la Poësie pastorale. Un Berger remarque que sa Bergère veut qu'il l'apperçoive lorsqu'elle se cache.

Et fugit ad salices, & se cupit ante videri. Virg.

Il observe l'accueil qu'elle fait à son chien & à celui de son rival.

  L'autre jour sur l'herbette
  Mon chien vint te flatter;
  D'un coup de ta houlette,
  Tu sus bien l'écarter.
  Mais quand le sien, cruelle,
   Par hasard suit tes pas,
  Par son nom tu l'appelles.
  Non, tu ne m'aimes pas.

Combien de circonstances délicatement saisies dans ce reproche ? C'est ainsi que les Bergers doivent développer tout leur esprit sur la passion qui les occupe davantage. Mais la liberté que leur en donne Lamotte, ne doit pas s'étendre plus loin.

On demande quel est le degré de sentiment dont l'Eglogue est susceptible, & quelles sont les images dont elle aime à s'embellir ?

« Les hommes, répond M. de Fonte-
» nelle, veulent être heureux, & ils vou-
» droient l'être à peu de frais. Il leur faut
» quelque mouvement, quelque agitation;
» mais un mouvement & une agitation qui
» s'ajustent, s'il se peut, avec la sorte de pa-
» resse qui les possede : & c'est ce qui se
» trouve le plus heureusement du monde
» dans l'amour, pourvû qu'il soit pris d'une
» certaine façon. Il ne doit pas être om-
» brageux, jaloux, furieux, desespéré;
» mais simple, tendre, délicat, fidèle, &
» pour se conserver dans cet état, accom-
» pagné d'espérance : alors on a le cœur
» rempli, & non pas troublé, &c. »

« Nous n'avons que faire (dit Lamotte)
» de changer nos idées pour nous mettre
» à la place des Bergers amans; & à la
» fcène & aux habits près, c'eſt notre por-
» trait même que nous voyons. Le Poëte
» paſtoral n'a donc pas de plus ſûr moyen
» de plaire, que de peindre l'amour, ſes
» délices, ſes emportemens, & même ſon
» deſeſpoir. Car je ne crois pas cet excès
» popoſé à l'Eglogue; & quoique ce ſoit le
» ſentiment de M. de Fontenelle, que je re-
» garderai toujours comme mon maître, je
» fais gloire encore d'être ſon diſciple dans
» la grande leçon d'examiner & de ne ſouſ-
» crire qu'à ce qu'on voit ». Je cite ce dernier trait, pour donner aux Gens de Lettres
un exemple de nobleſſe & d'honnêteté
dans la diſpute.

Quant au fond de la queſtion, il n'eſt
pas bien décidé que les emportemens de
l'amour ſoient dans le caractère des Bergers pris dans l'état d'innocence; & nous
confondons peut-être avec les mouvemens
de la ſimple nature, les écarts de l'opinion

& les rafinemens de la vanité. Mais en fuppofant que l'amour dans fon principe naturel foit une paffion fougueufe & cruelle, n'eſt-ce pas perdre de vûe l'objet de l'Eglogue, que de préfenter les bergers dans ces violentes fituations ? La maladie & la pauvreté affligent les bergers comme le reſte des hommes. Cependant on écarte ces triſtes images de la peinture de leur vie. Pourquoi ? parce qu'on fe propofe de peindre un état heureux. La même raifon doit en exclure les excès des paffions. Si l'on veut peindre des hommes furieux & coupables, pourquoi les chercher dans les hameaux ? pourquoi donner le nom d'Eglogues à des fcènes de Tragédie ? Chaque genre a fon dégré d'intérêt & de pathétique. Celui de l'Eglogue ne doit être qu'une douce émotion. Eſt-ce à dire pour cela qu'on ne doive introduire fur la fcène que des bergers heureux & contens ? Non : l'amour des bergers a fes inquiétudes ; leur ambition a fes revers. Une bergère abfente ou infidele, une gelée qui fait mourir les fleurs, un loup qui enlève une brebis. chérie, font des objets de tristesse & de douleur pour un berger. Mais dans ses malheurs même on admire la douceur de son état. Qu'il est heureux, dira un courtisan, de ne souhaiter qu'un beau jour ! Qu'il est heureux, dira un plaideur, de n'avoir que des loups à craindre ! Qu'il est heureux, dira un souverain, de n'avoir que des moutons à garder !

Virgile a un exemple admirable du degré de chaleur auquel peut se porter l'amour, sans altérer la douce simplicité de la Poësie pastorale.

L'amour a toujours été la passion dominante de l'Eglogue, par la raison qu'elle est la plus naturelle aux hommes, & la plus familière aux bergers. Les Anciens n'ont peint de l'amour, que le physique : sans doute en étudiant la nature, ils n'y ont trouvé rien de plus. Les Modernes y ont ajouté tous ces petits rafinemens, que la fantaisie des hommes a inventés pour leur supplice ; & il est au-moins douteux que la

Poësie ait gagné à ce mélange. Quoi qu'il en soit, la froide galanterie n'auroit dû jamais y prendre la place d'un sentiment ingénu. Passons au choix des peintures.

Tous les objets que la nature peut offrir aux yeux des bergers, sont du genre de l'Eglogue. Mais Lamotte a raison de dire, que quoique rien ne plaise que ce qui est naturel, il ne s'ensuit pas que tout ce qui est naturel doive plaire. Sur le principe déjà posé, que l'Eglogue est le tableau d'une condition digne d'envie, tous les traits qu'elle présente doivent concourir à former ce tableau. De-là vient que les images grossières ou purement rustiques, doivent en être bannies; de-là vient que les bergers ne doivent pas dire, comme dans Théocrite : « Je hais les renards qui » mangent les figues; je hais les escarbots » qui mangent les raisins, &c. » De-là vient que les pêcheurs de Sannazar sont d'une invention malheureuse : la vie des pêcheurs n'offre que l'idée du travail, de l'impatience & de l'ennui. Il n'en est pas de même de la condition des laboureurs : leur vie, quoique pénible, préfente l'image de la gayeté, de l'abondance & du plaifir. Le bonheur n'eft incompatible qu'avec un travail ingrat & forcé. La culture des champs, l'efpérance des moiffons, la récolte des grains, les repas, la retraite, les danfes des moiffonneurs, préfentent des tableaux auffi rians que les troupeaux & les prairies. Ces deux vers de Virgile en font un exemple.

Teftilis & rapido feffis mefforibus æftu
Alia, ferpillumque, herbas contundit olentes.

Qu'on introduife avec art fur la fcène des bergers & des laboureurs, on verra quel agrément & quelle variété peuvent naître de ce mélange.

Scaliger exclut de l'Eglogue les bucherons, les vendangeurs, les moiffonneurs, parce qu'ils ne parlent point en travaillant. Mais s'il eût connu les mœurs de la campagne, il eût vû que rien n'eft plus gai que leur retour de l'ouvrage, & qu'une joie très-vive & très-pure éclate dans leurs repas. *Per hiemem vero* (dit le même) *ad fo-*

cum finximus nos, novo modo, aniculas & puellas quæ VILLICA *inscripsimus. Verum cùm minus essent placita, merito abdicata sunt.* Ce n'est pas la faute du genre, & je conçois très-bien, moi qui vais quelquefois aux veillées de village, que de ce qui s'y passe & de ce qu'on y dit, un homme qui auroit la touche délicate, feroit de très-jolis tableaux.

Tout Poëme sans dessein est un mauvais Poëme. Lamotte, pour le dessein de l'Eglogue, veut qu'on choisisse d'abord une vérité digne d'intéresser le cœur & de satisfaire l'esprit, & qu'on imagine ensuite une conversation de bergers, ou un évènement pastoral, où cette vérité se développe. Sans doute on peut, suivant ce dessein, faire une Eglogue excellente; & ce développement d'une vérité particulière, feroit un mérite de plus. Mais il est une vérité générale qui suffit au dessein & à l'intérêt de l'Eglogue. Cette vérité, c'est l'avantage d'une vie douce, tranquille & innocente, telle qu'on peut la goûter en se rapprochant de la nature, sur une vie mêlée de trouble, d'amertume & d'ennuis, telle que l'homme l'éprouve depuis qu'il s'est forgé de vains desirs, de faux intérêts, & des besoins chimériques.

La Fable doit renfermer une moralité : & pourquoi ? Parce que le matériel de la Fable est hors de toute vraissemblance. Mais l'Eglogue a sa vraissemblance & son intérêt en elle-même, & l'esprit se repose agréablement sur le sens littéral qu'elle lui présente, sans y chercher un sens mystérieux.

Le tableau de la cinquieme Eglogue de Guesner, a-t-il besoin d'être allégorique pour être touchant ? C'est un jeune berger qui revenant le soir dans sa cabane, trouve sous un berceau de pampre son vieux peré, qui, sur un banc de gason, dort tranquillement au clair de la Lune. Le jeune homme, les bras croisés, se tint long-tems immobile dans cette posture ; ses yeux étoient attachés sur son pere ; seulement il regardóit de tems en tems le ciel à-travers le feuillage, & des larmes de joie couloient sur ses joues. O toi, dit-il, que j'honore le plus après les dieux, mon pere, comme tu reposes doucement! que le sommeil du juste est serein! Tu as sans doute porté tes pas chancelans hors de la cabane, pour célébrer le soir par de saintes prieres; & je suis bien sûr que tu as prié pour moi. Que je suis heureux! les dieux écoutent les vœux de mon pere : & sans cela notre cabane seroit-elle un asyle si fortuné, seroit-elle ombragée par des rameaux courbés sous leurs fruits ? quelle autre voix attire la bénédiction du ciel sur nos troupeaux & sur les fruits de nos champs? Lorsque satisfait de mes foibles soins pour le soulagement de ta vieillesse, tu verses des larmes d'amour; lorsqu'élevant tes regards vers le ciel tu me bénis d'un air content; ah, mon pere, de quel sentiment je suis pénétré! Encore aujourd'hui te retirant de mes bras pour aller hors de la cabane te ranimer à la chaleur du Soleil, & contemplant autour de toi le troupeau bondissant sur l'herbe, les arbres chargés de fruits, & la fertilité répandue sur toute la contrée ; Mes cheveux, disois-tu, sont blanchis dans la joie : chère campagne, sois bénie à jamais : je sens que mes yeux affoiblis n'ont pas long-tems à te parcourir, & dans peu je vais te quitter pour des campagnes encore plus heureuses. Ah, mon pere ! ah, mon meilleur ami ! je vais donc bientôt me voir privé de toi. Hélas ! j'érigerai un autel à côté de ta tombe ; & toutes les fois qu'il me luira un jour propice où j'aurai pû faire du bien à quelque infortuné, ô mon pere ! je répandrai du lait & des fleurs sur ce monument, &c. Voilà certainement un genre de bergerie qui vaut bien celui de Racan, & que M. de Fontenelle lui-même eût préféré à celui de ses Eglogues.

L'Eglogue en changeant d'objet, peut changer aussi de genre. On ne l'a considérée jusqu'ici que comme le tableau d'une condition digne d'envie ; ne pourroit-elle pas être aussi la peinture d'un état digne de pitié ? en seroit-elle moins utile ou moins intéressante ? Elle peindroit d'après nature des mœurs grossières & de tristes objets; mais ces images, vivement exprimées, n'auroient-elles pas leur beauté, leur pathétique, & sur-tout leur bonté morale?

Ce genre sera triste, je l'avoue; mais la tristesse & l'agrément ne sont point incompatibles. On n'auroit ce reproche à essuyer que des esprits froids & superficiels, espèces de critiques qu'on ne doit jamais compter pour rien. On peut craindre aussi que ce genre ne manque de délicatesse & d'élégance; mais pourquoi? Les paysans de Lafontaine ne parlent-ils pas le langage de la nature; & ce langage n'a-t-il point une élégante simplicité?

Y a-t-il rien de plus touchant que la peinture des calamités que ce Poëte divin a décrites dans la Fable du Paysan du Danube? & dans ce tableau de Greuse (*a*), dont les yeux & l'ame ne sont jamais rassasiés, tout n'est-il pas d'un goût exquis, quoique dans la simple nature? Ne lit-on pas sur le

---

(*a*) Il est connu sous le nom de *la dot*.

visage de ce pere vénérable & tendre, dans les yeux de cette bonne mere, sur le front timide de cette jeune épouse, une Eglogue d'un genre mille fois supérieur à toutes les Pastorales modernes ?

Il n'y a qu'une sorte d'objets qui doivent être bannis de la Poësie, comme de la Peinture : ce sont les objets dégoûtans ; & la rusticité peut ne pas l'être. Qu'une bonne paysanne reprochant à ses enfans leur lenteur à puiser de l'eau, & à allumer du feu pour préparer le repas de leur pere, leur dise : « Savez-vous, mes enfans, que » dans ce moment même, votre pere cour- » bé sous le poids du jour, force une terre » ingrate à produire dequoi vous nourrir ? » Vous le verrez revenir ce soir accablé » de fatigue, dégouttant de sueur, &c. » Cette Eglogle sera aussi touchante que naturelle.

J'écrivois ces réflexions avant que les essais des Allemands dans ce genre fussent connus parmi nous. Ils ont exécuté ce que j'avois conçu ; & s'ils parviennent à donner plus au moral & moins au détail des peintures phyſiques, ils excelleront dans ce genre, plus riche, plus vaſte, plus fécond, & infiniment plus naturel & plus moral que celui de la galanterie champêtre.

L'Eglogue eſt un récit, ou un entretien, ou un mélange de l'un & de l'autre. Dans tous les cas, elle doit être abſolue dans ſon plan, c'eſt-à-dire, ne laiſſer rien à deſirer dans ſon commencement, dans ſon milieu, ni dans ſa fin : règle contre laquelle peche toute Eglogue, dont les perſonnages ne ſavent à quel propos ils commencent, continuent, ou finiſſent de parler.

Dans l'Eglogue en récit, ou c'eſt le Poëte, ou c'eſt l'un de ſes bergers qui raconte. Si c'eſt le Poëte, il lui eſt permis de donner à ſon ſtyle un peu plus d'élégance & d'éclat : mais il n'en doit prendre les ornemens que dans les mœurs & les objets champêtres ; il ne doit être lui-même que le mieux inſtruit, & le plus ingénieux des bergers. Si c'eſt un Berger qui raconte, le style & le ton de l'Eglogue en récit ne diffère en rien du style & du ton de l'Eglogue dialoguée. Dans l'une & l'autre, il doit être un tissu d'images familières, mais choisies, c'est-à-dire, ou gracieuses ou touchantes. C'est-là ce qui met les Pastorales anciennes si fort au-dessus des modernes. Il n'est point de galerie si vaste, qu'un Peintre habile ne pût orner avec une seule des Églogues de Virgile.

Si l'on se rappelle ce que j'ai dit du style figuré, on sentira que c'est le langage naturel de l'Eglogue. Un ruisseau serpente dans la prairie; le berger ne pénètre point la cause physique de ses détours : mais attribuant au ruisseau un penchant analogue au sien, il se persuade que c'est pour caresser les fleurs, & couler plus long-tems autour d'elles, que le ruisseau s'égare & prolonge son cours. Un berger sent épanouir son ame au retour de sa bergère: les termes abstraits lui manquent pour exprimer ce sentiment; il a recours aux images sensibles : l'herbe que ranime la rosée, la nature renaissante au lever du Soleil, les fleurs écloses au premier souffle du zéphir, lui prêtent les couleurs les plus vives pour exprimer ce qu'un Métaphysicien auroit bien de la peine à rendre. Telle est l'origine du langage figuré, le seul qui convienne à la Pastorale, par la raison qu'il est le seul que la nature ait enseigné.

CHAPITRE XIX.

De l'Élégie.

L'ÉLÉGIE dans sa simplicité touchante & noble, réunit tout ce que la Poësie a de charmes : l'imagination & le sentiment. C'est cependant, depuis la renaissance des Lettres, l'un des genres de Poësie qu'on a le plus négligé. On y a même attaché l'idée d'une tristesse fade; & il est des exemples d'après lesquels on devoit en juger ainsi. Mais on en conçoit plus d'estime, lorsqu'on la voit dans la nature ou dans les modèles de l'antiquité. Il n'y a point en Poësie de genre plus libre ni plus varié que celui de l'Elégie : grave ou légère, passionnée ou tranquille, riante ou plaintive à son gré ; il n'est point de ton, depuis l'héroïque jusqu'au familier, qu'il ne lui soit permis de prendre. Properce y a décrit en passant la formation de l'Univers ; Tibulle, les tourmens du Tartare : l'un & l'autre en ont fait des tableaux dignes tour-à-tour de Raphaël, du Correge, & de l'Albane. Ovide ne cesse d'y jouer avec les flèches de l'Amour.

Cependant pour en déterminer le caractère par quelques traits plus marqués, je la divise en trois genres : le passionné, le tendre, & le gracieux.

Dans tous les trois, elle prend également le ton de la douleur & de la joie : car c'est sur-tout dans l'Elégie que l'amour est un enfant qui pour rien s'irrite & s'appaise, qui pleure & rit en même tems. Par la même raison, le tendre, le passionné, le gracieux, ne sont pas des genres incompatibles dans l'Elégie amoureuse ; mais dans leur mélange, il y a des nuances, des passages, des gradations à ménager. Dans la même situation où l'on dit *torqueor infelix*, on ne doit pas comparer la rougeur de sa maîtresse convaincue d'infidélité, *à la couleur du ciel au lever de l'aurore, à l'éclat des roses parmi les lys*, &c. (*a*) Au moment où l'on crie à ses amis : *Enchaînez-moi, je suis un furieux, j'ai battu ma maîtresse*, on ne doit penser *ni aux fureurs d'Oreste, ni à celles d'Ajax*. (*b*) Que les écarts sont bien plus naturels dans Properce ! « On m'enlève ce que j'aime (dit-il à son ami) « & tu me défends les larmes ! » Il n'y a d'injures sensibles qu'en amour... » C'est par-là qu'ont commencé les guer- » res; c'est par-là qu'a péri Troye... Mais » pourquoi recourir à l'exemple des Grecs? » C'est toi, Romulus, qui nous as donné » celui du crime : en enlevant les Sabines,

---

(*a*) Ovid. Amor. L. II. Eleg. 5.
(*b*) *Idem.* L. I. Eleg. 7.

» tu appris à tes neveux à nous enlever nos
» amantes, &c. (a)

En général, le sentiment domine dans le genre passionné ; c'est le caractère de Properce : l'imagination domine dans le gracieux ; c'est le caractère d'Ovide. Dans le premier, l'imagination modeste & soumise ne se joint au sentiment que pour l'embellir, & se cache en l'embellissant, *subsequiturque*. Dans le second, le sentiment humble & docile ne se joint à l'imagination que pour l'animer, & se laisse couvrir des fleurs qu'elle répand à pleines mains. Un coloris trop brillant refroidiroit l'un, comme un pathétique trop fort obscurciroit l'autre.

La passion rejette la parure des graces ; les graces sont effrayées de l'air sombre de la passion ; mais une émotion douce ne les rend que plus touchantes & plus vives. C'est ainsi qu'elles règnent dans l'Elégie tendre ; & c'est le genre de Tibulle.

C'est pour avoir donné à un sentiment

(*a*) Prop. L. II. Eleg. 7.

foible le ton du sentiment passionné, que l'Elégie est devenue fade. Rien n'est plus insipide qu'un desespoir de sang froid. On a cru que le pathétique étoit dans les mots; il est dans les tours & dans les mouvemens du style. Ce regret de Properce, après s'être éloigné de Cinthie,

Nonne fuit melius dominæ pervincere mores?

ce regret, dis-je, seroit froid. Mais combien la réflexion l'anime ?

Quamvis dura, tamen rara puella fuit.

C'est une étude bien intéressante que celle des mouvemens de l'ame dans les Elégies de ce Poëte & de Tibulle son rival ! « Je veux (dit Ovide) que quelque » jeune homme blessé des mêmes traits » que moi, reconnoisse dans mes vers tous » les signes de sa flamme, & qu'il s'écrie » après un long étonnement : qui peut avoir » appris à ce Poëte à si bien peindre mes » malheurs ! « C'est la règle générale de la Poësie pathétique. Ovide la donne ; Tibulle & Properce la suivent, & la suivent bien mieux que lui.

Quelques Poëtes modernes se sont persuadé que l'Elégie plaintive n'avoit pas besoin d'ornemens : non sans doute, lorsqu'elle est passionnée. Une amante éperdue n'a pas besoin d'être parée pour attendrir en sa faveur : son desordre, son égarement, la pâleur de son visage, les ruisseaux de larmes qui coulent de ses yeux, sont les armes de sa douleur ; & c'est avec ces traits que la pitié nous pénètre. Il en est ainsi de l'Elégie passionnée.

Mais une amante qui n'est qu'affligée, doit réunir pour nous émouvoir les charmes de la beauté, la parure, ou plûtôt le négligé des graces. Telle doit être l'Elégie tendre, semblable à Corine au moment de son réveil :

Sæpe etiam non dùm digestis mane capillis,
Purpureo jacuit semisupina thoro ;
Tumque fuit neglecta decens.

Un sentiment tranquille & doux, tel qu'il règne dans l'Elégie tendre, a besoin d'être nourri sans cesse par une imagination vive & féconde. Qu'on se figure une

personne triste & rêveuse qui se promène dans une campagne, où tout ce qu'elle voit lui retrace l'objet qui l'occupe sous mille faces nouvelles : telle est dans l'Elégie tendre la situation de l'ame à l'égard de l'imagination. Quels tableaux ne se fait-on pas dans ces douces rêveries ? « Tantôt
» on croit voyager sur un vaisseau avec ce
» qu'on aime ; on est exposé à la même
» tempête ; on dort sur le même rocher &
» à l'ombre du même arbre ; on se desal-
» tére à la même source ; soit à la poupe,
» soit à la proue du navire, une planche
» suffit pour deux ; on souffre tout avec
» plaisir : qu'importe que le vent du midi,
» ou celui du nord enfle la voile, pourvû
» qu'on ait les yeux attachés sur les yeux
» de son amante ? Jupiter embrasseroit le
» vaisseau, on ne trembleroit que pour
» elle (*a*) ». Tantôt on se peint soi-même expirant : « on tient d'une défaillante main
» la main d'une amante éplorée ; elle se

(*a*) Properce L. II. Eleg. 28.

» précipite sur le lit où l'on meurt ; elle
» suit son amant jusques sur le bûcher ; elle
» couvre son corps de baisers mêlés de
» larmes ; on voit les jeunes garçons & les
» jeunes filles revenir de ce spectacle les
» yeux baissés & mouillés de pleurs ; on
» voit sa maîtresse s'arrachant les cheveux,
» & se déchirant les joues ; on la conjure
» de ne pas affliger les mânes de son amant,
» & de modérer son desespoir (a).

C'est ainsi que dans l'Elégie tendre, le sentiment doit être sans cesse animé par les tableaux que l'imagination lui présente. Ecoutez Ovide sur la mort de Tibulle :

Ecce puer veneris fert eversamque pharetram,
Et fractos arcus & sine luce facem.
Aspice demissis ut-eat miserabilis alis,
Pectoraque infestâ tundat aperta manu.
Excipiunt lacrymas sparsi per colla capilli,
Oraque singultu concutiente sonant (b).

Il n'en est pas de même de l'Elégie passion-

(a) Tibule L. I. Eleg. 1.
(a) Amor. L. III. Eleg. 8.

née; l'objet présent y remplit toute l'ame: la passion ne rêve point.

On peut entrevoir quel est le ton du sentiment dans Tibulle & dans Properce, par les morceaux que j'en ai indiqués, n'ayant pas osé les traduire. Mais ce n'est qu'en les lisant dans l'original, qu'on peut sentir le charme de leur style : tous deux faciles avec précision, véhémens avec douceur, pleins de naturel, de délicatesse & de graces. Quintilien regarde Tibulle comme le plus élégant & le plus poli des Poëtes élégiaques Latins : cependant il avoue que Properce a des partisans qui le préfèrent à Tibulle ; & j'avoue que je suis de ce nombre. A l'égard du reproche qu'il fait à Ovide d'être ce qu'il appelle *lascivior* ; soit que ce mot-là signifie *moins châtié* ou *plus diffus*, ou *trop livré à son imagination*, trop amoureux de son bel esprit, *nimium amator ingenii sui*, ou *d'une mollesse trop négligée dans son style* (car on ne sauroit l'entendre comme le *lasciva puella* de Virgile); ce reproche, dans tous les sens, est également fondé : aussi Ovide n'a-t-il excellé que dans l'Elégie gracieuse, où le génie est plus en liberté.

Aux traits dont Ovide s'est peint à lui-même l'Elégie amoureuse, on peut juger du style & du ton qu'il lui donne.

Venit odoratos Elegia nexa capillos.
. . . .
Forma decens, vestis tenuissima, cultus amantis.
. . . . . *Limis subrisit ocellis.*
Fallor ? an in dextrâ myrthea virga fuit ?

Il y prend quelquefois le ton plaintif ; mais ce ton-là même est un badinage.

Croyez qu'il est des dieux sensibles à l'injure.
Après mille sermens Corine se parjure ;
En a-t-elle perdu quelqu'un de ses attraits ?
Ses yeux sont-ils moins beaux, son teint est-il
   moins frais ?
Ah ! ce dieu, s'il en est, sans doute aime les
   belles ;
Et ce qu'il nous défend n'est permis que pour
   elles.

L'Amour avec ce front riant & cet air leger, peut être aussi ingénieux, aussi brillant que l'on veut. La parure fied bien à la Coquetterie; c'eft elle qui peut avoir les cheveux entrelacés de rofes. On en voit un modèle charmant dans la feconde élégie des amours d'Ovide: » Me voilà vaincu, » dit le Poëte à l'Amour, je tens les mains » à tes chaînes. Tu peux te couronner de » myrthe & atteler les colombes de ta » mere: je te vois déja fur ton char, diri- » geant ces oifeaux dociles, au milieu de » tout un peuple qui célèbre ton triomphe. » A ta fuite je vois marcher une multitude » de jeunes filles & de jeunes garçons; & » moi, ton nouveau captif, je paroîtrai auffi » chargé de fers & montrant ma bleffure » encore vive. Tu traîneras après toi la » Sageffe, les mains liées derrière le dos, » & avec elle tout ce qui ofe te réfifter. Tu » auras pour compagnes les douces Caref- » fes, & la Terreur & la Fureur qui par- » tout marchent fous tes drapeaux: c'eft » avec elles que tu domptes & les hommes » & les dieux mêmes: tu ferois foible & » défarmé fans elles. Cependant ta mere

» enchantée, contemplant du haut des
» Cieux cette marche triomphante, t'ap-
» plaudira, & ses belles mains semeront
» les roses sur ton passage. Conserve moi
» donc pour ce triomphe ; n'accable point
» un cœur soumis. Imite César ton parent :
» il sait vaincre, mais il tend aux vaincus
» la même main qui les a domptés. (*a*).

Tibulle & Properce, rivaux d'Ovide dans l'Elégie gracieuse, l'ont ornée comme lui de tous les trésors de l'imagination : dans Tibulle le portrait d'Apollon qu'il voit en songe ; dans Properce, la peinture des Champs Elisées ; dans Ovide, le triomphe de l'Amour dont je viens de donner une esquisse, sont des tableaux ravissans. Ainsi donc l'Élégie doit être parée de la main des Graces toutes les fois qu'elle n'est pas animée par la passion, ou attendrie par le sentiment ; & c'est à quoi les Modernes n'ont pas assez réfléchi. Chez eux

---

(*a*) Amor. L. I. Eleg. 2.

le plus souvent l'Elégie est froide & négligée, & par conséquent ennuyeuse.

Je n'ai encore parlé ni des Héroïdes d'Ovide, qu'on doit mettre au rang des Elégies passionnées, ni de ses Tristes dont son exil est le sujet, & que l'on doit compter parmi les Elégies tendres.

Sans ce libertinage d'esprit, cette abondance d'imagination qui refroidit presque partout le sentiment dans les vers d'Ovide, ses Héroïdes seroient à côté des plus belles Elégies de Properce & de Tibulle. On est d'abord surpris d'y trouver plus de pathétique & d'intérêt que dans les Tristes. En effet il semble qu'un Poëte doit être plus émû & plus capable d'émouvoir en déplorant son sort, qu'en plaignant les malheurs d'un personnage imaginaire. Cependant Ovide a de la chaleur, lorsqu'il soupire au nom de Pénélope après le retour d'Ulysse; il est glacé lorsqu'il se plaint lui-même des rigueurs de son exil, à ses amis & à sa femme. La première raison qui se présente de
la

la foiblesse de ses derniers vers est celle qu'il en donne lui-même :

> *Da mihi Mœoniden, & tot circumspice casus;*
> *Ingenium tantis excidet omne malis.*

Mais le malheur qui émousse l'esprit, qui affaisse l'imagination, & qui énerve les idées, semble devoir attendrir l'ame & remuer le sentiment : or c'est le sentiment qui est la partie foible de ses Elégies, tandisqu'il est la partie dominante de ses Héroïdes. Pourquoi cela ? parce que la chaleur de son génie étoit dans son imagination, & qu'il s'est peint les malheurs des autres bien plus vivement qu'il n'a ressenti les siens. Une preuve qu'il les ressentoit foiblement, c'est qu'il les a mis en vers :

Les foibles déplaisirs s'amusent à parler,
Et quiconque se plaint, cherche à se consoler.

A plus forte raison quiconque se plaint en cadence. Cependant il semble ridicule de prétendre qu'Ovide éxilé de Rome dans les déserts de la Scythie, ne fût point pénétré de son malheur; mais qu'on lise pour s'en convaincre, cette Elégie où il se compare à Ulyſſe ; que d'eſprit, & combien peu d'ame ! Oſons le dire à l'avantage des Lettres : le plaiſir de chanter ſes malheurs en étoit le charme : il les oublioit en les racontant : il en eût été accablé s'il ne les eût pas écrits ; & ſi l'on demande pourquoi il les a peints froidement, c'eſt parce qu'il ſe plaiſoit à les peindre.

Mais lorſqu'il veut exprimer la douleur d'un autre, ce n'eſt plus dans ſon ame, c'eſt dans ſon imagination qu'il en puiſe les couleurs : il ne prend plus ſon modèle en lui-même, mais dans les poſſibles : ce n'eſt pas ſa manière d'être, mais ſa manière de concevoir qui ſe reproduit dans ſes vers; & la contention du travail qui le dérobe à lui-même, ne fait que lui repréſenter plus vivement un perſonnage ſuppoſé. Ainſi Ovide eſt plus Briſéis ou Phèdre dans les *Héroïdes*, qu'il n'eſt Ovide dans les *Triſtes*.

Toutefois autant l'imagination diſſipe & affoiblit dans le Poëte le ſentiment de ſa ſituation préſente, autant elle approfondit les traces de sa situation passée. La mémoire est la nourrice du génie. Pour peindre le malheur il n'est pas besoin d'être malheureux, mais il est bon de l'avoir été.

Une comparaison va rendre sensible la raison que j'ai donnée de la froideur d'Ovide dans les *Tristes* : c'est je crois une bonne façon d'étudier l'art que de voir travailler les maîtres.

Un Peintre affligé se voit dans un miroir; il lui vient l'idée de se peindre dans cette situation touchante : doit-il continuer à se regarder dans la glace, ou se peindre de mémoire après s'être vû la première fois ? S'il continue de se voir dans la glace, l'attention à bien saisir le caractère de sa douleur & le desir de le bien rendre, commencent à en affoiblir l'expression dans le modèle. Ce n'est rien encore : il trace les premiers traits ; il voit qu'il prend la ressemblance, il s'en applaudit ; le plaisir du succès se glisse dans son ame, se mêle à sa douleur, en adoucit l'amertume; les mêmes changemens s'opèrent sur son visage, & le miroir les lui répéte ; mais le progrès en eſt inſenſible: il copie ſans s'appercevoir qu'à chaque inſtant ce n'eſt plus le même viſage. Enfin de nuance en nuance, il ſe trouve avoir fait le portrait d'un homme content. Il veut revenir à ſa première idée ; il corrige, il retouche, il recherche dans la glace l'expreſſion de la douleur ; mais la glace ne lui rend plus qu'une douleur étudiée, qu'il peint froide comme il la voit. N'eût-il pas mieux réuſſi à la rendre, s'il l'eût copiée d'après un autre, ou ſi l'imagination & la mémoire lui en avoit rappellé les traits?

C'eſt ainſi qu'Ovide a manqué la nature, en voulant l'imiter d'après lui-même.

Mais, dira-t-on, Properce & Tibulle ont ſi bien exprimé leur ſituation préſente, même dans la douleur ! Oui, ſans doute, & c'eſt le propre du ſentiment qui les inſpiroit, de redoubler par l'attention qu'on donne à le peindre. L'imagination eſt le ſiège de l'Amour ; c'eſt-là que ſes feux s'allument, s'entretiennent, & s'irritent ; & c'eſt-là que les Poëtes élégiaques en ont puisé les couleurs. Il n'est donc pas étonnant qu'ils soient plus tendres, à proportion qu'ils s'échauffent davantage l'imagination sur l'objet de leur tendresse, & plus sensibles à son infidélité ou à sa perte, à mesure qu'ils s'en éxagèrent le prix. Si Ovide avoit été amoureux de sa femme, la sixième Elégie du premier Livre des Tristes ne seroit pas composée de froids éloges & de vaines comparaisons. La fiction tient lieu aux Amans de la réalité; & les plus passionnés n'adorent souvent que leur propre ouvrage, comme le Sculpteur de la fable. Il n'en est pas ainsi d'un malheur réel, comme l'exil & l'infortune : le sentiment en est fixe dans l'ame : c'est une douleur que chaque instant, que chaque objet reproduit, & dont l'imagination n'est ni le siège ni la source. Il faut donc si l'on parle de soi-même, parler d'amour dans l'Elégie pathétique.

On peut bien y faire gémir une mere, une sœur, un ami tendre ; mais si l'on est cet ami, cette mere, ou cette sœur, on ne fera point d'Élégie, ou l'on s'y peindra foiblement.

Je ne parle point des Elégies modernes. Les meilleures sont connues sous d'autres titres, comme les Idyles de Madame Deshoullières aux moutons, aux fleurs, &c. modèles de l'Elégie dans le genre gracieux ; les vers de M. de Voltaire sur la mort de Mademoiselle le Couvreur, modèle plus parfait encore de l'Elégie passionnée, & auquel Tibulle & Properce lui-même n'ont peut-être rien à opposer.

Lafontaine qui se croyoit amoureux, a voulu faire des Elégies tendres ; elles sont au-dessous de lui. Mais celle qu'il a faite sur la disgrace de son protecteur, adressée aux Nymphes de Vaux, est un chef-d'œuvre de Poësie, de sentiment, & d'éloquence. M. Fouquet, du fond de sa prison, inspiroit à Lafontaine des vers sublimes, tandis qu'il n'inspiroit pas même la pitié à ses amis : leçon bien frappante pour les Grands, & bien glorieuse pour les Lettres!

Du reste, les plus beaux traits de cette Elégie de Lafontaine sont aussi bien exprimés dans la première du troisième Livre des Tristes, & n'y sont pas aussi touchans. Pourquoi ? parce qu'Ovide parle pour lui, & Lafontaine pour un autre. C'est encore un des privilèges de l'amour de pouvoir être humble & suppliant sans bassesse ; mais ce n'est qu'à lui qu'il appartient de flatter la main qui le frappe. On peut être enfant aux genoux de Corine ; mais il faut être homme devant l'Empereur.

CHAPITRE XX.
Du Poëme Didactique.

CE Poëme est un tissu de préceptes. Il a pour objet les Sciences, les Arts, ou les mœurs : les Sciences, comme le Poëme de Lucrèce sur la nature ; les Arts, comme les Géorgiques de Virgile, la Poëtique d'Horace & celle de Boileau, le Poëme de M. Watelet sur la Peinture, &c. les mœurs, comme les Epîtres d'Horace, & les Discours philosophiques de M. de Voltaire.

La facilité qu'on a de se graver dans la mémoire des maximes enchassées dans la mesure d'un vers, & de se les rappeller aisément à l'aide de la rime ou de la cadence, fait l'avantage de ce Poëme : ajoûtez-y l'attrait que donne l'harmonie & le coloris à une étude qui quelquefois seroit pénible par elle-même.

Il faut bien se souvenir que le Poëme didactique n'est un Poëme que par les détails. La Poësie est l'art de peindre à l'esprit: ou elle peint les objets sensibles, ou elle peint l'ame elle-même, ou elle peint les idées abstraites qu'elle revêt de forme & de couleur. Ce principe une fois établi, tout discours qui peint vivement mérite le nom de Poëme ; mais il n'est Poëme qu'autant qu'il peint. Et comment peindre des préceptes, me direz-vous ? avec les couleurs naturelles de leur objet, s'il tombe sous les sens ; & avec des couleurs étrangères, mais analogues, si leur objet n'est pas sensible. Les Géorgiques d'un bout à l'autre sont un modèle du premier genre; les Discours de M. de Voltaire sont un modèle du second.

Il faut labourer au printems, (dit Virgile), & voici comment il l'exprime:

> *Vere novo, gelidus canis cum montibus humor*
> *Liquitur, & zephiro putris se gleba resolvit;*
> *Depresso incipiat jam tum mihi taurus aratro*
> *Ingemere, & sulco attritus splendescere vomer.*

Tout homme peut être heureux, (dit M. de Voltaire), & son bonheur dépend de lui: voilà l'idée; voici l'image.

Le bonheur est le port où tendent les humains.
Les écueils sont fréquens, les vents sont incertains.
Le ciel, pour aborder cette rive étrangère,
Accorde à tout mortel une barque légère.
Ainsi que les dangers les secours sont égaux.
Qu'importe, quand l'orage a soulevé les flots,
Que ta poupe soit peinte & que ton mât déploie
Une voile de pourpre & des cables de soie?
L'art du pilote est tout, &c.

Tel est le style du Poëme didactique. Ce n'est pas qu'il faille rejetter une expression simple, lorsqu'elle est juste, lumineuse & sonore, & qu'elle enferme une pensée heureuse dans un vers qui plait à l'oreille : dans un Poëme tout n'est pas Poësie ; mais alors c'est par la seule harmonie que le Poëte se distingue ; & à la longue ce n'est pas assez de l'harmonie sans le coloris. Evitez donc un sujet aride & dont les détails épineux ne sont pas susceptibles d'images. Plus le sujet abonde en descriptions & en peintures animées, plus il est riche & avantageux. Il est rare que les mouvemens de l'enthousiasme & de l'éloquence passionnée y soient placés naturellement. La fiction en est presque bannie, & si on l'y admet ce n'est qu'en épisode. Ce Poëme ne peut donc se soutenir que par la richesse & la variété du fond. Il y a un sujet sublime qu'on a manqué & qui attend un homme de génie.

De tous les Poëmes didactiques le moral est celui qui peut le mieux se passer d'ornemens, parce qu'il préfente fans cefle le miroir à l'homme, que cette peinture eſt vivante & variée par eſſence, & que l'homme ſe plaît à s'y voir ; ſoit en bien, avec ſes vertus, ſes talens, ſa bonté naturelle ; ſoit en mal avec ſes foibleſſes, ſes vices & ſes travers.

Mais s'il eſt permis au Poëme didactique d'attaquer les vices & les ridicules de l'humanité, ce n'eſt jamais qu'en général. La ſatyre perſonnelle eſt odieuſe & attente à la ſociété. Nul homme n'eſt par les loix Juge & Cenſeur de ſes ſemblables. Si ce droit pouvoit être accordé à quelqu'un, ce feroit à l'homme vertueux & ſage, ſans fiel, ſans préjugés, ſans paſſions ; & ce ſont communément les plus injuſtes, les plus paſſionnés, les plus méchans des hommes qui ſe chargent de cet emploi.

Quant au Poëte qui ſans nommer, ſans déſigner perſonne, couronne la vertu d'une main & de l'autre lance des traits au vice, c'eſt un Citoyen courageux dont les talens honorent & fervent la Patrie. Il y a donc un genre de Satyre honnête & recommandable, comme il y en a un bas & lâche, digne d'opprobre & de châtiment.

La forme la plus favorable au Poëme didactique moral est celle de l'Epître, parce qu'elle est en scène, & que l'illusion qui fait croire au Poëte qu'on l'écoute & qu'on s'entretient avec lui, donne à son style un ton plus naturel & un mouvement plus animé. On attache aujourd'hui à l'Epître l'idée de la réflexion & du travail, & on ne lui permet point les négligences de la Lettre. Le style de la Lettre est libre, simple, familier : l'Epître n'a point de style déterminé ; elle prend le ton de son sujet, & s'élève & s'abbaisse suivant le caractère & la qualité des personnes. L'Epître de Boileau à son Jardinier exigeoit le style le plus naturel : ainsi ces vers y sont déplacés, supposé même qu'ils ne fussent pas mauvais par-tout.

Sans cesse poursuivant ces fugitives Fées,
On voit sous les lauriers haleter les Orphées.

Boileau avoit oublié en les compofant qu'Antoine devoit les entendre.

L'Epître au Roi fur le paffage du Rhin exigeoit le ftyle le plus héroïque : ainfi l'image grotefque du fleuve effuyant fa barbe y choque la décence. Virgile a dit d'un genre de Poëfie encore moins noble: *Silvæ fint confule dignæ.*

Si dans un Ouvrage adreffé à une perfonne illuftre on doit annoblir les petites chofes, à plus forte raifon n'y doit-on pas avilir les grandes; & c'eft ce que fait à tout moment dans les Epîtres de Boileau le mélange de *Cotin* avec Louis le Grand; du *Sucre* & de la *Canelle* avec la gloire de ce Héros. Un bon mot eft placé dans une Epître familière ; dans une Epître férieufe & noble il eft du plus mauvais goût.

On m'a accufé de je ne fais qu'elle animofité contre Boileau : perfonne ne l'a loué plus hautement que moi. J'exhorte encore les jeunes Poëtes à étudier fans ceffe dans fes Ecrits le choix des termes & des tours, la correction & la pureté du ftyle, la façon de réunir dans les vers la précision & l'énergie. Son Art Poëtique est un chef d'œuvre : autant de préceptes, autant de modèles. Son Lutrin est un badinage inestimable ; & lorsque je relis l'épisode de la mollesse, je me reproche d'avoir refusé à l'inventeur de cette allégorie ingénieuse les talens du Poëte au plus haut degré ; mais j'ai été de bonne foi & dans les éloges que je lui ai donnés & dans les restrictions que j'y ai mises. Je suis bien loin de garantir ma façon de voir & de juger ; toutefois je ne puis me forcer à louer dans les Satyres & les Epîtres de Boileau une étendue de lumières & une beauté de dessein que je n'y vois pas. Ce que j'y vois, ce que j'y admire, c'est une habileté extrême à manier la Langue & à donner un tour poëtique à ce qui en est le moins susceptible. Il se piquoit sur-tout de rendre avec grace & avec noblesse des idées communes qui n'avoient point encore été rendues en Poësie. Une des choses par exemple qui le flattoit le plus, comme il l'avoue lui-même, étoit d'avoir exprimé poétiquement sa perruque.

Au contraire, la bassesse & la bigarrure du style défigurent la plûpart des Epîtres de Rousseau. Autant il s'est élevé au-dessus de Boileau dans le genre de l'Ode, autant il s'est mis au-dessous de lui dans le genre de l'Epître: on en va voir des exemples. Dans l'Epître philosophique & dans le Poëme didactique en général, la partie dominante doit être la justesse & la profondeur du raisonnement. C'est un préjugé dangereux pour les Poëtes & injurieux pour la Poësie, de croire qu'elle n'exige ni une vérité rigoureuse, ni une progression méthodique dans les idées. J'ai déjà fait voir ailleurs que les écarts même de l'enthousiasme ne sont que la marche régulière de la nature & de la raison.

Il est encore plus incontestable que dans l'Epître philosophique on doit pouvoir presser les idées sans y trouver le vuide, & les creuser sans arriver au faux. Que seroit-ce en effet qu'un ouvrage raisonné, où l'on ne feroit qu'effleurer l'apparence superficielle des choses ? Un sophisme revêtu d'une expression brillante n'est qu'une figure bien peinte & mal dessinée. Prétendre que la Poësie n'a pas besoin de l'exactitude philosophique, c'est donc vouloir que la peinture se passe de la correction du dessein. Or qu'on mette à l'épreuve de l'application de ce principe & les Epîtres de Boileau, & celles de Rousseau, & celles de Pope lui-même.

Boileau, dans son Epître à M. Arnaud, attribue tous les maux de l'humanité à la honte du bien. La mauvaise honte, ou plûtôt la foiblesse en général, produit de grands maux :

Voltaire. Tyran qui cede au crime & détruit les vertus.

voilà le vrai. Mais quand on ajoûte pour le prouver, qu'Adam, par exemple, *n'a été malheureux que pour n'avoir osé soupçonner sa femme :* voilà de la déclamation. Le desir de la louange & la crainte du blâme produisent tour-à-tour des hommes timides

des ou courageux dans le bien, foibles ou audacieux dans le mal. Les grands crimes & les grandes vertus émanent souvent de la même source : quand ? & comment ? & pourquoi ? C'est-la ce qui seroit de la Philosophie.

Dans l'Épitre à M. de Seignelai, la plus estimée de celles de Boileau, pour démasquer la flatterie, le Poëte la suppose stupide & grossière, absurde & choquante, au point de louer un Général d'armée sur sa défaite, & un Ministre d'Etat sur ses exploits militaires : est-ce là présenter le miroir aux flatteurs ? Il ajoute que rien n'est beau que le vrai ; mais confondant l'homme qui se corrige avec l'homme qui se déguise, il conclut qu'il faut suivre la nature en toutes choses.

C'est elle seule en tout qu'on admire & qu'on aime.

Un esprit né chagrin plaît par son chagrin même.

Qu'auroit fait un Poëte philosophe ? Qu'auroit fait, par exemple, l'Auteur des discours *sur l'égalité des conditions, & sur*

la modération dans les desirs? Il auroit pris le naturel inculte & brut, comme il l'est toujours; il l'auroit comparé à l'arbre qu'il faut tailler, émonder, diriger, cultiver enfin, pour le rendre plus beau, plus fécond, plus utile. Il eût dit à l'homme: « Ne veuillez jamais paroître ce que
» vous n'êtes pas; mais tâchez de deve-
» nir ce que vous voulez paroître. Quel
» que soit votre caractère, il est voisin d'un
» certain nombre de bonnes & de mauvai-
» ses qualités; si la nature a pû vous incli-
» ner aux mauvaises, ce qui est du-moins
» très-douteux, ne vous découragez point,
» & opposez à ce penchant la contention
» de l'habitude. Socrate n'étoit pas né sage,
» & son naturel en se redressant, ne s'étoit
» pas *estropié* ».

On n'a besoin que d'un peu de philosophie pour n'en trouver aucune dans les Epitres de Rousseau. Dans celle à Clément Marot, il avoit à développer & à prouver ce principe des Stoïciens, que *l'erreur est la source de tous les vices,* c'est-à-dire qu'*on*

n'*est méchant que par un intérêt mal entendu.*
Que fait le Poëte ? Il établit qu'un *vaurien* est toujours *un sot sous le masque* ; & au lieu de citer au tribunal de la raison un Aristophane, un Catilina, un Narcisse, qu'il auroit eu bien de la peine à faire passer pour d'honnêtes gens, ou pour des sots ; il prend un fat mauvais plaisant, dont l'exemple ne conclut rien, & il dit de ce fat plus sot encore :

> A sa vertu je n'ai plus grande foi
> Qu'à son esprit. Pourquoi cela ? pourquoi ?
> Qu'est-ce qu'esprit ? Raison assaisonnée.
> . . . .
> Qui dit esprit dit sel de la raison.
> . . . .
> De tous les deux se forme esprit parfait ;
> De l'un sans l'autre un monstre contrefait.
> Or, quel vrai bien d'un monstre peut-il
>   naître ?
> Sans la raison puis-je vertu connoître ?
> Et sans le sel dont il faut l'apprêter,
> Puis-je vertu faire aux autres goûter ?

Passons sur le style ; quelle Logique !
La raison sans sel fait un monstre incapable

de tout bien. Pourquoi ? Parce qu'elle est fade nourriture, qu'elle n'assaisonne pas la vertu, & ne l'a fait pas goûter ! D'où il conclut qu'un homme qui n'a que de la raison, & qu'il appelle un sot, ne sauroit être ver- vertueux. Molière, le plus philosophe de tous les Poëtes, a fait un honnête homme d'Orgon, quoiqu'il n'en ait fait qu'un sot, & n'a pas fait un sot de Tartufe, quoiqu'il en ait fait un méchant homme.

Pope, dans les Épitres qui composent son essai sur l'homme, a fait voir combien la Poësie pouvoit s'élever sur les ailes de la Philosophie. C'est dommage que ce Poëte n'ait pas eu autant de méthode que de profondeur. Mais il avoit pris un système; il falloit le soutenir. Ce système lui offroit des difficultés épouventables; il falloit ou les vaincre, ou les éviter : le dernier parti étoit le plus sûr & le plus commode : aussi pour répondre aux plaintes de l'homme sur les malheurs de son état, lui donne-t-il le plus souvent des images pour des preuves, & des injures pour des raisons.

Il est vrai qu'une discussion épineuse n'est pas faite pour la Poësie ; mais il faut éviter les sujets qui l'exigent. Ce n'est point à débrouiller le cahos de nos idées, c'est à les rendre sensibles, lumineuses, faciles à saisir & à rappeller, qu'est destiné le Poëme didactique : on ne doit donc y traiter que ce qui peut l'être légerement, & comme dans un entretien. Il en résulte encore un avantage, c'est de sauver le style didactique de la monotonie où il est enclin, de le rendre mobile & vivant, & de lui donner dans sa marche l'aisance & la vivacité d'une conversation animée. Ce ne sont pas les grands mouvemens de l'éloquence ; mais des mouvemens doux & faciles qui se succèdent l'un à l'autre. La mémoire y mêle des exemples ; la philosophie, des réflexions ; le sentiment, des traits d'une chaleur tempérée ; l'esprit, des vûes fines & quelquefois hardies ; l'imagination, des tableaux ; & de tout cela résulte un entretien délicieux. Comment concevoir, me direz-vous, un entretien sans dialogue ?

Et ne voyez-vous pas le Poëte qui se met à votre place, vous fait parler, croit vous entendre & communiquer avec vous ? En lisant Montagne, vous causez avec lui ; c'est l'art du Poëme didactique. Quant au style de ce Poëme, il est donné par les idées : sublime dans les grandes choses, humble dans les petites, comique, tragique, épique tour-à-tour. Heureux le Poëte à qui son sujet donne lieu de changer de ton, par l'abondance & la variété des détails qu'il lui présente ; & malheur à celui que son sujet condamne au froid langage de la raison. L'un nous fait parcourir un paysage enrichi de tous les accidens de la nature : l'autre, une plaine vaste dont la monotonie fatigue les yeux du voyageur.

CHAPITRE XXI.

Des Poësies fugitives.

SOUS ce titre, je comprens l'Epitre familière, le Conte, l'Épigramme, le Madrigal, le Sonnet, la Chanson, &c. Ce qui caractérise l'Épitre familière, c'est l'air de négligence & de liberté ; ce qui en fait l'agrément, c'est une plaisanterie douce, une gayeté naïve, un badinage leger, dans les sujets même les plus sérieux. Ce ton ne se prend que dans le monde, & dans un monde choisi. Chaulieu & tous les Poëtes du Temple ont réussi dans ce style : c'étoit le langage de leur société. M. de Voltaire passa du College à cette école du bon goût, de la politesse & de l'enjouement. Disciple de Chaulieu, qui l'étoit de Chapelle, il eut la facilité, le naturel, les graces de l'un & de l'autre ; mais il y ajouta le coloris d'une imagination plus brillante, & un fond de Philosophie que ces Poëtes legers n'avoient pas au même degré. Admis au commerce des Grands & des Rois, il leur a écrit avec cette liberté noble & décente, qui honore les Lettres & les remet à leur place. Sa familiarité même est digne, & son respect n'a rien de bas. Voyez dans son Épitre à M. le Maréchal de Villars, de quel ton il badine sur les raisons qu'il a de plus que ce Héros de prendre soin de sa vie. Voyez avec quelle légereté il a loué tant de fois M. le Maréchal de Richelieu.

> Alcibiade, qu'à la cour
> Nous vîmes briller tour-à-tour
> Par ses graces, par son courage;
> Gai, généreux, tendre, volage,
> Et séduisant comme l'amour
> Dont il est la brillante image.
> L'amour ou le tems l'a défait
> Du beau vice d'être infidèle :
> Il prétend d'un amant parfait
> Être devenu le modèle.
> J'ignore quel objet charmant
> A produit ce grand changement,
> Et fait sa conquête nouvelle;

Mais qui que vous soyez, la belle,
Je vous en fais mon compliment.

L'Épitalame de son Héros, & l'Épitre connue sous le titre de *Vous & Tu*, sont des chefs-d'œuvre de bonne plaisanterie. Mais, à mon gré, rien n'égale en légereté l'Épitre du même Poëte, écrite du camp de Philisbourg. Jamais le Militaire François n'a été mieux peint ni mieux loué.

> Je vois briller au milieu d'eux
> Ce fantôme appellé la gloire,
> A l'œil superbe, au front poudreux,
> Portant au cou cravate noire,
> Ayant sa trompette à la main,
> Sonnant la charge & la victoire,
> Et chantant quelques airs à boire
> Dont ils repètent le refrein.
> O nation brillante & vaine !
> Illustres fous ! peuple charmant ! &c.

L'art d'écrire ainsi ne s'enseigne point, & peu de personnes l'imitent. Nous avons cependant des morceaux excellens dans ce genre : nous en avons de M. de Saint-

Lambert, de M. Bernard, & de quelques autres. Je ne dois pas oublier une Épitre de M. Piron, dont Horace auroit été jaloux. Elle commence par ces vers:

> O bel objet defiré
> Du plus amoureux des hommes!

Le ftyle naïf, leger, fimple, facile, précis, & toutefois femé de petits tableaux, de réflexions & de faillies; ce ftyle, dis-je, eft celui du Conte: mais le caractère du fujet le décide encore mieux, ou pour le ton ingénu & touchant, ou pour le ton leger & badin. C'eft au Poëte à bien favoir quel eft l'effet qu'il fe propofe.

Du refte, le Conte eft un petit Poëme épique; & proportion gardée, les règles en font les mêmes, foit pour la Fable, foit pour les Mœurs.

L'Epigramme n'eft quelquefois elle-même qu'un petit Conte terminé par un bon mot, ou par une folution imprévûe & plaifante. Quelquefois auffi c'eft l'expreffion d'une penfée dont la finéffe & le fel fe fait fentir à la fin.

Ce monde-ci n'est qu'une œuvre comique Rousseau.
Où chacun fait des rôles différens.
Là, sur la scène en habit dramatique
Brillent Prélats, Ministres, Conquérans.
Pour nous, vil peuple, assis aux derniers rangs,
Troupe futile & des grands rebutée,
Par nous d'en bas la pièce est écoutée;
Mais nous payons, utiles spectateurs,
Et quand la farce est mal représentée,
Pour notre argent nous sifflons les acteurs.

La finesse caractérise l'Épigramme, & la distingue du Madrigal, dont la délicatesse fait l'essence. En voici deux de Marot pleins de grace & de naïveté.

Un doux *nenny* avec un doux sourire
Est tant honnéte! Il le vous faut apprendre.
Quant est d'*oui*, si veniez à le dire,
D'avoir trop dit je voudrois vous reprendre.
Non que je sois ennuyé d'entreprendre
D'avoir le prix dont le desir me poingt,
Mais je voudrois qu'en me le laissant prendre
Vous me dissiez: Non, tu ne l'auras point.

Le second est plus approchant de l'Épigramme: il est à-la-fois délicat & fin.

Amour trouva celle qui m'est amère.
(Et j'y étois: j'en sais bien mieux le conte.)
Bon jour, dit-il, bon jour, Vénus ma mere;
Puis tout-à-coup il voit qu'il se mécompte,
Dont la couleur au visage lui monte,
D'avoir failli honteux, Dieu sait combien.
Non, non, Amour (ce dis-je) n'ayez honte;
Plus clairvoyans que vous s'y trompent bien.

 Celui-ci est d'un Poëte moderne; mais il ne le cède aux précédens ni en délicatesse, ni en naïveté.

Panard. J'ai ce matin fait présent à Lisette
D'un beau ruban pour mettre à sa houlette;
J'irai tantôt lui donner ces fleurs-ci.
Elle a déjà mon hautbois, ma musette,
Et pensez bien qu'elle a mon cœur aussi.
Oh! qu'à l'Amour je dirois grand-merci,
Si de ces dons la belle satisfaite
Disoit un jour : J'estime mieux ceci
Que des trésors, voir même une couronne,
Eût-on mêlé des diamans parmi;
Car tous ces biens, c'est le sort qui les donne,
Et ce que j'ai vient de mon bon ami.

 On sent que les limites de l'Épigramme & du Madrigal sont difficiles à marquer :

aussi voyons-nous de jolis Madrigaux mis au nombre des Épigrammes. On les confondoit chez les Anciens. (Voyez l'*Antologie*.) *Quædam sunt mollia* (dit Scaliger, en parlant des Épigrammes) *tenera, laxa, affectus in se amatorios continentia* : c'est le genre de Catulle. *Alia vivida, vegeta, acria* : c'est le genre de Martial. « L'Épi-
» gramme (dit le même) loue & blâme
» tour-à-tour; elle est galante ou maligne;
» elle prend tous les tons, l'humble, le su-
» blime & le tempéré : quelquefois elle est
» noble & digne dans sa piquante viva-
» cité ». *Ut sit venustas cum gravitate, & acumen cum dignitate.*

Ces petits Poëmes n'ont quelquefois qu'un distique; ils vont quelquefois jusqu'à douze vers, rarement au-delà.

Le Sonnet, qui nous est venu d'Italie, n'est autre chose qu'une Épigramme, ou qu'un Madrigal assujetti à une forme prescrite. Il est composé de quatorze vers. Apollon (dit Boileau) en inventant le Sonnet, pour mettre les rimeurs à la gêne,

Voulut qu'en deux quatrains de mesure pareille
La rime avec deux sons frappât huit fois l'oreille,
Et qu'ensuite six vers artistement rangés,
Fussent en deux tercets par le sens partagés.
Sur-tout de ce Poëme il bannit la licence,
Lui-même en mesura le nombre & la cadence,
Défendit qu'un vers foible y pût jamais entrer,
Et qu'un mot déjà mis osât s'y remontrer.

Selon des règles si sévères, il n'est pas étonnant qu'il y ait si peu de Sonnets sans défaut. On a cité souvent pour modèles ceux de Job & d'Uranie, qui dans leur tems ont fait tant de bruit. Mais en voici un que je préfère, quoiqu'il ne soit pas régulier. Il est de Mainard, & il s'adresse à un homme en place.

Par vos humeurs le monde est gouverné,
Vos volontés font le calme & l'orage,
Et vous riez de me voir confiné
Loin de la cour dans mon petit village.
Cléomédon, mes desirs sont contens :
Je trouve beau le desert que j'habite,
Et connois bien qu'il faut céder au tems,
Fuïr l'éclat & devenir hermite.

Je suis heureux de vivre sans emploi,
De me cacher, de vivre tout à moi,
D'avoir dompté la crainte & l'espérance ;
Et si le ciel qui me traite si bien
Avoit pitié de vous & de la France,
Votre bonheur seroit égal au mien.

L'Inscription est l'énoncé clair & précis de ce qu'on veut apprendre aux passans sur un fait, sur une chose, ou sur une personne. Elle est destinée à un monument, à un édifice, à une statue, &c. Elle doit être telle qu'on la lise d'un coup d'œil & & qu'on la retienne aisément. Pour un monument, il n'y en a pas de plus parfaite que celle qui fut gravée en 1720, sur une Pyramide élevée dans le village d'Arci, qui venoit d'être réduit en cendres, & que M. Grassin, Seigneur du lieu, fit rebâtir : elle est de M. Piron.

La flamme avoit détruit ces lieux ;
Grassin les rétablit par sa munificence.
Que ce marbre à jamais serve à tracer aux yeux
Le malheur, le bienfait & la reconnoissance.

Pour un édifice public, la plus belle que

je connoisse est celle de l'Arsenal de Paris.

Ætna hæc Henrico vulcania tela ministrat,
Tela giganteos debellatura furores.

Pour une statue, rien n'est plus heureux que les deux vers que M. de Voltaire écrivit au bas de celle de l'Amour.

Qui que tu sois, voici ton maître;
Il l'est, le fut, ou le doit être.

L'Épitaphe est une inscription que l'on grave sur un tombeau. C'est le plus souvent l'éloge du mort, quelquefois c'en est la satyre, & alors elle est odieuse. Les plus belles contiennent une réflexion morale relative à celui qui n'est plus.

Isaacum Newton
Quem immortalem
Testantur Tempus, Natura, Cœlum,
Mortalem hoc Marmor
Fatetur.

L'Épitaphe est censée exprimer quelquefois les dernières paroles d'un mourant, comme celle-ci d'une jeune femme enlevée à la fleur de son âge.

Immatura

FRANÇOISE. 549

Immatura peri ; sed tu felicior annos
Vive tuos, conjux optime, vive meos.

Quelques Auteurs ont fait eux-mêmes leur Épitaphe. Celle de Lafontaine, modèle de naïveté, est connue de tout le monde. Il seroit à souhaiter que chacun fît la sienne de bonne heure, qu'il la fît la plus flatteuse qu'il est possible, & qu'il employât toute sa vie à la mériter.

Le caractère de ce Poëme est l'air de candeur & de simplicité. Quand le sentiment s'y mêle, il y ajoûte une grace de plus. Si le sujet en est élevé, le style doit l'être de même ; & alors il règne dans l'Épitaphe une piété majestueuse & sombre.

La Chanson est un badinage où les François ont excellé. Elle n'a point de caractère fixe, mais elle prend tour-à-tour celui de l'Epigrame, du Madrigal, de l'Elégie, de la Pastorale, de l'Ode même.

Il y a des Chansons personnellement satyriques dont je ne parlerai point. Il y en a qui censurent les mœurs sans attaquer les personnes : c'est ce qu'on appelle Vaudeville.

Tome II. Nn

Aimable libertin qui conduit par le chant,
Passe de bouche en bouche & s'accroît en marchant.

On en voit des exemples sans nombre dans le Recueil des Œuvres de M. Panard. Une extrême facilité dans le style, la gêne des rimes redoublées & des petits vers, déguisée sous l'air d'une rencontre heureuse, une morale populaire assaisonnée d'un sel agréable, souvent la naïveté de Lafontaine caractérisent ce Poëte : j'en vais rappeller quelques traits.

>Dans ma jeunesse
>Les papas, les mamans,
>Sévères, vigilans,
>En dépit des amans,
>De leurs tendrons charmans
>Conservoient la sagesse.
>Aujourd'hui ce n'est plus cela;
>L'amant est habile,
>La fille docile,
>La mere facile,
>Le pere imbécile,
>Et l'honneur va
>Cahin caha.

Les regrets avec la vieillesse,
Les erreurs avec la jeunesse,
La folie avec les amours,
C'est ce que l'on voit tous les jours.
L'enjouement avec les affaires,
Les graces avec le savoir,
Le plaisir avec le devoir,
C'est ce qu'on ne voit guères.

Sans dépenser c'est en vain qu'on espère
De s'avancer au pays de Cythère.
Mari jaloux,
Femme en couroux
Ferment sur nous
Grille & verroux,
Le chien nous poursuit comme loups :
Le tems n'y peut rien faire.
Mais si Plutus entre dans le mystère,
Grille & ressort
S'ouvrent d'abord ;
Le mari sort,
Le chien s'endort,
Femme & soubrette sont d'accord :
Un jour finit l'affaire.

On est quelquefois étonné de l'aisance avec laquelle ce Poëte place des vers monosyllabiques : il semble s'être fait à plaisir des difficultés pour les vaincre.

>Mettez-vous bien cela
>   là,
>Jeunes fillettes :
>Songez que tout amant
>   ment,
>Dans ses fleurettes.

>Et l'on voit des Commis,
>   mis
>Comme des Princes,
>Qui jadis sont venus
>   nuds,
>De leurs provinces.

J'ai dit un mot des Chansons bachiques. L'air de culte & d'enthousiasme avec lequel on y célèbre le vin & les buveurs, fait le plaisant de ces Chansons : c'est dommage qu'il n'y ait pas toûjours autant de goût que de verve. Grégoire, le Sylène des François, est communément le héros qu'on y chante. Le plus souvent l'amour y contraste avec le vin, comme dans celle-ci :

Parbleu, cousin, je suis en grand souci,
Catin me dit que j'aime tant à boire,
....Qu'elle a bien de la peine à croire
....Que je puisse l'aimer aussi;
....Qu'il faut choisir du vin ou d'elle.
Comment sortir d'un si grand embarras?
Déjà le vin, je ne le quitte pas.
Et la quitter ! elle est, ma foi, trop belle.

L'exemple suivant est d'un ton plus noble & d'un style plus animé.

....Venge-moi d'une ingrate maîtresse;
....Dieu du vin, j'implore ton ivresse:
....Un amant se sauve entre tes bras.
....Hâte-toi; j'aime encor; le tems presse.
....C'en est fait si je vois ses appas.
....Que d'attraits! Dieux! qu'elle étoit belle !
....Vole, Amour, vole après elle,
....Et ramène avec toi l'infidèlle.

Nous avons des Chansons naïves : M. de Montcrif en a fait dans le goût du bon vieux tems: quelques couplets vont donner l'idée de l'art avec lequel il en a imité le langage.

Elle m'aima, cette belle Aspasie,
Et bien en moi trouva tendre retour.
Elle m'aima, ce fut sa fantaisie,
Mais celle-là ne lui dura qu'un jour.

Le jour d'après cette belle Aspasie
Entend Mirtil chanter l'hymne d'Amour ;
Elle l'aima, ce fut sa fantaisie,
Et celle-là ne lui dura qu'un jour.

Toûjours aimant cette belle Aspasie,
A pris, quitté nos bergers tour-à-tour.
Ils sont fâchés ; moi je la remercie.
Las ! elle fait passer un si beau jour.

C'est sur-tout au genre pastoral que la naïveté est essentielle : la délicatesse en fait le charme, la fadeur en est l'écueil. La Chanson que je vais citer est à-la-fois simple & piquante ; elle est de Dufreni.

Philis plus avare que tendre,
Ne gagnant rien à refuser,
Un jour exigea de Silvandre
Trente moutons pour un baiser.

Le lendemain nouvelle affaire :
Pour le berger le troc fut bon,
Car il obtint de la bergère
Trente baisers pour un mouton.

Le lendemain Philis plus tendre,
Tremblant de se voir refuser,
Fut trop heureuse de lui rendre
Trente moutons pour un baiser.

Le lendemain Philis peu sage,
Auroit donné moutons & chien
Pour un baiser que le volage
A Lisette donna pour rien.

En parcourant ces divers genres de Poësie, on voit que je donne plus d'exemples que de préceptes. En effet, comment définir les graces? comment prescrire l'art d'être fin, naïf, délicat? C'est du côté du talent un don de la Nature, & du côté du goût le résultat d'une infinité de perceptions, auquel les règles ne suppléront jamais.

F I N.

TABLE
DU SECOND VOLUME.

Chapitre XI. *Des diverses formes du Discours poëtique*, p. 1
Chap. XII. *De la Tragédie*, 95
Chap. XIII. *De l'Epopée*, 229
Chap. XIV. *De l'Opéra*, 327
Chap. XV. *De l'Ode*, 408
Chap. XVI. *De la Comédie*, 471
Chap. XVII. *De la Fable*, 453
Chap. XVIII. *De l'Eglogue*, 483
Chap. XIX. *De l'Elégie*, 504
Chap. XX. *Du Poëme didactique*, 523
Chap. XXI. *Des Poësies fugitives*, 539

APPROBATION.

J'AI lû, par ordre de Monseigneur le Chancelier, un manuscrit qui a pour titre, *Poëtique Françoise*; & je n'ai rien trouvé dans cet excellent Ouvrage qui ne doive en favoriser l'impression. Fait A Paris ce 17 Février 1763.

BRET.

PRIVILEGE DU ROI.

LOUIS, par la grace de Dieu, Roi de France & de Navarre, à nos amés & féaux Conseillers, les gens tenant nos Cours de Parlement, Maîtres des Requêtes ordinaires de notre Hôtel, Grand-Conseil, Prevôt de Paris, Baillifs, Sénéchaux, leurs Lieutenans civils, & autres nos Officiers qu'il appartiendra, SALUT: Notre amé le sieur DE MARMONTEL, Nous a fait exposer qu'il desireroit faire imprimer & donner au public un Ouvrage qui a pour titre, *Poëtique Françoise*, s'il Nous plaisoit lui accorder nos Lettres de privilege pour ce nécessaires: A ces causes, voulant favorablement traiter l'Exposant, Nous lui avons permis & permettons par ces Présentes, de faire imprimer sondit Ouvrage autant de fois que bon lui semblera; & de le faire vendre & débiter par tout notre Royaume pendant le tems de dix années consécutives, à compter du jour de la date des Préfentes; faifons défenfe à tous Imprimeurs, Libraires, & autres perfonnes, de quelque qualité & condition qu'elles foient, d'en introduire d'impreffion étrangère dans aucun lieu de notre obéiffance; comme auffi d'imprimer ou faire imprimer, vendre, faire vendre, débiter ni contrefaire ledit Ouvrage, ni d'en faire aucun extrait fous quelque prétexte que ce puiffe être, fans la permiffion expreffe & par écrit dudit fieur Expofant, ou de ceux qui auront droit de lui, à peine de confifcation des exemplaires contrefaits, de trois mille livres d'amende contre chacun des contrevenans, dont un tiers à Nous, un tiers à l'Hôtel-Dieu de Paris, & l'autre tiers audit Sr. Expofant ou à celui qui aura droit de lui; & de tous dépens, dommages & intérêts: A la charge que ces Préfentes feront enregiftrées tout au long fur le Regiftre de la Communauté des Imprimeurs & Libraires de Paris, dans trois mois de la date d'icelles; que l'impreffion dudit Ouvrage fera faite dans notre Royaume & non ailleurs, en bon papier & beaux caracteres, conformément à la feuille imprimée, attachée pour modèle fous le contre-fcel des Préfentes; que l'Impétrant fe conformera en tout aux Règlemens de la Librairerie, & notamment à celui du 10 Avril 1725; qu'avant de l'expofer en vente, le manufcrit qui aura fervi de copie à l'impreffion dudit Ouvrage, fera remis dans le même état où l'approbation y aura été donnée, ès mains de notre très-cher & féal Chevalier, Chancelier de France, le fieur DE LA-

MOIGNON ; & qu'il en fera enfuite remis deux exemplaires dans notre Bibliotheque publique, un dans celle de notre château du Louvre, un dans celle dudit sieur de Lamoignon, & un dans celle de notre très-cher & féal Chevalier, Garde des Sceaux de France, le sieur FEYDEAU DE BROU ; le tout à peine de nullité des Préfentes : du contenu desquelles vous mandons & enjoignons de faire jouir ledit sieur Expofant & ses ayans cause, pleinement & paisiblement, sans souffrir qu'il leur soit fait aucun trouble ou empêchement ; voulons que la copie des Présentes, qui sera imprimée tout au long au commencement ou à la fin dudit Ouvrage, soit tenue pour dûement signifiée ; & qu'aux copies collationnées par l'un de nos amés & féaux Conseillers-Secrétaires, foi soit ajoutée comme à l'original : Commandons au premier notre Huissier ou Sergent sur ce requis, de faire pour l'exécution d'icelles tous actes requis & nécessaires, sans demander autre permission, & nonobstant clameur de haro, charte Normande, & lettres à ce contraires : Car tel est notre plaifir. DONNÉ à Paris, le neuvième jour du mois de Mars, l'an de grace mil sept cent soixantetrois, & de notre règne le quarante-huitième. Par le Roi en son Conseil, LEBEGUE.

Regiftré sur le Regiftre XV. de la Chambre Royale & Syndicale des Libraires & Imprimeurs de Paris, n°. 466, fol. 393, conformément au règlement de 1723, qui fait défenses, article premier, à toutes personnes de quelque qualité & con-

'dition qu'elles foient, autres que les Libraires & Imprimeurs, de vendre, débiter, faire afficher aucuns livres pour les vendre en leurs noms, foit qu'ils s'en difent les Auteurs ou autrement; à la charge de fournir à la fufdite Chambre neuf exemplaires, prefcrits par l'article 108 du même règlement. A Paris ce 14 Mars 1763.

LE BRETON, Syndic.

De l'Imprimerie de LE BRETON, Premier Imprimeur Ordinaire du Roi, 1763.

ERRATA

Du second Volume.

Page.	Ligne.	
74,	15,	refuter, *lisez* réfuter.
100,	20,	*asperio*, lis. *asperfi*.
123,	16,	*retranchez* ils.
138,	7,	après *coquat*, ajoûtez *exta*.
139,	14,	*de*, lis. *di*.
143,	6,	quelques personnages illustres, *lis.* quelque personnage illustre.
170,	10,	cour, *lis.* cours.
216,	2,	retracer, *lis.* tracer.
	13,	le, *lis.* la.
222,	18,	auteurs, *lis.* acteurs.
258,	6,	*après* agrément *une virgule au-lieu du point.*
280,	12,	*velat*, lis. *velet*.
	16,	pantomine, *lis.* pantomime.
	19,	étoit, *lis.* étoient.
285,	18,	scène, *lis.* scènes.
332,	6,	*après le second* de, *une apostrophe au-lieu d'une virgule.*
389,	21,	celle, *lis.* celles.
449,	3,	la Fare, *lis.* la Farre.
471,	1,	premir, *lis.* premier.
524,	9,	donne, *lis.* donnent.
530,	4,	inestimable, *lis.* inimitable.

www.ingramcontent.com/pod-product-compliance
Lightning Source LLC
Chambersburg PA
CBHW072020240426
43667CB00044B/1545